Reiner Karl Wegner

THRILLADVISE!

So wirst
Du stark

novum ⬛ pro

Dieses Buch ist auch als e-book erhältlich.

Bibliografische Information
der Deutschen Nationalbibliothek:

Die Deutsche Nationalbibliothek
verzeichnet diese Publikation in
der Deutschen Nationalbibliografie.
Detaillierte bibliografische Daten
sind im Internet über
http://www.d-nb.de abrufbar.

Gedruckt in der Europäischen Union
auf umweltfreundlichem, chlor- und
säurefrei gebleichtem Papier.

© 2025 novum publishing gmbh
Rathausgasse 73, A-7311 Neckenmarkt
office@novumverlag.com

ISBN 978-3-7116-0566-5
Lektorat: Lukas Wienerroither
Umschlaggestaltung, Layout & Satz:
novum Verlag

www.novumverlag.com

Druckprodukt mit finanziellem
Klimabeitrag
ClimatePartner.com/16547-2311-1001

Inhaltsverzeichnis

I. Vorwort   11

II. Der Täter   15
Der Charakter des Täters   15
Die Auswahl des Betroffenen   40
Die Suche nach Verbündeten – Komplizenschaft,
die Wissen schafft   55
Die Motivation des Täters   81
Was motiviert den Täter?   84

III. Der Beginn   89
Das Erkennen der ersten Aktionen   89
Der Alltag 110
Intrige und Manipulation – des Täters beste Freunde 115

IV. Die Gegenstrategie 123
Das Kennenlernen des Täters
und seiner Schwachstellen 123
Das Erkennen
der nächsten Schritte – Antizipation 133
Den Gegner nie hassen 144
Informationsstreuung 152
Darüber sprechen hilft – aber mit den Richtigen 165
Beobachten, denken und handeln 171
Die Maus 179
Das Verhindern von Provokation 189
„Nobody is perfect" 194
Erinnerungslücken 198
Die Sammlung 205

V. Die Demontage des Täters 211
Folgen für die Unternehmen 211
Keine Angst vor „großen Tieren" 222

VI. Die Folgen des Mobbings 236

VII. Ist Vorbeugung möglich? 239

VIII. 12 Gebote und 12 Verbote 245
12 Gebote 245
12 Verbote 246

IX. Schlusswort 248

Ich hatte kaum geschlafen und stieg in der Morgendämmerung in meinen Wagen, um mich auf den Weg zur Company zu machen. Ein merkwürdiges Gefühl beschlich mich, genau wie die Tage und Wochen zuvor.

Wann es genau begonnen hatte, kann ich nicht sagen. Das Studium noch nicht lange abgeschlossen, Berufseinsteiger, voll Tatendrang und Enthusiasmus, wollte ich die Gedanken daran nicht zu übermächtig werden lassen. Verdrängen oder Ausblenden konnte ich sie jedoch auch nicht mehr. Zu viel war bereits geschehen, dass ich noch nicht richtig einordnen konnte.

Diese Gedanken waren immer präsent und sehr belastend. Im Büro und auch in der Freizeit.

Eine Abgrenzung war unmöglich, nicht für mich, denn ich wollte endlich eine Begründung, eine Erklärung für diese Gedanken finden. Die entgegenkommende, aufsteigende Sonne und ihre bereits wärmenden Strahlen konnten mich nicht ablenken oder zu positiven Gedanken kommen. Nichts konnte mich vom Grübeln abbringen, denn es ging dabei einfach um zu viel.

Das tatsächliche Ausmaß kannte ich noch lange nicht. Kilometer für Kilometer näherte ich mich im dichten Berufsverkehr der Company und mein Gefühl verschlechterte sich mit jeder Minute, wie an jedem Tag zuvor, seit einigen Wochen und täglich wurde es unerträglicher. Es war unmöglich, diese Gedanken abzuschütteln, und ich konnte keine Erklärungen dafür finden, was gerade beruflich vor sich ging. Es war alles für mich undurchsichtig und nicht zu erklären.

Wie sollte ich das nur einordnen, wie begreifen und vor allem wie dagegen vorgehen?

Ich parkte meinen Wagen und stieg, begleitet von Sonnenschein, bereits sehr angenehmen Temperaturen und zwitschernden Vögeln, aus meinem Wagen. Eigentlich ein wunderschöner Tag, ein guter Morgen, dachte ich mir. Ich ging über den von alten Bäumen umrahmten Parkplatz in das Gebäude, durch die gläserne Eingangstüre der Company, vorbei am Empfang und den lichtdurchfluteten breiten Flur entlang zu meinem Büro.

Eigentlich hätte ich zufrieden und glücklich sein können, da ich den Job bekommen hatte, für den ich jahrelang unzählige Stunden gebüffelt und darauf hingearbeitet hatte. Doch es sollte ganz anders kommen. Anders, als ich es mir jemals hätte vorstellen können. Ich sollte mich in einem unvorstellbaren Albtraum wiederfinden, aus dem ich anfangs kein Entkommen sah.

Kaum hatte ich meine Kaffeemaschine eingeschaltet, den Duft im Zimmer, die erste Tasse getrunken und meine Arbeit begonnen, hörte ich bereits die mir schon vertrauten Schritte, die vor meiner Glastüre plötzlich stoppten. Genau diese Schritte waren mir seit Wochen zur Genüge bekannt und mittlerweile gefürchtet, nahezu minutiös, als wäre es ein seit Jahren eingespieltes Ritual.

Ohne zu klopfen, bewegte sich die Türklinke langsam nach unten, und mein Chef trat mit seinem gemächlichen, überlegenen Gang in mein Zimmer.

„Einen schönen guten Morgen", wurde mir entgegengerufen. Ich weiß nicht, weshalb er immer lauter als nötig sprach, doch wollte er damit vielleicht der Wichtigkeit seiner Person Nachdruck verleihen.

Ich erwiderte freundlich: „Das wünsche ich Ihnen auch, Herr C."

Eine vollkommen alltägliche Situation, millionenfach an unzähligen Arbeitsplätzen auf der ganzen Welt, werden Sie jetzt denken. Doch nicht hier, nicht heute, nicht in meinem Büro. Es gab keinen Alltag. Es war alles andere als „normal", keineswegs freundlich gemeint seitens des ins Zimmer tretenden Herrn.

Hier stand er und mein mulmiges Gefühl sollte mich wieder einmal nicht täuschen. Es umgab Herrn C. eine Aura von Selbstherrlichkeit und Hochmut, gepaart mit eisiger Kälte und Unnahbarkeit. Kein Wunder, ich stand als Berufsneuling und durch den Altersunterschied von ca. 30 Jahren in der Unternehmenshierarchie weit unter ihm.

Die Nettigkeiten waren vorbei.

„Bei Ihnen sieht es nach sehr viel Arbeit aus", schleuderte er mir süffisant entgegen. „Das wird schon, wenn Sie länger bei uns sind, da mussten wir alle durch, Sie müssen eben schneller arbeiten!"

Nein, bitte denken Sie jetzt nicht, dass er das sagte, um nachzufragen, wie er als Chef denn helfen könnte oder um mich zu motivieren oder aufzubauen. Er sagte das auch nicht aus Einfühlvermögen oder anderen positiven Gründen.

Genau das war der Grund für mein seit Wochen sonderbares Gefühl.

Versteckte Vorwürfe, unterschwellige Bemerkungen, die täglich ihre Wiederholung fanden. Anfangs nicht direkt formuliert, sondern stets nebelhaft, undurchsichtig und kryptisch. Oft verdeckt in Fragen, die einen ganz normalen Anschein hatten. Es war stets zweideutig, nicht genau einzuordnen, nicht greifbar, schon gar nicht für einen Berufseinsteiger.

Genau das war das Ziel des Angreifers: Zweifel, Unsicherheiten und Verwirrung zu erzeugen. Die Betroffenen sollten vor einem Bild des Unklaren stehen. Ein Hauptangriffsmittel jedes Mobbingtäters.

Darf ich bekannt machen: „mein" Hauptangreifer in diesem bevorstehenden Kampf um meine Existenz, Herr C., mein direkter Vorgesetzter.

***

Niemals hätte ich mir vorstellen können, dass es in dieser Company zum größten Überlebenskampf meiner noch jungen Karriere kommen sollte.

Ein unbarmherziges, ungleiches Spiel aus Intrigen und Manipulationen beginnt. Mein Einsatz für dieses Game ist meine berufliche Existenz, ja sogar mein gesamtes Leben.

Das wird mir nie passieren, niemals!

Das hatte ich immer gedacht, doch ich täuschte mich, wie ich mich nie zuvor getäuscht hatte. Es kommt zum Unvorstellbaren. Ich muss mich gegen Hass, Neid und Lügen wehren und mich einem gnadenlosen, unmoralischen und ungewollten Kampf stellen, denn ich will überleben und siegen.

Zu diesem Zeitpunkt wusste ich noch nicht, wie unmoralisch, entschlossen und gezielt meine Gegner sein würden und ich nur gewinnen kann, wenn ich willensstark und mutig über mich selbst hinauswachse.

I. Vorwort

Zum Betroffenen können Sie überall werden und niemand ist davor geschützt.

Ob Angestellter, Handwerker, Beamter, Auszubildender oder Vorstand. Es gibt keinen Status und Beruf in unserem Arbeitsleben und keine Garantie dafür, nicht das Ziel von beruflichen Attacken zu werden. Ob in großen Konzernen, dem Mittelstand, in Handwerksbetrieben, Arztpraxen, Anwaltskanzleien oder jeder Art von öffentlichen und privaten Unternehmen in beliebiger Form und Größe.

Wie das durch den Täter aufgezwungene und ungleiche Spiel um Intrigen und Manipulation endet, hängt von vielen Faktoren ab, die ich Ihnen detailliert und durch nachvollziehbare Beispiele aus meiner eigenen erfolgreich beendeten Mobbing-Story erläutere.

Es muss Ihnen eines von Anfang an klar sein: Ihr Gegner will Ihre berufliche Vernichtung, vielleicht sogar noch mehr. Je schneller Sie das akzeptieren, desto schneller können Sie dagegen angehen und haben die Möglichkeit, es zu beenden.

Durch gezieltes und gut überlegtes Verhalten und Vorgehen, das ich in THRILLADVISE! beschreibe, können Sie dieser Treibjagd trotzdem zu Ihren Gunsten ein Ende setzen, denn Ihr Gegner ist nicht unbezwingbar.

Sämtliche in diesem Buch vorgeschlagenen Wege habe ich in meinem eigenen Fall als Pionier bereits beschritten und konnte Mobbing damit erfolgreich beenden. Ich schreibe aus der Sicht eines ehemals Betroffenen, der siegreich alle Mobbingattacken beendet hat und gestärkt, respektiert und selbstbewusster aus diesem Kampf hervorgegangen ist.

THRILLADVISE! ersetzt jedoch nicht notwendige Hilfe durch Psychologen oder Ärzte und Hilfsstellen, da ich selbst keine medizinische oder psychologische Ausbildung habe. Ich habe meinen Mobbingkampf siegreich zu Ende geführt und alle Attacken abwehren können. Aus diesen Erfahrungen habe ich THRILLADVISE! geschrieben.

Dieses Buch soll Ihnen als Unterstützung dienen, Anfeindungen, egal ob seitens Vorgesetzter oder Kollegen, frühzeitig zu erkennen, einzuschätzen und erfolgreich abzuwenden.

Zurück zu einem Arbeitsalltag zu kommen, ohne tägliche Angst und Furcht vor neuen Intrigen, ist das Ziel. Ob Sie diesen Kampf aufnehmen möchten, müssen Sie selbst entscheiden. Denn wenn Sie ohnehin planen, das Unternehmen zu verlassen, ist zu fragen, ob sich diese Mühe lohnt.

THRILLADVISE! wurde in dieser Form geschrieben, um sehr deutlich und nachvollziehbar aufzuzeigen, in welchen Situationen bestimmte Verhaltensweisen zum Erfolg und Ende des Mobbings führen können.

Mobbingattacken belasten nicht nur Mitarbeiter in jedem Unternehmen extrem, bis hin zur dauerhaften Arbeitsunfähigkeit, sondern auch die Unternehmen selbst, egal welcher Größe und Art. Die Firmen werden massiv beschädigt und die Effizienz, Innovation und letztendlich der gesamte Unternehmenserfolg negativ beeinträchtigt. Deswegen ist das Buch auch für Unternehmer und Führungspersonen von großem Nutzen.

Sie können damit sehr zügig Mitarbeiter in Ihrem eigenen Unternehmen erkennen, die schädliche Attacken initialisieren. Das Beschriebene bringt das Unternehmen in die Lage, diese Unruheherde und deren Vernichtungswillen frühzeitig zu lokalisieren und entsprechend zu handeln.

Ziel für Sie ist, schnellstmöglich aus dieser aufgezwungenen Rolle des Angegriffenen zu entkommen. Je länger die Attacken gegen Sie andauern, desto schwieriger wird es, diese Entwicklung und Treibjagd zu beenden. Je später Sie erkennen, dass Sie mitten in diesem Fight sind, desto weiter sind auch die „Planungen" und Kreise Ihres Gegners. Vielleicht hat er bereits Helfer gefunden oder eine große Menge an „Material" gegen Sie gesammelt, die es sehr erschweren, noch Gegenmaßnahmen zu ergreifen.

Hinzu kommt, je länger diese bedrückende Situation andauert, desto größer wird die Wahrscheinlichkeit, dass Sie selbst entscheidende Fehler begehen, die der Widersacher zu seinen Gunsten nutzt. Zudem wächst der psychische Druck mit der Dauer der Anfeindungen und die Kraft zur Gegenwehr lässt natürlich nach, weil auch Ihr Körper schwächer wird und diesen belastenden Umstand nur eine gewisse Zeit aushalten kann.

Deshalb ist es entscheidend, so schnell wie möglich in einem sehr frühen Stadium zu erkennen und zu akzeptieren, dass Sie inmitten eines Mobbingkampfes sind. Dies ist ein sehr wichtiges Kapitel dieses Buches. Schließen Sie nicht die Augen und denken, diese Angriffe enden von selbst, denn das werden sie in den meisten Fällen leider nicht.

Dann haben Sie eine gute Chance, es zu Ihren Gunsten erfolgreich zu beenden.

Hätte ich in meinem eigenen Kampf schneller erkannt, welches Problem hier vor mir liegt, welche Personen ihre unverständlichen Spiele betreiben, hätte ich mir viele Dramen, schlaflose Nächte, zermürbende Gedanken und unzählige Attacken ersparen können.

Doch leider musste ich erst diesen sehr beschwerlichen Weg gehen, um THRILLADVISE! schreiben zu können und Ihnen einen effizienten, zukunftsweisenden Guide zur Seite und Unterstützung zu geben.

Sie können nun Schritt für Schritt nachvollziehen, wie Sie aus dieser Rolle entkommen können und Ihren Gegner deutlich machen, dass Sie eben nicht wehrlos sind.

Es ist eine der großen Fehleinschätzungen vieler Täter, die mit einem nie rechnen: mit der Gegenwehr, dem Mut und Willen der Betroffenen. Die Angreifer fühlen sich siegessicher und das ist auch ein großer Vorteil für sie selbst. Diese Menschen haben auch eine große Schwäche, ihre grenzenlose Selbstüberschätzung, die zu ihrer Achillesferse wird und der Betroffene für sich gezielt nutzen kann.

Alle in THRILLADVISE! beschriebenen Vorgehen und Schritte habe ich in meinem Fall „getestet" und haben „mein" Mobbing dadurch siegreich beendet. Ein wichtiges Ziel ist nicht nur Ihre Verteidigung, sondern vor allem, den Gegner selbst mit seinen eigenen Mitteln anzugreifen und in die Enge zu treiben.

Wie das funktioniert, erkläre ich Ihnen anschaulich, an eigenen, erlebten Situationen.

Am Ende meines erfolgreichen Fights wurden meine Widersacher zu Opfern ihrer eigenen Intrigen und Manipulationen und ich stieg gestärkt und voller Selbstbewusstsein aus dem Ring.

Viel Erfolg!

II. Der Täter

Der Charakter des Täters

„Was bist du nur für ein Mensch?", dachte ich mir, als Herr C. in meinem Zimmer stand, mich zweideutig und schleierhaft nach meinem Arbeitsstand fragte und mir indirekt vorwarf, ich würde zu langsam arbeiten. Natürlich benötigt man als Berufsanfänger etwas länger Zeit für bestimmte Arbeiten als ein erfahrener Kollege. Das wissen wir alle und sicher ging es jedem heutigen Vorgesetzten irgendwann ebenso.

Das kennen wir alle und es ist kein Geheimnis.

Als er mein Zimmer wieder verlassen hatte, atmete ich tief durch und war froh, ihn für eine Weile nicht mehr sehen zu müssen. Es war genau die Bestätigung meines Gefühls auf dem Weg am frühen Morgen zum Büro.

Dasselbe Spiel wie das der vergangenen Tage. Er machte es sich zu einer eisernen Regel, täglich für einen kurzen Moment zu erscheinen, Unsicherheit zu verbreiten, für Verwirrung zu sorgen und wortlos wieder zu gehen. Immer mit einem trügerischen Lächeln im Gesicht.

Das war die Besonderheit, die er nur mir zuteilwerden ließ. In anderen Büros verhielt er sich vollkommen gegensätzlich. Er bot dort seine Unterstützung an und fragte ehrlich gemeint nach dem Arbeitsstand, doch aus einem vollkommen anderen Grund. Das wusste ich von Kollegen, die ebenfalls Einsteiger waren.

Teilweise wurden bestimmte Arbeiten auf mehrere Kollegen zeitweise aufgeteilt, um Arbeitsdruck von den Kollegen und Kolleginnen, gerade am Anfang, zu nehmen.

Jedoch nicht bei mir, auch in den kommenden Wochen nicht, niemals. Das hatte seinen Grund, doch erkannte ich diesen leider aus Unerfahrenheit noch nicht. Ich hatte hierzu noch keine Antennen ausgebildet.

Wenn wir vom Charakter eines Menschen sprechen, denken die meisten an positive Eigenschaften. Ehrenhafte und förderliche Wesenszüge unseres Gegenübers. Wir möchten lieber an etwas Gutes denken und alles Negative von uns fernhalten. Das ist nur zu verständlich, doch birgt das auch eine große Gefahr. Vielleicht haben wir diese Gedankenwelt um uns herum aufgebaut, weil wir selbst mehr zur positiven Spezies gehören. Im Privat- und Berufsleben. Weshalb sollte ich auch Schlechtes von Kollegen annehmen, wenn sie mich noch nicht negativ behandelt haben?

Niemals hatte ich Gedanken, wie ich grundlos einem Kollegen, Nachbarn oder irgendeinem Menschen Schaden zufügen könnte, der mir selbst nichts getan hatte. Aus welchem Grund sollte ich Unfrieden stiften, ein Umfeld aus Missgunst um mich herum aufbauen und andere angreifen? Gedanken, die jedem normal denkenden Mitarbeiter fremd sind. Wir haben die Hoffnung, dass alle anderen auch so denken, doch leider täuschen wir uns hierbei bei manchen Kollegen sehr.

Die typischen Charakterzüge der Menschen, die Mobbing vorsätzlich betreiben, sind das Gegenteil dessen, was wir uns im Allgemeinen unter gutem Charakter vorstellen.

Nur wenn wir die Eigenschaften und vor allem die negativen unseres Gegners kennen, verstehen und interpretieren lernen, können wir frühzeitig und gezielt dessen Aktionen richtig einschätzen, danach diese richtig einordnen und schließlich erfolgreich dagegen vorgehen. Es ist manchmal sehr belastend, denn wir beschäftigen uns mit zerstörerischen, Unheil bringenden Gedanken unseres Gegenspielers.

Öffnen Sie Ihre Augen und beobachten Sie Ihr Umfeld genau, auch wenn Ihnen das manchmal belanglos vorkommt. Es gilt, das Vorgehen und Verhalten der Täter, auch zu anderen Kollegen und Vorgesetzten, gezielt und im Detail wahrzunehmen. Nur auf diesem Wege lernen wir seinen Charakter, auch wenn Ihnen das widerstreben wird, genau kennen. Wir bekommen auf diesem Weg ein Bild, eine Beschreibung seines Wesens und können hieraus seine Schwächen erkennen. Diese Schwächen hat jeder Aggressor.

Ihr Angreifer muss für Sie zum „offenen Buch" werden, dann ist er angreifbar. Je mehr Kenntnisse Sie über ihn im Laufe dieses unmoralischen Spiels bekommen, desto vorteilhafter ist das für Sie selbst.

Geheimdienste machen es ebenso. Es gibt keinen wichtigen Staatsmann auf der Welt, dessen Charakter und Verhalten von Psychologen und anderen Fachleuten durch Geheimdienste nicht minutiös beobachtet und analysiert wird. Ausführliche Gutachten werden aus dem gleichen Grund erstellt, um zukünftige Aktionen und Verhaltensweisen besser vorhersagen und einzuschätzen. Bedenken Jeder Mensch hat Verhaltensweisen an sich, die ihn in Fleisch und Blut übergegangen sind, die er immer wieder in ähnlichen Situationen wiederholt.

Dadurch wird auch Ihr Täter berechenbar und sein Verhalten und die nächsten Schritte vorhersehbarer. Wir handeln auf diese Art, weil wir alle im Grunde eine gewisse Bequemlichkeit in uns tragen und sehr ungern bestehende Verhaltensweisen ändern. Das erfordert Energieaufwand und Aktivität, die wir gerne umgehen. Ihnen wird somit eine Eigenheit, wenn Sie die beim Gegner beobachten, zum Vorteil.

Es ist ähnlich bei dem Besuch eines Theaterstücks.

Diejenigen Besucher, die im Vorfeld zumindest die Kurzbeschreibung gelesen haben, können den Inhalt und die Verhaltensweisen der Beteiligten besser verstehen. Sie werden nachvollziehbar.

Ihr Gegner ist im Grunde nichts anderes als ein Schauspieler, manchmal ein sehr guter, in anderen Fällen ein sehr vorhersehbarer. Ihr Arbeitsplatz ist seine Bühne und Sie selbst sein Komparse.

Herr C. hat freiwillig die Rolle des Bösen im Stück „Mobbing" übernommen und führt auch selbst Regie. Alles soll nach seinen Vorstellungen vonstattengehen. Damit das auch zur Realität wird, benutzt er die Menschen, Ihre Kollegen in seinem Umfeld als Statisten, die er wie Schachfiguren bewegt und gezielt zu seinen Gunsten manipuliert und für sich nutzt. Viele werden in diesem Stück freiwillig mitspielen, um Vorteile daraus zu ziehen.

Er spielt mit jedem Einzelnen auf seine eigene Weise, nutzt deren Abhängigkeiten, Schwächen und Ängste. Mit deren Hilfe will er an sein begehrtes Ziel, Ihren Untergang, kommen.

Dabei wird er durch seine verinnerlichte Gefühlskälte unterstützt.

Seien Sie wachsam, doch nicht jedem in Ihrem Umfeld gegenüber misstrauisch. Beobachten Sie auch die Gesten Ihres Gegenübers. Spricht er abfällig oder abwertend mit anderen Kollegen über weitere Mitarbeiter?

Erzählt er abstoßende, zweideutige Witze in Kaffeerunden oder sonstigen Treffen, auch wenn manche der Anwesenden sich dadurch angesprochen oder getroffen fühlen?

Merken Sie sich diese Anzeichen, denn sie können große Bedeutung haben.

Es sind eindeutige Hinweise darauf, dass dieser Kollege so gefühlskalt ist, dass es sogar pathologische Züge annehmen kann. Dadurch wird er ein noch gefährlicherer Gegner, den Sie sehr ernst nehmen müssen.

Das zeigt eines sehr genau: Egal, wen er verletzt oder vernichten möchte, ihm ist jedes Mittel hierzu recht und wird es nutzen. Respekt, moralische Grenzen und Achtung vor anderen Menschen sind ihm völlig fremd.

Glauben Sie mir, mein Gegner war einer von diesen, für mich der absolute Super-GAU. Die schlimmste aller Vorstellungen. Er schreckte zu keiner Zeit davor zurück, sich der heimtückischsten Mittel zu bedienen und auch einzusetzen. Gesundheitliche Konsequenzen für sein Gegenüber waren ihm völlig egal.

Zu der Gefühlskälte gesellt sich meist eine maßlose Gewissenlosigkeit, die für uns normal denkende Menschen absolut unverständlich ist. Einen Kollegen vernichten zu wollen, grundlos und mit allen Mitteln, bestätigt, dass der Täter diese Eigenschaft hat.

Er ist sich seiner Taten und oftmals schwerwiegende Folgen für die Gesundheit anderer auch bewusst und nimmt das, ohne zu zögern, achselzuckend in Kauf.

Wenn Sie das erkennen, sind Sie bereits einen riesigen Schritt weiter, denn Ihre inneren Alarmglocken haben Ihnen die Gefahr bereits signalisiert.

Alle Voraussetzungen für das friedliche Zusammenleben und Arbeiten von Menschen wie Kollegialität, Fairness, Hilfsbereitschaft und Empathie, egal in welchem Unternehmen, welcher Unternehmensart, Größe, welcher Hierarche auch immer, ist diesen Menschen fremd. Entweder sie hatten das niemals oder sind ihnen im Laufe ihres Lebens abhandengekommen. Deren Handeln ist nur von einem Ziel bestimmt, ihrem eigenen ganz persönlichen Ziel: anderen zu schaden, um das eigene Vorwärtskommen oder die nächste Karrierestufe darauf aufzubauen und zu beschleunigen. Andere zu beschädigen, zu diffamieren und auszusondern, aus welchen unerklärlichen, manchmal vollkommen absurden Gründen auch immer.

Jedes Mittel ist legitim.

Ob es der Verrat von Kollegen, das Verächtlichmachen von Mitarbeitern, das Ausspionieren, wie das bei vorgesetzten Tätern der Fall ist, oder das Suchen von Fehlern bei dem Mitarbeiter, der auf deren Abschussliste steht, ist. Selbst wenn diese Fehler noch so klein, folgenlos und unbedeutend sind.

Denken Sie immer daran, dass auch Ihr Gegner ein unvorstellbares Repertoire von Abscheulichkeiten in seinem Köcher hat, die Sie anfangs noch kaum erahnen können. Die werden erst im Laufe des Ganzen sichtbar.

In der Sache sollen diese kleinen Unregelmäßigkeiten, so die Hoffnung des Täters, ein Puzzlestein sein, der dazu führt, Sie als unfähig, überfordert und für das Unternehmen untragbar erscheinen zu lassen.

Der Täter will seine eigenen charakterlichen Fehlbildungen auf sein Opfer projizieren, um Sie bei deren weiteren Vorgesetzten in ein „schlechtes Licht" zu stellen. Zudem versucht er damit, von seinen eigenen Unfähigkeiten abzulenken.

Eine weitere negative Charaktereigenschaft ist sein ständiges Streben, sich selbst bei den eigenen Vorgesetzten darzustellen.

Wie gesagt, Ihre Gegenspieler sind Schauspieler und das Unternehmen betrachten sie als Bühne, auf der sie Mitarbeiter gegeneinander ausspielen. Bereits das ist ein völlig absurder Gedanke, weil es zeigt, dass ihre gesamten Vorstellungen und Ziele dem eigentlichen Unternehmensziel, dem Erfolg, widersprechen. Diese Art von Selbstdarstellung hat bereits narzisstische, krankhafte Züge erreicht. Meist vermögen diese Menschen nicht durch besondere Fähigkeiten, fachliche Qualifikationen oder innovatives Denken bei deren Chefs herauszuragen.

Das wissen sie auch und haben sich deshalb eine andere Taktik zum Ziel gesetzt. Geeignete Mitarbeiter zu suchen und die als unfähig darzustellen, um von sich selbst abzulenken und den Gegner, Sie, dadurch ins Rampenlicht zu rücken.

Ob die Angreifer dabei erfolgreich sind und was Sie selbst dagegen unternehmen können, hängt von vielen Faktoren ab und wird in den Folgekapiteln beschrieben.

Die Täter wollen Sie in den Fokus rücken, um von den eigenen Fehlverhalten, mangelnden Qualifikationen und Arbeitswillen abzulenken. Sie, als Betroffener, sollen dadurch bei Ihren weiteren Vorgesetzten disqualifiziert werden. Der Täter wendet hierbei alle Arten von unfairen Mitteln an, um damit für sich selbst Vorteile zu ziehen.

Auf dieser Kurzformel beruht das gesamte Handeln des Aggressors.

Aus dem Gemisch von Gewissenlosigkeit, Gefühlskälte und zwanghafter Selbstdarstellung zieht auch Ihr eigener Gegner seine Energie. Das macht ihn sehr gefährlich, denn die meisten Menschen hatten bis zu diesem Zeitpunkt niemals Kontakt zu solchen skrupellosen Wesen, zum Glück.

Es sind durchweg toxische Menschen, die ihr Umfeld vergiften und nichts Förderliches hervorrufen.

Akribisch und unbeirrbar folgte auch Herr C. seiner „Beute", mir, wie eine Hyäne. Tagelang, wochenlang strich er um mich herum, immer auf Ausschau nach meinen Schwachstellen oder

Unvorsichtigkeit. Er hatte einen genauen Plan, den er Punkt für Punkt abarbeitete. Dabei setzte er sehr viel Energie und Ressourcen ein, die ihn natürlich von seiner eigentlichen Tätigkeit, für die er bezahlt wurde, abhielt.

Eine weitere Eigenschaft der Täter ist, dass sie ihr persönliches Ziel über das des Unternehmens, für das sie eigentlich tätig sind, stellen. Genau das war einer seiner großen Schwachpunkte, die ich bemerkte. Dieser Punkt wurde später zu meinem großen Vorteil und hat einen wesentlichen Teil zur Beendigung des Mobbings beigetragen.

Jeder normal denkende Mensch würde irgendwann sagen: „Bis hierher und nicht weiter, es reicht." Für uns alle gibt es Grenzen, die wir nicht überschreiten. Diese Linie liegt bei jedem Menschen verschieden hoch, denn irgendwann meldet sich unser Gewissen und hält uns vor weitreichenden Fehlern ab.

Beim Täter ist das anders. Er kennt diese Grenzen nicht, sie existieren für ihn einfach nicht. Moral ist für ihn ein Fremdwort und das bestimmt sein gesamtes Handeln. Diese charakterlichen Fehlentwicklungen bilden den Nährboden für sein verachtenswertes Verhalten und Handeln.

Er agiert wie ein Zerstörungsroboter, dem ein bestimmter Auftrag implantiert wurde. Der Täter gibt sich diesen Auftrag jedoch selbst. Das Ziel ist programmiert, der Autopilot eingeschaltet und alle vorhandenen Möglichkeiten werden genutzt, um das Ziel schnellstmöglich zu erreichen und den Gegner zu vernichten.

Ich weiß, Sie werden das alles sehr schwer nachvollziehen können. Ich konnte das anfangs auch nicht und wollte es auch nicht. Diese Gedanken des Täters sind für uns alle zu abartig und uns selbst vollkommen fremd. Wir möchten uns am liebsten nicht damit beschäftigen. Wir möchten mit dieser Art Mensch nicht konfrontiert werden und diese toxischen Eigenschaften sehr weit von uns entfernt halten. Leider haben wir es uns nicht ausgesucht, dass plötzlich einer dieser Charakterlosen in unserem direkten Umfeld ist und uns angreift.

Doch damit wir uns verteidigen können, bleibt uns keine andere Wahl, als uns damit abzugeben.

Diese toxische Mischung macht ihn so gefährlich und unberechenbar. Es ist deshalb schwierig, gerade am Anfang, das zu erkennen, weil Sie selbst eben nicht über diese charakterlichen Negativeigenschaften verfügen.

Somit findet im Anfangsstadium ein mit ungleichen Waffen geführter Kampf statt.

Um diesen Attacken zu begegnen, ist es deswegen unerlässlich, diese moralischen Bausteine zu analysieren. Notieren Sie sich alles Auffällige. Es wird Ihre Basis, um dagegen vorzugehen.

Auch wenn Sie das nicht möchten, Sie müssen für diesen Kampf Ihre eigenen moralischen Grundsätze und Vorstellungen teilweise auslagern und vergessen. Nur für eine bestimmte Zeit, denn das ist unbedingt erforderlich.

Verpacken Sie Ihre Moral in gedankliche Kisten und öffnen Sie die nach dem erfolgreichen Ende wieder. Schließlich möchten Sie der Mensch bleiben, der Sie sind, nur vielleicht wesentlich selbstbewusster und gestärkt.

Es ist ähnlich eines Ritterkampfes im Mittelalter. Jedem der Teilnehmer standen verschiedene Waffen zur Auswahl. Es wäre sehr schwierig und von großem Nachteil, wenn Sie sich für eine Waffe entscheiden müssten, ohne die Wahl des anderen zu kennen.

Ist Ihnen diese Wahl des Gegners nicht bekannt, ist es schwer, selbst die effektivste für diesen Kampf zu wählen. Denn Sie wissen nicht, wie Ihr Gegner angreift. Können Sie den Gegner jedoch beobachten, welche Wahl er trifft, können Sie viel Erfolg versprechender reagieren, die Angriffe abwehren und das Duell zu Ihren Gunsten entscheiden.

Sie kennen die Waffen Ihres Gegners schon etwas.

Es sind Skrupellosigkeit und Gewissenlosigkeit. Darauf müssen wir reagieren und unsere Waffenwahl treffen. Natürlich eine solche, die auch Erfolg verspricht. Mit Ehre und Moral, ausschließlich anständigem Verhalten und Respekt werden Sie nicht weiterkommen. Es wäre, als wenn unser Ritter sieht, dass sein Gegner ein Großschwert zieht und er selbst nur ein Schild aufnimmt. Hier ist schon von Anfang an klar, wer verlieren wird. Und nur aufgrund einer falschen Wahl.

Da ich selbst in Ihrer Lage war, verstehe ich Sie natürlich sehr gut. Sie fühlen sich mit der gesamten Situation ein wenig hilflos, überfordert und fast gelähmt. Doch wenn Sie bereits erkannt haben, dass „etwas im Gange ist", nicht stimmt und sich Ihr Bauchgefühl schon gemeldet hat, sind Sie schon einen Schritt weiter. Das absolute Überraschungsmoment Ihres Gegners ist damit abgemildert, denn Sie sind bereits unbewusst vorsichtiger geworden. Sie haben Ihre Antennen etwas in die richtige Richtung ausgerichtet.

Sie brauchen Zeit, bestimmte Situationen zu erfassen und zu beurteilen, die Sie bis zu diesem Zeitpunkt noch nicht erlebt haben. Niemandem wird das anders ergehen, denn wie ich bereits sagte, werden die meisten von uns niemals auf solche Gedanken kommen.

***

Wir saßen in dem Besprechungszimmer und ich hatte Herrn C., der immer etwas verschwitzt aussah und etwas undeutlich sprach, lange beobachtet und über sein morgendliches Ritual nachgedacht. Unweigerlich fiel mir auf, dass er sich zu den Kollegen vollkommen anders verhielt. Er hatte sogar versucht, etwas spaßig zu wirken, wollte teilweise bei einigen Heiterkeit verbreiten. Einer Kollegin sprach er Mut zu, die zu dieser Zeit ebenfalls eine sehr hohe Arbeitsbelastung hatte. „Ich werde sehen, was ich für Sie machen kann", wendete er sich väterlich und einfühlsam an die Dame. So kann er also auch mit Kollegen umgehen, dachte ich mir. Er besprach eine bestimmte Vertretungssituation, die geregelt werden musste. „Herr Wegner, was sagen Sie dazu?" wandte er sich plötzlich an mich. Dabei hatte sich sein Blick, seine ganze Art und die Tonlage drastisch verändert. Kühle war in seinen Worten deutlich spürbar. Von Einfühlungsvermögen war nichts mehr zu erkennen, vielmehr sah er mich sehr provokant an und ich hatte das Gefühl, dass er mit dieser Aktion deutlich sagen wollte, was er von mir hielt. Nichts!

„Können Sie damit leben?" Klar hatte er mich wieder überrascht, eiskalt. Es ging wie gesagt um die Erkrankung einer Kollegin, die nun zu vertreten war. Irgendwie musste deren Arbeit natürlich aufgeteilt werden, da es nicht liegen bleiben konnte.

„Machen Sie das bitte zu Ihrer Arbeit dazu! Ich denke, das können Sie bei Ihrer Belastung leicht schaffen, wenn Sie sich Mühe geben", gab er mir deutlich zu verstehen. „Bedenken Sie, dass auch Sie selber einmal eine längere Krankheit haben können und vertreten werden müssen! Dann sind Sie auch froh darüber, wenn Ihnen Kollegen unter die Arme greifen." Er sah mich dabei nicht an, er durchdrang mich mit seinem inzwischen auf Aggression umgestellten Blick. Diese Veränderung konnte jeder sehen. „Ich werde mein Bestes geben", sagte ich kurz angebunden.

Was sollte ich in diesem Moment sagen? Nein – ich habe bereits zu viel und das Zusätzliche könnte ich nicht bewältigen? Darauf hatte er gewartet und mich natürlich deshalb vor den anderen ins offene

Messer laufen lassen. Hierzu sollten Sie wissen, dass es Regel war, vorab mit dem betroffenen Kollegen zu sprechen, bevor die neue Aufteilung bestimmt wurde.

Ich sollte überrascht werden und weiterhin bis zu jener Grenze belastet werden, die ich nicht mehr bewältigen konnte. Er testete meine Leidensfähigkeit. Deshalb sagte er auch vor versammelter Mannschaft, ich solle froh sein, wenn ich in dieser Situation wäre, dass mich Kollegen vertreten. Damit wollte er an meiner Moral appellieren. Das ist schon bemerkenswert von jemandem zu hören, der selbst keine Moral hatte.

Es war eine weitere typische Vorgehensweise meines Täters, die sichtbare öffentliche Ungleichbehandlung und das öffentliche Zurschaustellen seines Opfers. Wie im Mittelalter wurde ich, wie bei damaligen Dieben und Kleinkriminellen üblich, auf dem „Marktplatz" vorgeführt. Hier, 600 Jahre später, erfolgte in seinem Büro das Gleiche. Er hat in dieser Runde kein Geheimnis daraus gemacht, dass er mich wie einen Aussätzigen behandeln wollte, während er Kolleginnen mit seiner übertriebenen Fürsorge umgarnte.

„Selbstverständlich kann ich das übernehmen", begegnete ich Herrn C. freundlich und ließ meine innere Wut nicht nach außen dringen. Meine Fäuste waren unter dem Tisch geballt, was aber niemand sehen konnte.

Ich hatte ihm in diesem Moment seinen öffentlichen Erfolg verweigert. Mit meiner Antwort, „Selbstverständlich kann ich das übernehmen", hatte er nicht gerechnet. Damit durchkreuzte ich seinen Plan, mich zu unkontrollierten Äußerungen, trotz seines provozierenden und demütigenden Verhaltens, zu bringen.

„Das ist aber sehr nett von Ihnen, vielen Dank, lieber Kollege", reagierte er und ich merkte in seiner Stimme klang deutlich Frustration hervor. Glauben Sie mir, ich war in diesem Raum wirklich nahe dran, ihm meine Meinung zu sagen, warum er denn diese Arbeit nicht auf alle aufteilt, sondern demjenigen gibt, der ohnehin die meisten Arbeitsabläufe hatte. Das hatte ich offiziell wirklich und jeder wusste das auch.

Später in meinem Büro und auf dem Nachhauseweg konnte ich un-gesehen meinen Frust über diese neuerliche „Vorzugsbehandlung" freien Lauf lassen. Zum Glück waren die Fenster geschlossen, sodass niemand meine deutlichen Worte hören konnte.

***

Warum hatte ich so reagiert und in diesem Moment nicht die offene Konfrontation oder Diskussion gesucht? Warum gab ich mich – vordergründig – geschlagen?

Natürlich, weil er darauf nur gewartet hatte, genau das war sein Plan und es hätte nichts an seiner Anordnung geändert.

Es gibt bei Mobbingtätern keine Sachlichkeit, keine Objektivität und keine Moral.

Diese Eingangsfrage an mich, ob ich das übernehme, war eine rein rhetorische Frage. Er wollte mir, wie so oft, nur eine Falle stellen. Öffentlich, vor Kollegen, in die ich zu seinem Leidwesen nicht tappte.

Bemerken Sie es? Auch in dieser Situation wollte er von seinen eigenen Unfähigkeiten, die Arbeit der Kollegin ordentlich, wie es andere Vorgesetzte erledigen, aufzuteilen, ablenken.

Es hätte Organisationstalent erfordert, das er nicht hatte. Das Ablenken und mich als unfähig und träge vor Kollegen vorzu-führen, war sein „Tagesziel".

Menschen mit einem Gewissen oder kollegialem Verhalten hät-ten auf diese Art niemals gehandelt.

Hinzu kommt, dass er ein erhofftes Nein oder eine Diskussion meinerseits sofort an seinen Vorgesetzten weitergetragen hätte.

Ähnlich einer Hauskatze, die Mäuse fängt und sie ihrem Herrchen stolz vor die Füße legt, um sich ein Lob abzuholen.

***

Ich war froh, endlich in meinen Wagen zu steigen und nach Hause zu fahren. Ich ließ diesen Arbeitstag noch einmal kurz Revue passieren, doch nicht allzu lange. Zu wertvoll war meine Zeit außerhalb der Company. Ich brauchte diesen Abstand, um den Stress, der anscheinend immer größer wurde, abzubauen und die immer aggressiver praktizierten Angriffe zu verarbeiten.

Während ich die Abendsonne, die ihre Strahlen durch meine Fenster schickte, genoss, dachte ich noch kurz darüber nach, welche Überraschung wohl morgen auf mich warten würde. Ich war vorbereitet und durch seinen heutigen Auftritt, der wieder ein Stück seines Charakters offengelegt hatte, ein Stück klüger.

Nachdem ich auf dem Nachhauseweg meinen Lieblingssänger gehört, den Großstadtverkehr hinter mir gelassen hatte und mein Puls wieder im Normalbereich war, war ich auf meine Reaktion stolz, nicht in seine Falle gelaufen zu sein. Dieser Tagessieg war an mich gegangen. Er würde zu Hause sicher bei Schinkenbrot und Bier kraftstrotzend erzählen, wie er wieder einen Kollegen in seine Schranken gewiesen hatte.

Dabei wusste er natürlich, dass er in Wirklichkeit eine Niederlage erlitten hatte. Sein Tagesplan hatte nicht funktioniert. Alle Anstrengungen waren umsonst und das sollte nicht das letzte Mal gewesen sein.

***

Meine Reaktion gelang nur, weil ich vorher Teile seiner Charaktereigenschaften genau beobachtet und mir in diesem Moment zu Nutzen gemacht hatte. Ja, ich hatte nun mehr zu arbeiten.

Doch war das bei Weitem das kleinere Übel im Vergleich zu einem aufgegangen Plan meines Gegners.

Merken Sie sich, jedes Vorhaben Ihres Gegners, das nicht planmäßig aufgeht, führt Stück für Stück zu dessen Verunsicherung und Ihrem Vorteil. Die Menge seiner Niederlagen führt zum Ende des Mobbings.

Ohne die beschriebenen Charaktereigenschaften, die jeder Täter verinnerlicht hat, hätte Herr C. niemals in dieser Art gehandelt, denn es hätte sich im Vorfeld sein Gewissen gemeldet. Genau diese Eigenschaft haben alle Angreifer nicht.

Ein Gewissen, das alle sozialen Wesen haben.

Ich hatte mich in seine Denkweise versetzt und im Vorfeld der Besprechung auf etwas Ähnliches bereits vorbereitet. Ich wusste, dass die Vertretung der Kollegin geregelt werden musste und er es auf diese Art versuchen wird, mich von der Gruppe zu isolieren. Dabei hatte er auf eine Reaktion gehofft, die ich ihm nicht gab.

Sein Überraschungsmoment hatte sich in Luft aufgelöst.

Sich in die Verhaltens- und Denkweisen Ihres Gegners zu versetzen, ist ein entscheidender und unerlässlicher Schritt. Auch wenn Sie das nicht möchten. Es muss sein, um Sie vor weiterem Schaden zu bewahren.

Das abscheuliche Verhalten der Täter erscheint Ihnen womöglich derart absurd und fremd, dass es Zeit benötigt, das zu verinnerlichen und sich damit abzufinden. Doch vielleicht ist das ein kleiner Trost für Sie. Es ist nur für eine bestimmte Zeit notwendig.

Viel Zeit zum Überlegen haben Sie jedoch nicht, denn dafür ist die Situation viel zu ernst und seine nächsten Angriffe schon in Planung.

Ihrem Gegner, wie auch meinem, fällt dieses Verhalten und die damit verbundenen Verletzungen oder Demütigungen leicht, da er ja kein Gewissen hat. Sie merken, ich wiederhole diese Tatsachen, und zwar deswegen, weil es entscheidend für Ihren Erfolg wird und Sie in die Lage versetzt, das zu verinnerlichen.

Einer der größten Fehler, den Sie machen können, ist, den Gegner zu unterschätzen oder seine Aktionen als Zufälle zu werten. Das würde ihm in die Karten spielen. Verschwenden Sie auch keinen Gedanken daran, dass die Anfeindungen von alleine enden. Das werden sie in den meisten Fällen nicht. Denn er genießt es und mit jeder gelungenen Aktion wird seine absurde und kranke Gedankenwelt gestärkt.

Täter laben sich an dieser zerstörerischen Energie und ziehen daraus unendliche Motivation, da sie sich einen großen Nutzen daraus erhoffen.

Der Täter entwickelt während des Mobbings eine Dynamik, die im Normalfall dem Unternehmen selbst großen Nutzen bringen könnte, wenn sie nur positiv wäre. Leider lenken diese Menschen ihre gesamte Arbeitskraft in andere, destruktive Kanäle und nutzen sie für ihre eigenen Belange.

Die Prioritäten sind auf deren eigenem persönlichen Ziel ausgerichtet und das ist nicht eine gute Bilanz oder Umsatzsteigerung der Company. Seinen eigentlichen Job sieht der Täter als Nebenjob, für den er jedoch durch seine Aktivitäten gegen Sie immer weniger Zeit hat.

Diese Tatsache wird einer Ihrer großen Vorteile werden und ich bringe Ihnen das im Verlauf des Buches näher, sodass Sie es für sich nutzen können.

***

Die Assistentin Frau E. hatte an diesem regnerischen, kühlen Tag nicht damit gerechnet, dass sie ihr Chef heute besuchen würde. Er hatte sich auch nicht angekündigt, denn das macht er nie. Er liebt Überraschungen, weil er denkt, dass ihm das immer einen Vorteil bringt. Sie war eine meiner jüngeren Kolleginnen und Herr C. auch ihr Vorgesetzter. Er betrat zielgerichtet ihr Büro und nahm gemächlich auf einem Stuhl Platz, ohne gefragt zu haben, ob sie kurz Zeit hätte, mit ihm ein paar Dinge zu besprechen.

„Wie geht es Ihnen denn heute?", fragte er ihr zugewandt, selbstbewusst interessiert. „Sie fahren ja bald in Ihren wohlverdienten Urlaub, wohin geht es?" Er zeigte sich neugierig und wusste gerne über die Freizeitaktivitäten seiner Mitarbeiter Bescheid. Wohin sie reisen, ob sie essen gehen, überhaupt alles. Er selbst war ein verschlossenes Buch und erzählte nichts. „So kurz vor meinem Urlaub, auf den ich mich sehr freue, geht es mir sehr gut", antwortete Frau E. Sie war von ihrem Schreibtischstuhl aufgestanden, um sich respektvoll gegenüber Herrn C., Ihrem Chef, zu zeigen.

„Sie arbeiten ja viel mit unserem Herrn Wegner zusammen! Verstehen Sie sich gut?", wollte der Besucher wissen. Inzwischen hatte sich Frau E. wieder gesetzt und war über die Frage etwas verwirrt, weil sie diese nicht verstehen konnte. Noch nie hatte sie jemand so etwas gefragt. Die Zusammenarbeit hatte sehr gut funktioniert, weil sie sich mit Kollegen Wegner gut verstand. Deswegen sah sie etwas erstaunt zu Herrn C.

„Wir kommen sehr gut miteinander aus", antwortete sie, ohne darüber nachdenken zu müssen. „Herr Wegner ist freundlich und die Arbeit klappt gut." Herr C. war von der Antwort nicht begeistert, zeigte das jedoch nicht und bohrte nach.

„Wie kommen Sie denn mit seiner Arbeit zurecht? Deckt er Sie mit Arbeit ein? Er hat einen sehr großen Arbeitsbereich, da kann es schon mal zu Fehlern in der Hitze des Gefechts kommen", stellte er mit einem gezwungenen Lachen kommentarlos in den Raum. Herr C. drückte sich gerne *bildlich aus. Damit hatte er die Absicht, seinen Worten Nachdruck zu verleihen. Herr C. lachte und wollte das als kleinen Scherz verstanden sehen, um von seiner eigentlichen Absicht abzulenken. Die war natürlich, Informationen über meine Arbeitsweise aus erster Hand zu bekommen.*

„Er arbeitet zügig und sauber, wenn irgendetwas nicht klar ist, erklärt er es mir", teilte Frau E. ihrem Gegenüber mit, „auch wenn wir derzeit sehr viel Arbeit haben", schickte Frau E. hinterher.

„Aha, dann passt also alles", bemerkte Herr C. kurz angebunden. Natürlich wollte er etwas ganz anderes hören, das Gegenteil hätte in seinen Plan besser gepasst. „Gut, dann wünsche ich Ihnen einen schönen Urlaub, erholen Sie sich gut und genießen Sie die Zeit, denn danach wird es wieder stressig, weil die Kollegin ja länger ausfällt."

Herr C. verließ enttäuscht, ohne eine Beute gemacht zu haben, das Zimmer. Seine Beute wäre natürlich eine Beschwerde oder negative Worte über mich gewesen. Es ging ihm, wie gesagt, nicht um den Teamerfolg oder die Company, sondern jede Frage war darauf ausgerichtet, Munition für seinen Privatkrieg gegen mich zu finden.

***

Bemerken Sie etwas?

Einziges Ziel dieses Besuches bei der Kollegin war, etwas Negatives über mich zu erfahren und eine Mitstreiterin, eine Informationsquelle anzuwerben. Eine Helferin, die er im Weiteren hätte nutzen können. Denn über meine Arbeitsweise hätte er sich auch einfach durch meine Arbeit und meine täglichen Ergebnisse selbst informieren können.

Woher ich von diesem Besuch weiß? Durch meine Kollegin, die er besucht hatte und die sehr erstaunt über dessen Fragen war. Wir waren ein gutes Team.

In meinem Fall verbrachte mein Täter Tage und Wochen damit, Weggefährten zu finden. Er befragte Mitarbeiter und Kollegen wie ein Detektiv. Teilweise „verhörte" er Kollegen fast schon, um Näheres über meine Art der Arbeit und meine Person zu erfahren. Denn von mir selbst erfuhr er natürlich nichts und kein privates Wort. Ich fiel als Informationsquelle komplett aus. Manche wurden dazu angehalten, schriftliche Bewertungen über mich abzugeben, ob sie wollten oder nicht.

Bei Frau E., meiner Kollegin, hatte ich Glück. Doch bei anderen weniger. Sie ließen sich zu willigen Gehilfen anwerben und dienten Herrn C. wahrscheinlich, um eigene Vorteile aus dieser Zusammenarbeit zu ziehen, oder schlichtweg aus Angst. Solche Personen gibt es in jeder Firma, manchmal mehr, manchmal weniger.

Seien Sie hierbei nicht leichtgläubig und naiv, denn das hilft niemandem. Der Angreifer wird auf irgendeinem Weg immer irgendjemanden finden, den er für seine Zwecke nutzen kann. Das ist einfach das wahre Leben, der Arbeitsalltag.

Während dieser Zeit und seiner ausführlichen Recherchearbeit vernachlässigte der Täter natürlich seine tatsächliche Arbeit. Das störte ihn jedoch nicht. Er hatte eine andere Lebensaufgabe, meine berufliche Vernichtung, und in die hatte er sich wie ein Löwe verbissen. Das war seine wahre Daseinsberechtigung, sein Lebenselixier, seine Berufung und seine Mission.

Das ist eine Tatsache und unterliegen Sie niemals dem Fehler, das zu unterschätzen. Ihr Gegner ist erfindungsreich und fantasievoll, wenn es um sein eigenes Ziel geht.

Genau hier liegt auch eine Schwäche der Täter, aller Täter.

Sie neigen zu maßloser Selbstüberschätzung und halten sich für unangreifbar. Ich sagte, die Täter sind nicht unangreifbar und das ist ein Grund dafür. Denn wer von sich denkt, nicht angreifbar zu sein, wird irgendwann leichtsinnig und unaufmerksam.

Das ist Ihre Chance. Sie müssen diese nur richtig deuten und das bringe ich Ihnen im weiteren Verlauf durch Beispiele näher.

Zusammenfassend stellen wir fest, dass es nicht den „einen" Tätertyp gibt. Ich spreche hier immer von „ER". Das soll jedoch nicht heißen, dass es bei diesem Spiel keine weiblichen Angreifer gibt. Es gibt Täter jeden Geschlechts. In meinem Fall war es ein Herr, deswegen schreibe ich von „ER".

Der Täter oder die Täterin sind auch nicht auf den ersten Blick erkennbar. Sie haben es verinnerlicht, sich zu verstellen, eine Show zu bieten. Erinnern Sie sich an mein Beispiel und das Wort „Schauspieler"? Genau das sind sie, Figuren auf einer Bühne.

Sie sind Ihnen häufig auch nicht von der ersten Begegnung an feindselig gegenüber oder behandeln Sie anders als ihre Kollegen. Das macht ihre „Identifizierung" schwieriger. Auch mein Angreifer war nicht vom ersten Moment an erkennbar. Das musste ich erst im Laufe dieses Spiels durch sein tatsächliches Verhalten herausfinden.

Oftmals sind sie auf dem ersten Blick sogar freundlich, hilfsbereit und zuvorkommend. Aber Vorsicht vor übertriebener „Nettigkeit". In diesem Fall sollten Sie schon wieder vorsichtig sein, denn das kann das Gegenteil bedeuten.

Vieles von dem, was sie sagen, ist nicht so gemeint. Erinnern Sie sich an den Besuch des Herrn C. in mein Büro zu Anfang? Ein Paradebeispiel. Mein Glück war, das ich diesem Mann von der ersten Sekunde an misstraute, weil er einfach nur Kälte ausstrahlte. Zudem hatte ich meinem Bauchgefühl schon Glauben geschenkt. Er konnte mich von seiner gespielten Fürsorge nicht überzeugen.

Verstehen Sie mich nicht falsch. Das soll nicht bedeuten, dass jeder Kollege oder Kollegin, der oder die Ihnen gegenüber freundlich und zuvorkommend ist, für Sie auch eine Gefahr darstellt. Das ist glücklicherweise nicht der Fall.

Ich möchte Sie nur dahingehend sensibilisieren, dass Sie ein seltsames Gefühl oder Vorahnungen, Merkwürdigkeiten die Ihnen auffallen, ernst nehmen und im Blick haben. Unser Bauchgefühl kann uns auch täuschen.

Ein genaues Beobachten ist angebracht und sollte Sie vor negativen Überraschungen schützen.

Ja, es gibt den „freundlichen" Täter und der ist natürlich weit gefährlicher als andere, der sofort zu erkennen ist.

Das Vorgeben von Höflichkeit und Freundlichkeit führt bei uns allen automatisch zu einer schnelleren Glaubwürdigkeit und Akzeptanz unseres Gegenübers, denn unser Frühwarnsystem wird dadurch heruntergefahren. Wir freuen uns alle, zuvorkommende Menschen zu treffen, weil es leider immer seltener wird. Gerade in diesem Moment ahnen wir nicht, dass gerade dieser Mensch für uns zum Problem wird.

Selbstverständlich hat diese Art für einen Täter den großen positiven Nebeneffekt, einfacher an Informationen zu kommen, die er mit einem anderen Verhalten nicht erlangen könnte. Der typische Täter ist daher leider nicht sofort unfreundlich oder unkultiviert und verhält sich unkollegial. Das ist das Problematische daran.

Denken Sie über Folgendes nach:

Sie lernen beruflich einen Kollegen oder Vorgesetzten kennen. Er ist freundlich und zuvorkommend. Er wird dadurch schneller Ihr Vertrauen gewinnen, als wenn er von Beginn an abweisend und kühl wäre. Sie werden ihm schneller etwas von sich erzählen, als wenn er Ihnen bereits von der ersten Sekunde suspekt vorkäme.

Er erhält in diesem Augenblick bereits Informationen, die er später trefflich nutzen kann. Wenn Sie ihm beispielsweise erzählen, einem besonders gefährlichen Hobby nachzugehen, und Sie krankheitsbedingt ausfallen, kann er das bereits gegen Sie nutzen und somit eine Mitschuld am Ausfall für das Unternehmen geben. Ärger ist bereits vorprogrammiert und wird bei Ihrer nächsten Erkrankung noch mehr.

In der Natur verhält sich das Chamäleon ähnlich. Es verändert sein Aussehen. Jedoch aus einem anderen Grund, um sich selbst vor Feinden zu schützen. Genau das hat auch Ihr Angreifer verinnerlicht, das Verhalten an die augenblickliche Umgebung anzupassen. Er verhält sich in jeder Situation und bei jedem Gesprächspartner so, wie es ihm die größten Vorteile bringt, da er extrem anpassungsfähig ist.

Sie hören richtig. Er verhält sich so, dass es ihm und seinem Ziel die größten Vorteile bringt. Damit meine ich seine persönlichen Ziele und die sind das Gegenteil des eigentlichen Unternehmensziels.

Das ist eine der heimtückischen Seiten des Täters. Er ist ein Schauspieler und schlüpft in verschiedene Rollen. In meinem eigenen Fall gab es einen Vorstandsassistenten r, der mich sehr höflich in seinem Büro empfing.

***

„Das ist sehr schön, dass wir uns einmal persönlich kennenlernen, Herr Wegner", sagte er. „Sie sind ja jetzt schon einige Zeit bei uns und ich wollte Sie unbedingt einmal kennenlernen, weil man sehr viel Gutes von Ihnen hört." Er saß dabei an seinem riesigen Glas-

tisch mit Eisengestell, das irgendwie nicht zusammenpasste. Es war ein sehr dominantes, fast schon Ehrfurcht einflößendes Möbelstück. Dahinter Herr J., so hieß er, in seinem Nappaledersessel mit mächtiger Rückenlehne.

Er wippte ständig auf und ab, sodass keine richtige Ruhe einkehren konnte. „Nehmen Sie doch bitte Platz. Möchten Sie etwas zu trinken? Wasser, Espresso, Tee?", fragte er mich, als ich saß.

„Ja, gerne, einen Espresso würde ich gerne trinken."

Er griff zu seinem Telefonhörer, drückte auf eine große grüne Taste und bat die Gesprächspartnerin, deren Stimme ich hören konnte, zwei Espresso zu bringen. „Wie gefällt es Ihnen denn bei uns?", erkundigte er sich. „Sie wollten ja in unser Unternehmen schon im Studium, habe ich gehört."

„Ja, es war schon sehr früh mein Wunsch, nachdem ich schon als Abiturient ein Praktikum bei Ihnen gemacht habe. Es hat mir von vornherein sehr gefallen. Besonders weil ich genau in dem Bereich arbeiten kann, der auch mein Schwerpunkt im Studium war." Es klopfte leise und eine Dame, Mitte 30, Ballonkleid, High Heels, trat ein, begrüßte mich und stellte den Kaffee auf den Tisch. „Für Sie, bitte sehr, und für, Sie Herr J., ebenfalls einen Espresso. Möchten Sie etwas Gebäck dazu?", fuhr sie fort.

„Nein danke, für mich nicht", entgegnete ich freundlich, „vielen Dank."

„Kommen Sie mit den Kollegen gut zurecht?", fragte er fast schon fürsorglich, als wollte er unbedingt, dass es mir wirklich an nichts fehlt.

„Ja, einige haben mit mir hier angefangen und wir haben uns gut kennengelernt."

„Das ist schön", sagte er beiläufig. „Es ist wichtig, dass das Team passt. Dann haben wir auch alle Erfolg und die Aktionäre freuen sich auch *darüber", schickte er etwas grinsend hinterher. „Ich schlage vor, Sie machen so weiter, engagieren sich fleißig und dann hat unsere Firma immer Verwendung für gute junge Leute in den Führungsriegen. Wir sind eine sehr innovative Company und gute junge Leute sind uns sehr wichtig."*

Ich hatte mittlerweile meinen Espresso ausgetrunken, während der von Herrn J. noch unberührt auf dem Glastisch stand. Das Telefon klingelte und Herr J. sah interessiert auf das Display. „Oh ja, da muss ich leider abnehmen. Es war schön, Sie persönlich kennengelernt zu haben. Bitte sagen Sie mir Bescheid, wenn Sie irgendetwas benötigen, meine Türe steht offen."

Ich stand auf, gab ihm die Hand, bedankte mich für den Espresso und verließ das Büro.

***

Niemals hätte ich mir zu diesem Zeitpunkt vorstellen können, dass eben im Büro einer meiner späteren großen Gegner sitzen sollte. Das freundliche Miteinander, die Fragen nach meinem Befinden, das Angebot des Helfens waren bereits alles Vorboten für dessen späteren Kampf gegen mich. Ich war ohne Wissen in der Schlangengrube und hatte unbemerkt fast zu viel von mir preisgegeben an den Herrn, der, wie sich herausstellte, mit Herrn C. eng vertraut zusammenarbeitete.

Eine teuflische Symbiose im Rahmen einer Arbeitsbeziehung zwischen Herrn C. und meinem neuen „Freund" Herrn J. Dazu später mehr. Denken Sie daran, das soll Ihrer Sensibilisierung dienen, die unbedingt nötig ist, um eben nicht die Fehler zu machen, denen ich gegenüberstand.

Hätte ich etwas mehr Erfahrung gehabt, wäre mir im Vorfeld bereits aufgefallen, dass die Herren C. und J. sehr häufig zusammen zu sehen waren. Häufig war das in der Kantine, beim gemeinsamen Frühsport oder sehr häufig angeregt und scherzend in einer Unterhaltung auf dem Flur.

Hinweise über deren Beziehung, die ich nicht richtig und zu spät deutete und einordnete. Das möchte ich bei Ihnen verhindern. Natürlich hätte ich erkennen müssen, wie sich der kleine Chef dem großen gegenüber verhielt. Beobachten Sie Gesten und Mimik während eines Gespräches zwischen Kollegen. Sie können sehr viel daraus schließen und lernen.

Im Nachhinein hätte ich damals am unterwürfigen Verhalten des Herrn C. erkennen können, dass er Zuträger für Herrn J., seinen Chef, ist. In diesem Moment hätte ich bereits erkennen müssen, dass Herr C. seine Großmutter für eine Beförderung verkaufen würde und in Folge natürlich mich umso schneller.

Beobachten Sie daher sehr genau, wie sich „Ihr" Gegner gegenüber seinen Vorgesetzten verhält. Daraus können Sie wertvolle Schlüsse ziehen und später weitere Fehler vermeiden.

Täter haben meist gegenüber ihren Vorgesetzten ein übertriebenes Mitteilungsbedürfnis. Nicht hinsichtlich der tatsächlich wichtigen Dinge der täglichen Arbeit. Sie wollen über das Besondere informieren. Das Besondere war anscheinend ich selbst. Hier besonders das Aufzeigen meiner angeblichen Fehler. Herr C. hatte sich wirklich jede Kleinigkeit über meine Person notiert, um diese wertvollen Erkenntnisse seinem Vorgesetzten vorzuführen.

Ähnlich ist es wie gesagt bei Hauskatzen, die sich vom Frauchen eine Belohnung erhoffen, wenn sie von ihren nächtlichen Streifzügen ein Beutetier nach Hause bringen und es stolz präsentieren. So war es bei Herrn C. gegenüber Herrn J.

Wie beschrieben konnte er mit eigenen Fähigkeiten nicht glänzen und musste anderweitig in der Chefetage „punkten". Somit kam ich ins Spiel.

Die Auswahl des Betroffenen

Warum sollte gerade **mir** das passieren?

Sicher haben auch Sie sich irgendwann diese Frage gestellt.

Das ist eine der meist gebrauchten Redewendungen, wenn es um Situationen geht, die mit etwas Negativem, schwer Erklärbaren für uns verbunden sind. Wir möchten uns damit schützen, dass das, worüber wir uns keine großen Gedanken machen möchten, uns auch nicht betreffen kann und wir davon verschont bleiben. Es ist eine ganz normale Reaktion auf schwierige Lebensumstände, die uns überfordern.

Als Kind habe ich Verstecken gespielt, Sie vielleicht auch. Ich habe mich hinter einem Baum versteckt, die Hände vor die Augen gehalten, in der Hoffnung, dass diejenigen, die mich suchten, nicht finden würden. Ich hatte ja die Hände vor den Augen und sah nichts.

Kindliche Vorstellungen, die uns bis ins Erwachsenendasein begleiten, wenn wir in unbequemen Situationen sind. Wir schließen die Augen und wünschen uns, dass es einfach vorübergeht.

Genauso ist es bei Mobbing.

Wir hören oft von Kollegen davon, lesen darüber, haben vielleicht einen Podcast zu dem Thema gehört oder ein Fachgespräch. Doch eines haben sicher die wenigsten von uns: sich vorgestellt, selbst in der Rolle des Angegriffenen zu sein.

„Es passiert mir schon nichts, wenn ich nur nicht daran denke."

Warum das nicht funktionieren kann, möchte ich Ihnen erklären.

Es ist ein gedanklicher Schutzwall, den wir um uns errichten und der uns davor bewahren soll, dass nichts Unangenehmes auf uns zukommt. Dass uns nichts geschieht. Es passiert schon nichts, wenn wir nur nicht daran denken. So die Theorie. Das ist wohl die Essenz aus dieser Redewendung.

Unser Alltagsleben ist gefüllt von schrecklichen Nachrichten, sehen Opfer von Gewalttaten, die wir oftmals gar nicht mehr verarbeiten können und die uns überfordern. Es ist verständlich und nachvollziehbar, dass wir über manches nicht nachdenken und uns das auch nicht vorstellen wollen. Es ist eine vollkommen normale Reaktion, wenn wir unseren Geist vor allem Bösen und Ungemütlichen bewahren wollen.

Wir blenden aus, dass wir selbst irgendwann die Angegriffenen sein könnten, dass wir in eine ausweglose Situation ohne eigenes Verschulden kommen könnten.

Sie ahnen es sicher schon. Auch ich gehörte zu dieser Gattung der „Meister der Verdrängung". Ich hatte zwar darüber gehört, doch nie große Gedanken darüber gemacht. Ich hätte mir nicht vorstellen können, heute hier am Laptop zu sitzen und den ersten THRILLADVISE! über dieses Thema aus eigener Erfahrung zu schreiben.

Es kam anders, ganz anders, und es sollte schneller geschehen und ein härterer Kampf werden, als ich mir jemals hätte vorstellen können. Plötzlich und vollkommen unvorbereitet fand ich mich in der Rolle des Gejagten wieder und hatte keine Vorstellung, welche Kreise das ziehen wird. Mit welcher Härte mich das durch einen skrupellosen Täter begonnene Spiel um meine Existenz treffen sollte und welche Kraft es benötigte, das alles zu beenden.

Zum Täter wird man durch eigene Aktivität. Zum Betroffenen werden Sie vollkommen ohne eigenes Zutun und Verschulden.

Ich habe schnell gemerkt, dass ich mitten in meinem beruflichen Überlebenskampf war. Alles plötzlich Eintretende ist äußerst schwer einzuordnen. Schließlich wird es noch von dem Gedanken verdrängt, den ich beschrieb: „Warum sollte mir das passieren?"

Ich hatte anfangs keine Ahnung, wie ich mich in diesem beruflichen Minenfeld verhalten sollte, wem ich trauen konnte oder wie reagieren musste.

Wenn Sie nun in einer ähnlichen Situation sind, machen Sie sich keine Vorwürfe oder Sorgen, wenn auch Sie nicht wissen, wie Sie sich verhalten sollen.

Ob Sie in Ihrer täglichen Arbeit alles richtig erledigen, schnell oder etwas gemächlicher arbeiten, Ihre Mittagspause überziehen, sich mit Kollegen unterhalten, langsam oder zügig im Unternehmen laufen. Ob Sie Berufseinsteiger oder erfahren sind, egal, welchen Geschlechts Sie sind, welcher Konfession Sie angehören oder welcher Herkunft Sie sind. Akademiker oder Hilfsarbeiter, Angestellter oder Vorstand, das alles hat nicht die geringste Bedeutung, ob Sie zum Betroffenen werden und plötzlich inmitten dieses erbarmungslosen Überlebenskampfes sind.

Nichts schützt Sie davor. Nichts hält den Täter von seinem Vorhaben ab. Das sollten Sie akzeptieren und verinnerlichen.

Es kann jeden treffen, überall und jederzeit. Lassen Sie sich davon nicht entmutigen, denn wenn Sie das verstanden haben, ist es die beste Voraussetzung, Mobbing schnell und erfolgreich beenden zu können. Ich habe es selbst erlebt, bin jeden einzelnen Schritt, den Sie in diesem Buch lesen, als Pionier gegangen, habe natürlich auch Fehler gemacht, die Sie jetzt durch THRILLADVISE! verhindern können. Gestärkt und selbstbewusst konnte ich daraus entkommen und meinen Angreifer zum Opfer seiner eigenen Intrigen werden lassen.

Sie können bereits mittendrin sein, haben es vielleicht noch nicht erkannt, weil Ihnen noch die „Antennen und Seismografen" dafür fehlen. Die müssen Sie erst ausbilden. Doch es ist wie beim Schwimmenlernen. Sie werden es erst können, wenn Sie ins Becken steigen und den Nichtschwimmerbereich verlassen.

Denn denken Sie daran: Ihr Gegner ist nicht unbezwingbar!

Sie werden niemals durch Zufall zum Opfer. Der Täter trifft immer eine Auswahl, die durch genaues Beobachten seines künftigen Gejagten passiert. Er betreibt eine genaue Selektion, gesteuert von Gedanken, die wir uns sicher nicht zu Eigen machen möchten.

Dabei stellt er Überlegungen an, wie beispielsweise, welcher Kollege ihm bei seiner Karriere im Wege stehen könnte, welchen Mitarbeiter er nutzen könnte, um sich selbst positiv bei seinem eigenen Vorgesetzten in Szene zu setzen und vieles mehr. „Wer kommt infrage, hilfreich bei meinem Aufstieg zu sein, wen könnte ich als willfährigen Helfer nutzen?" Das sind die Hauptgedanken des Aggressors.

Anfangs dachte ich auch, ich hatte wohl irgendetwas falsch gemacht, weil ich „sein" Betroffener geworden war. Ich überlegte mir das unzählige Male, doch kam zu keinem Grund und Ergebnis.

Das konnte ich auch nicht, weil es keinen Grund gab.

Das musste ich auch erst lernen: zu akzeptieren, vollkommen ohne eigenes Zutun und Verschulden in eine problematische Situation zu kommen. Man wird „auserwählt", jedoch im abgrundtief negativen Sinn.

Denken Sie daran, dass der Grund nicht bei Ihnen liegt. Aus einem unerklärlichen Gedanken glaubt Ihr Täter, dass genau Sie der/die Richtige für sein perverses Spiel sind.

Es spielt auch keine Rolle, ob der Täter Vorgesetzter oder Kollege ist. Die Täter können überall aus ihren Verstecken kriechen und wir können sie nicht daran hindern.

Das ist das Entscheidende: Sie sind nicht wehrlos und Ihr Gegner ist besiegbar.

Der Täter denkt voraus und plant weitsichtig. Sie müssen selbst nichts dazu beitragen, um diese Gedanken und Entwicklungen bei ihm auszulösen. Die im vorherigen Kapitel beschriebenen Charakterzüge Ihres Widersachers reichen aus und sind die Grundlage für deren absurdes und zerstörerisches Verhalten und Denken. Diese Menschen wissen natürlich, dass sie sich grob schädlich zum Unternehmensziel, dem Erfolg verhalten. Sie lösen schließlich ausnahmslos negative Entwicklungen aus. Doch es ist ihnen völlig egal, es spielt für sie keine Rolle.

Es ist möglich, dass Sie im Unternehmen gerade mit Aufgaben oder Tätigkeiten beschäftigt sind, die Sie häufiger mit Führungspersonen in Kontakt kommen lassen. Womöglich mit der Personalabteilung oder einer anderen wichtigen Abteilung in Ihrer Company. Vielleicht erledigen Sie aber auch nur Aufgaben, die angenehmer, förderlicher und interessanter sind als die Ihres Gegners. Vielleicht merkt er Ihnen auch nur an, dass Sie ein zufriedenes Privatleben führen oder sich gesund ernähren.

Sehr schnell kann Neid und Missgunst aufkommen, was dazu führt, dass Sie sich plötzlich in der Rolle der Betroffenen wiederfinden. Neid ist einer der Haupttreiber des Mobbings. Einer der wichtigsten Auslöser. Ob berechtigt oder unberechtigt ist dem Angreifer egal, denn er hat ja, wie wir bereits erfahren haben, kein Gewissen und ist gefühlskalt.

Vielleicht leben Sie in einer intakten, lebendigen Beziehung, haben eine neue Wohnung bezogen, erleben angenehme Urlaube oder gehen einfach nur in Ihrem Hobby oder beim Sport auf. Haben

Freunde, auf die Sie sich verlasen können oder mit denen Sie einfach Ihre Freizeit verbringen und glücklich sind. Es ist vielleicht Ihr Outfit, Ihr Stil oder schlichtweg ein selbstbewusstes Auftreten, das jemanden in Ihrem Umfeld missfällt und Neid auslöst.

Schon sind Sie dessen Gegner und vielleicht bereits als Feind ausgemacht, ohne eigenes Zutun.

Sie sehen, es liegt nicht an Ihnen, es ist die kranke Gedankenwelt der Täter, die uns Probleme macht und in Schwierigkeiten bringt. Ich möchte Ihnen damit sagen, dass es keine großen, bedeutenden Situationen, Vorkommnisse oder Gelegenheiten sein müssen, um Sie in die Rolle des Opfers zu drängen.

Es reicht aus, wenn der Täter denkt, dass ihm irgendwelche beruflichen Nachteile durch Sie entstehen oder dass er Ihnen einfach Ihr Glück oder Ihre Zufriedenheit nicht gönnt. Es gibt für manche Vorgesetzte auch nichts Schlimmeres als Mitarbeiter mit eigenen Gedanken, eigenen Vorstellungen und womöglich noch der Courage, selbstbewusst aufzutreten.

Es sind vollkommen kurzsichtige, fantasielose Menschen, die jedem Unternehmen im Grunde nichts Besonderes zu bieten haben. Sie haben einfach Angst vor Menschen mit sicherem Auftreten, Stil, Können, Leistungsfähigkeit, Persönlichkeit und innovativen Ideen.

Das liegt daran, dass sie selbst diese Eigenschaften nicht haben und Ihnen diese nicht gönnen und deswegen neiden. Dazu sehen sie in Ihnen eine Gefahr. Die meisten Täter wissen sehr genau, was ihre eigenen Schwächen, Unfähigkeiten und Unzulänglichkeiten sind. Sie sehen diese Fähigkeiten vielleicht bei Ihnen und gönnen es Ihnen nicht.

Sie als auserwähltes Opfer mit Ihrem Wissen, Ihren Fähigkeiten, Ihren Wesen und Auftreten sind für Ihre Company wahrscheinlich ein Glücksfall, doch im Täter lösen sie nur die schlimmsten Befürchtungen und maßlosen Neid aus.

Sein Denken ist, wenn er selbst diese Talente oder Möglichkeiten nicht hat, sollen auch Sie diese nicht zu Ihrem eigenen Vorteil einsetzen. Der Täter will Ihnen diese Möglichkeit und das Recht zu einer beruflichen Chance dazu nehmen und das mit all seiner zerstörerischen negativen Kraft.

Er malt sich in seiner Fantasie aus, dass Sie womöglich bei den weiteren Vorgesetzten Aufmerksamkeit erregen und an ihm „vorbeiziehen". Das will er um jeden Preis verhindern.

Rampenlicht für Sie bedeutet Schattenplatz für den Täter. Das will er um jeden Preis verhindern.

Sollte er Ihr Vorgesetzter sein, könnte der Vorstand des Unternehmens die Frage stellen, weshalb z. B. Vorschläge oder sehr gute Arbeitsleistungen nicht von ihm kommen, sondern einem untergebenen Mitarbeiter.

Werden Sie wegen Ihrer Aufgaben angegriffen, dann, weil der Täter, der vielleicht Ihr gleichgestellter Kollege ist, selbst Ambitionen hat oder denkt, dass ihn diese schneller in seiner Karriere voranbringen können. Voraussetzung ist dann jedoch, dass er sich Ihrer vorher „entledigt" und Sie ihm nicht mehr im Wege stehen.

Versuchen Sie nicht, ständig Gründe für ein falsches Verhalten Ihrerseits zu finden. Ich habe diesen Fehler anfangs auch gemacht, aus Unwissenheit und weil es THRILLADVISE! noch nicht gab.

Wenn Sie sich ständig diese Frage stellen, werden sich Ihre Gedanken im Kreis drehen und Sie trotzdem keine Antwort finden. Es wird dann noch mehr Ihre Selbstzweifel, die ich unbedingt verhindern möchte, vergrößern.

Sie müssen sich in keiner Situation provozierend oder fehlerhaft verhalten haben. Denkt der Täter, dass Sie ihm im Wege stehen oder anderweitig schaden könnten, ist es zweitrangig, wie Sie sich verhalten. Er wird Sie angreifen und versuchen, dass Sie schnellstmöglich Ihren Arbeitsplatz verlieren.

Manchmal sind es belanglose Gespräche und Unterhaltungen, die den Täter auf die Idee bringen, dass eine Gefahr von Ihnen ausgehen könnte. Sprechen Sie zum Beispiel von einer Idee, die Sie haben, um einen bestimmten Arbeitsablauf zum Vorteil der Company zu vereinfachen, löst das vielleicht Panik in ihm aus, weil diese Verbesserung nicht von ihm selbst kommt. Ihnen gönnt er das nicht, gerade wenn es ein Kollege ist, der vielleicht auch befördert werden möchte oder schlicht nur in das Rampenlicht treten will.

Wenn er Sie des Öfteren mit einem weiteren Vorgesetzten freundlich unterhaltend sieht, bringt ihn auch das auf die absurde Idee, gegen Sie vorzugehen und Sie zu bekämpfen, weil er Ihnen das einfach nicht gönnt.

Diejenigen, die wegen ihrer Persönlichkeit zum Opfer werden, zeichnen sich häufig durch Selbstvertrauen und ein hohes Selbstwertgefühl aus. Meist kleiden sie sich gut und sind eloquent. Alles Eigenschaften, die viele Täter nicht besitzen.

Wenn er das bei Ihnen erkennt und es Ihr Naturell ist, ohne sich zu verstellen, haben Sie leider schon seine Aufmerksamkeit erregt, auch wenn Sie das nicht möchten.

Ihr Gegner fürchtet, dass Sie durch Ihre Qualitäten und Engagement einen erheblichen Vorsprung vor ihm selbst haben. Weiter denkt er, dass diese Tatsache auch bei anderen Chefs auffällt und ihn selbst in den Hintergrund rückt. In Folge kann das irgendwann zu Ihrer Beförderung oder einer Gehaltserhöhung für Sie führen. Vielleicht strebt er das aber selbst an, doch weil seine Qualitäten nicht ausreichen, hat er, solange Sie anwesend sind, keine Chance.

Es ist irrelevant, ob Sie Ihren Widersacher schon sehr lange kennen oder ihn gerade erst im Unternehmen kennengelernt haben, egal ob als Vorgesetzter oder normaler Kollege. Selbst wenn Sie Ihren Gegner schon lange kennen und womöglich bisher gut mit ihm ausgekommen sind, schließt das nicht aus, dass er irgendwann zu Ihrem größten Gegner wird.

Merken Sie sich eines: Es reicht eine kleine Veränderung im Umfeld, die dazu führt, dass sich diese Situation grundlegend ändert. Dann wird Ihr guter Kollege sehr schnell zu Ihrem Angreifer, wenn er die „Täter-Gene" hat.

Es geht im Arbeitsalltag und jedem Unternehmen, an jedem Arbeitsplatz um die Existenz der einzelnen Arbeitnehmer und deren Einkommen, mit dem das Leben finanziert wird. Ist der Job in Gefahr, ändert sich alles. Freunde werden plötzlich zu Konkurrenten und Freundschaften enden sehr schnell. Jeder ist sich selbst der Nächste.

Sehen Sie, es sind auch nicht immer persönliche oder fachliche Gründe, die dazu führen, dass Sie durch eine Person angefeindet werden. Es können auch Umstände sein, die weder durch Sie noch andere beeinflusst werden.

Das wirtschaftliche Umfeld kann sich plötzlich ändern und ohne es verhindern zu können, wird Unruhe im Unternehmen entstehen. Das führt zu Unsicherheit und Angst unter den Mitarbeitern, durch alle Hierarchien hindurch.

Wieder sind Sie nicht selbst schuld, wenn Sie ins Fadenkreuz des Angreifers geraten, sondern die allgemeinen Umstände. Auch ein Täter wird nervös und sucht sich jetzt andere, unterstellt ihnen Fehler oder Fehlverhalten in der Hoffnung, dass dadurch sein eigener Arbeitsplatz erhalten bleibt.

Bei mir selbst begann alles, als ein neuer direkter Vorgesetzter in die Company kam.

Bereits bei der Vorstellung hatte ich ein sehr schlechtes Gefühl. Er strahlte eine absolute Kälte und Gefühllosigkeit aus. Hinzu kam, dass er mich ab dem ersten Augenblick kritisch musterte. Ich hatte ihn vorher noch nie gesehen.

Ich fand kein Anzeichen von Freundlichkeit oder irgendeine Art von Humor bei ihm. Er war einer der Menschen, die wohl aus persönlicher Unzufriedenheit im Berufsleben nach Wegen suchten, diesen aufgestauten Frust zu kompensieren.

Das war mein erster Eindruck und er stellte sich in den kommenden Monaten als vollkommen richtig heraus. Ich war das typische Beispiel, ohne jegliches eigene Zutun zum Betroffenen zu werden. Es war der Tag, der mein Arbeitsleben auf den Kopf stellte und zur Hölle werden ließ.

Ich hatte nicht die geringste Chance, diese Rolle abzulehnen, sein Entschluss stand von der ersten Sekunde fest. Sein Vorhaben war in Stein gemeißelt.

Vielleicht hatte er auch selbst schon eine Ahnung, dass er mit dem bevorstehenden Job überfordert wäre und durch sein fachliches Können, das nicht sehr ausgeprägt war, bei der Unternehmensleitung keine Punkte gewinnen konnte.

Somit versuchte er durch die Angriffe auf meine Person von seinen eigenen Unfähigkeiten abzulenken und eröffnete diesen Kriegsschauplatz. Hier wollte er sich die nächsten Monate bei seinen eigenen Vorgesetzten profilieren.

Es dauerte nur kurze Zeit, als er mich in sein Büro einbestellte, selbstverständlich ohne mich vorher zu fragen, ob ich Zeit hatte.

Das war ab diesem Zeitpunkt die Art und Weise, wie der Täter mit mir künftig kommunizieren wollte.

Sein Motto war, wenn ich mich nicht auf ein Gespräch vorbereiten kann, kann ich mich auch gegen seine Vorwürfe nicht verteidigen. Bis zu diesem Zeitpunkt hatte ich mich noch nicht als Betroffenen in einer gnadenlosen Mobbing-Intrige gesehen. Ich wusste lediglich, dass es ein sehr schwieriges Arbeitsverhältnis wird.

Welche Ausmaße seine Intrigen und Manipulationen haben werden, konnte ich mir zu diesem Zeitpunkt nicht vorstellen. Das Spiel, an dessen Ende die Vernichtung meiner beruflichen Existenz stehen sollte, hatte begonnen, ohne moralische Grenzen und Regeln. Ich möchte Ihnen sehr deutlich sagen, wiederholt: Fragen Sie sich nicht, was Sie falsch gemacht haben. Die Antwort gebe ich Ihnen sofort und hier.

Absolut nichts, zu keiner Zeit.

Es wäre auch in meinem Fall vielleicht anders gekommen, wenn mein Täter gewusst hätte, dass ich mich nicht geschlagen geben werde, sondern um meine Existenz kämpfen werde.

Er hätte sich wohl einen anderen Gegner gesucht, weil ich ihm zu „unbequem" wäre. Wie ich sagte, war Grund der Angriffe nicht meine Arbeit selbst, sondern lag in meiner Person. Er hatte mich aber vollkommen falsch, nämlich zur schwach zur Gegenwehr, eingeschätzt.

Da stand ich jetzt.

Vollkommen unvorbereitet in der Rolle des Angegriffenen. Ohne Vorbereitung oder Zeit, mich an diesen Gedanken mitten in diesem Kampf zu sein, gewöhnen zu können. Welche Anfeindungen auf mich zukommen würden, konnte ich mir nicht vorstellen, und meine Fantasie hätte dafür auch nicht ausgereicht.

Das Ende war offen und es sah nicht gut für mich aus. Ich wusste nicht, wie lange es dauern sollte. Ich kannte noch nicht einmal alle meine künftigen Gegner, die dazukommen sollten. Die Folgen waren nicht absehbar oder in irgendeiner Weise zu überschauen.

Zum Betroffenen wird man gemacht, ob man will oder nicht. Ohne die Möglichkeit einer Wahl.

Ob Sie bei Ihren täglichen Aufgaben fehlerlos arbeiten, ob Sie fleißig wie eine Biene sind, spielt absolut keine Rolle, wenn Sie der Täter ausgewählt hat.

Es ist auch unerheblich, ob Sie in einem Weltkonzern mit Tausenden Mitarbeitern oder einem Mittelstandsbetrieb, einer Behörde oder im Krankenhaus arbeiten. Es gibt keinen Ort, an dem Sie vollkommen geschützt sind.

Mein Mobbingtäter hat den Anpfiff zu diesem Drama gegeben. Meine und auch Ihre Aufgabe ist es nun, in eine Rolle zu schlüpfen. Sie wird Ihnen nicht gefallen, aber es ist die einzige Möglichkeit, dass Sie sich einen Überblick verschaffen können und Zeit gewinnen. Wiegen Sie den Täter in Sicherheit, damit Sie Zeit gewinnen. Sie lernen, eine Rolle zu spielen, für eine bestimmte Zeit.

Ziel ist die Störung der Taktik des Täters.

Sie werden lernen, manchmal ängstlich und ein anderes Mal wieder selbstbewusst aufzutreten. Manchmal Ihrem Täter beizupflichten und am nächsten Tag mit Gegenwehr kontern. Jede Situation, in die Sie in den kommenden Monaten kommen, erfordert ein bestimmtes taktisches Verhalten.

Ich bespreche das ausführlich in den nächsten Kapiteln.

Sie erreichen dadurch die Verwirrung Ihres Gegners und erschweren ihm seine Pläne. In diesem Zuge kann sich das Blatt zu Ihren Gunsten wenden, denn der Täter wird zunehmend unsicherer, wie auch in meinen eigenen, erfolgreich beendeten Fall.

***

„Wo bist du denn heute mit deinen Gedanken?", fragte mich mein Trainingspartner, der direkt neben mir saß. „Du bist dran. Los jetzt!" Ich hatte wieder einmal um mich herum alles vergessen, weil ich die heutige Situation in der Besprechung noch einmal durch meinen Kopf gehen ließ. Wieder waren es haltlose Vorhaltungen.

„Muss das sein?", fragte ich mich, „kann er nicht endlich damit aufhören und endlich Ruhe geben? Was hat er eigentlich davon?" Zwar hatte ich richtig reagiert, wie er es nicht erwartet hätte, doch blieben trotzdem immer die gleichen Fragen, die ich mir nicht beantworten konnte, noch nicht beantworten konnte.

Klar hatte ich nicht mitbekommen, dass mich gerade mein Kampfsportmeister zum Freikampf auf den Holzplanken aufgerufen hatte. „Willst du nicht mit mir kämpfen?", fragte er etwas scherzhaft, doch mit ernster Miene. „Gedanken zusammennehmen und Aufstellung, los!"

Nichts konnte mir peinlicher sein, als den Aufforderungen des Meisters, von dem ich schon so viel gelernt hatte, zu spät nachzukommen. Ich stellte mich gegenüber, wir verbeugten uns und der Fight begann. Meine Gedanken waren an einem anderen Ort, als ich nach den ersten mit Hoch- und Tiefblöcken abgewehrten Angriffen plötzlich einen heftigen gezielten Halbkreistritt spürte und Millisekunden später am Boden lag. Es war die pure Wucht dahinter, wie es auch sein sollte. Keine Chance, wenn die Gedanken nicht beim Gegner sind, und das waren sie heute nicht.

„Reiner, was ist los, wo ist dein Block?" Damit meinte der Meister meine Blockabwehr meiner Arme, tausendmal geübt und ebenso oft Angriffe damit abgewehrt. Ich entschuldigte mich, denn es hatte mir gerade einfach an Konzentration gefehlt. Ich hatte diese Körperseite gerade sträflich vernachlässigt.

Das ist unbedingte Voraussetzung im Freikampf, bei dem alle Hand- und Fußtechniken, Abwehr und Angriffsmöglichkeiten eingesetzt werden.

„Wir sprechen später darüber", kam vom Meister, der mir gerade die Hand zum Aufstehen reichte, ich verbeugte mich und nahm Platz. Natürlich hatte der Meister längst bemerkt, dass bei mir etwas überhaupt nicht stimmte, denn ich hatte Angriffe dieser Art problemlos vorher schon tausendmal abgewehrt, dazu kannte er mich schon viel zu lange. „Nicht gerade ehrenvoll heute", dachte ich mir. Aber es war klar, dass ich derzeit einfach nicht so leicht abschalten konnte, wenn ich das Büro verließ.

„Was ist los mit dir?", fragte mich der Meister am Ende. „Zum Training gehört maximale Aufmerksamkeit, sonst kann so ein Schlag ganz schnell richtig Wirkung zeigen. Hast du ja gesehen", fuhr er fort. Ich wusste, wie er es meinte. Das war überhaupt kein Vorwurf. Dafür ist er viel zu sehr Profi und ein super Mensch und Trainer. Nein, er wollte den Grund für meine Unaufmerksamkeit und natürlich kann so ein gezielter und gekonnter Schlag auch verletzen.

Er machte sich wirklich Sorgen und das war wie Balsam auf meine heute geschundene Seele. „Ich kann's mir schon denken, Stress mit dem Neuen." Damit meinte er Herrn C., von dem ich dem Trainer schon erzählt hatte.

„Weißt du, warum ich dich zum Freikampf wollte?", fragte er mich. „Ich kann es mir denken, meine innere Wut in Kanäle und Kraft lenken." „Richtig", sagte er ernst. „Finde einen Weg, damit umzugehen, und zwar einen, der dir Kraft, die du brauchst, gibt, nicht nimmt. Wut ist negativ, das hilft dir nicht. Kanalisiere deine Wut und mach sie dir zum Freund." Klar hatte er vollkommen recht. Eine der wichtigsten Regeln beim Kampf und beim Kampfsport.

„Nutze deine Energie für deine Abwehr und dann für den Angriff. Genau wie hier", lachte er. Ja, er hatte wieder recht, heute hatte ich überhaupt keine Reaktion. Der beste Beobachter, den ich kenne, deswegen ist er Meister, weil er Angriffe kommen sieht, wenn der Gegner gerade daran denkt. „Vorbereitung und Aufmerksamkeit ist alles, genau wie dich auf das Unvorhersehbare einzustellen, und das kannst du nur, wenn du den Gegner genau im Auge hast", fuhr der Meister fort.

„Wer handelt wie er, ist ein durch und durch gefährlicher Mensch mit einem sehr schlechten Charakter. Ein anderer macht das nicht." Mein Meister sprach mir aus der Seele und ich hätte es nicht besser sagen können.

Es wurde mir klar, was er meinte, denn er sprach längst von meinem Fight im Berufsleben, bei dem es größte Ähnlichkeiten mit einem Freikampf im Kampfsport gibt. „Versuche genau wie hier, seine Schläge vorauszusehen, dann gewinnst du. Genau wie hier."

Niemand hätte es besser sagen können und mit einem nicht mehr ganz so schlechten Gefühl machte ich mich auf den Heimweg.

Ja, es stimmt, Sport ist in solchen Situationen unbedingt nötig und hilft. Denn Sie brauchen Ruhephasen für Ihren Geist und Ihre Seele. Orte, die Ihnen Kraft und Bestätigung geben, an denen Sie sich wohl und verstanden fühlen, denn ein Mobbingkampf ist genauso anstrengend und kräftezehrend wie ein Freikampf mit meinem Meister.

***

Die Suche nach Verbündeten – Komplizenschaft, die Wissen schafft

Gemeinschaft macht stark!

Das klingt in erster Linie positiv und förderlich, doch leider haben sich das auch die Täter zunutze gemacht.

Auch mein eigener hatte das bemerkt, rege davon Gebrauch gemacht und zu seinem Motto auserkoren. Sein Handeln richtete er konsequent danach aus, weil er natürlich verstand, dass ihm Verbündete sehr viel Arbeit abnahmen und ihn unterstützen.

Das Ziel eines jeden Täters ist, an so viele Informationen wie möglich zu kommen, die sie künftig gegen ihre Gejagten verwenden. Die Helfer, die diese Informationen beschaffen sollen, werden gezielt ausgewählt. Er beobachtet seine Mitarbeiter oder wenn es ein Kollege ist, seine eigenen Kollegen sehr genau, wie sie ihm behilflich sein können. Jeder Helfer wird mit einer eigenen Aufgabe betreut und je vielfältiger diese Informanten sind, desto besser für den Täter.

Warum ist das für den Jäger derart wichtig?

Weil er dadurch nicht nur Hinweise darüber bekommt, wie Sie Ihre tägliche Arbeit verrichten, ob Sie zügig arbeiten, selbstständig oder auf die Hilfe anderer angewiesen sind. Für ihn ist auch sehr bedeutend, wie Sie sich zu Kollegen verhalten, welche Fakten Sie über Ihr Privatleben erzählen, wie Sie sich zu Ihrem Arbeitgeber äußern und vieles mehr.

Alles ist für ihn wissenswert, denn nahezu jede Information kann er nutzen, wenn er diese nur etwas manipuliert und in seine Richtung dreht.

Darin sind die Täter absolute Experten.

Wenn Ihnen Fehler unterlaufen, wird er diese sofort dokumentieren und bei geeigneter Gelegenheit an der Stelle weiter oben in der Hierarchie präsentieren. Sein Motto ist immer: „Nur was du schwarz auf weiß besitzt, kannst du getrost nach Hause tragen." Er benötigt diese Aufzeichnungen dringend für seine persönliche Fallsammlung. Diese hat JEDER Mobbingtäter. Er ist beständig auf der Suche nach Beweisen und Hinweisen, die Ihre Unfähigkeit oder sonstiges Fehlverhalten belegen.

Der Vorgang der Informationsbeschaffung findet äußerst akribisch statt. Ihr Angreifer investiert hier sehr viel Zeit und Energie, die ihm für seine eigentliche Arbeit für das Unternehmen fehlt.

Sie sind mit den Abläufen noch nicht so vertraut wie diejenigen, die länger im Betrieb sind. Die „Neuen" sind natürlich auch noch zurückhaltender mit dem Abschlagen einer Bitte eines Vorgesetzten. Sie sind für ihn leichter einzufangen. Ihre Kollegschaft ist demnach ein „Jagdrevier" für jeden Täter.

Er wird wohl keinen kurz vor dem Ruhestand stehenden Kollegen wählen, weil sich dieser weniger für seine Interessen einsetzen lässt.

Ich nenne die Helfer, die dazu verpflichtet werden, Sie in Ihrem unmittelbaren Umfeld auszuspionieren, Helfer der Gruppe A.

Von diesen Kollegen bekommt er exklusive Nachrichten aus Ihrer nächsten Nähe. Sie sind unmittelbar vor Ihren Augen und täglich mit Ihnen in Kontakt, kennen Sie und Ihre Arbeit somit am besten, weil sie direkt mit Ihrem Aufgabengebiet involviert sind.

Diese Kollegen können anhand Ihres Tagesablaufs genau erkennen, welche Qualität Ihre Arbeit hat. Es kann der Kollege sein, der Sie vertritt – das wäre für den Täter der Optimalfall – oder eine Assistentin.

Deshalb ist es gerade hier für Sie wichtig, eventuelle Veränderungen, die Ihnen vielleicht nicht wichtig erscheinen, zu beobachten und in Gedanken zu behalten. Notieren Sie sich diese Beobachtung.

Werden Ihnen des Öfteren wiederkehrende Fragen gestellt, was vorher noch nicht geschah? Interessiert sich Ihr Vertreter für wesentlich mehr bezüglich Ihrer Arbeitsweise, Stil und Tempo? Halten Sie einfach Ihre Antennen – und diese hat jeder Mensch – offen, ohne gleich hinter jedem Mitarbeiter einen Helfer der Gruppe A zu vermuten. Es müssen schon bestimmte Anhaltspunkte und Veränderungen sein, die sich auch wiederholen und sehr auffallend sind.

Gerne werden von dem Täter Kollegen aus dem gleichen Team oder Büro gewählt, weil die den ganzen Tag mehr oder weniger mit Ihnen zusammen sind und daher sehr viel Kenntnis über Sie besitzen.

Arbeiten Sie mit Kollegen in einem Projekt zusammen und kommen Sie für eine Beförderung infrage, ist das ebenfalls sehr interessant für den Angreifer. Hier kommt wieder das Thema Neid ins Spiel, denn eine Beförderung bedeutet höheres Gehalt und häufigeren Kontakt zu Ihren Chefs.

Der Täter beginnt sein Spiel meist alleine.

Das war bei mir nicht anders. Er ist zu Beginn ein Einzelkämpfer und hat eine Vision, die realistisch sein kann, doch meistens ist sie nur eine wirre Vorstellung von ihm, eine Einbildung.

Herr C. bildete sich aus irgendeinem Grund ein, ich könnte ihn auf irgendeine Art in seiner Entwicklung gefährlich werden. Die

Täter befürchten, dass ihnen durch Ihre Anwesenheit Nachteile irgendeiner Weise entstehen. Oft sind Sie jedoch auch nur Mittel zum Zweck. Er erhofft sich durch seine Anfeindungen bei seinen Vorgesetzten auf den einen oder anderen Weg ins Rampenlicht zu rücken. Eine äußerst absurde Theorie. Ich konnte das nie nachvollziehen, aber erleben.

Herr C. arbeitete sehr effizient, jedoch nicht im Rahmen seiner eigentlichen Tätigkeit. Seine Aufmerksamkeit galt, wie gesagt, meiner Person.

Für die Angreifer ist es zweitrangig, ob es sich um einen Vorgesetzten oder einen „einfachen" Kollegen handelt. Ich habe die Erfahrung gemacht, dass ein Täter als Vorgesetzter manchmal leichter zu Fall zu bringen ist als ein Kollege, dessen Aktionen für die größeren Bosse eher unwichtig sind.

Der Vorgesetzte kann durch seine Mobbing-Aktivitäten wesentlich mehr Schaden für die Company anrichten als ein Untergebener. Das kann für Sie von großem Vorteil sein, wie in meinem Fall. Später mehr dazu. Der Täter fragt sich, wie er bestimmte Figuren positionieren kann, um für ihn am effektivsten handeln zu können.

Das ist seine wichtigste Frage. Die Auswahl der Helfer wird somit von den Begriffen Nützlichkeit, Opfernähe und Effizienz abhängig gemacht.

Es ist wie im täglichen Leben. Sie können sich noch so sehr bemühen, gute Arbeit zu verrichten, stets pünktlich sein, aufmerksam, freundlich und zuvorkommend oder grenzenlos Überstunden haben. Doch um mit der Karriere voranzukommen, fehlt das Wichtigste für Ihr berufliches Weiterkommen:

Die notwendigen Kontakte, Vitamin B., gute Beziehungen nach oben zu den richtigen Bossen.

Warum sollte es dem Angreifer anders gehen? Auch er ist auf Hilfe von außen angewiesen, um auf „seinem" Weg weiterzukommen. Wenn Sie das realisieren, werden Sie, wenn Sie erste Anzeichen erkennen, mit wesentlich schärferen Sinnen Ihr nahes Umfeld beachten.

Der erste Schritt auf der Wachsamkeitsskala.

Ein weiterer wichtiger Aspekt, der in jeder Fortbildung über Verbesserungen in der betrieblichen Kommunikation eine zentrale Rolle spielt, ist die der zeitnahen Information. Das ist sehr wichtig, da sie entscheidend für die folgende Vorgehensweise ist.

Ein kleines Beispiel, wie wichtig die richtige Information zur richtigen Zeit ist, soll Folgendes zeigen.

Stellen wir uns ein mittelständisches Unternehmen, eine kleine Aktiengesellschaft, wie es Tausende gibt, vor.

Die Company fertigt ein wichtiges Produkt, eine Komponente für die Automobilindustrie. Diese Tatsache alleine ist nicht ausschlaggebend dafür, wie sich der Aktienkurs in nächster Zeit entwickelt. Erfährt jedoch aus internen Kreisen jemand, dass ein großer Automobilhersteller daran interessiert ist, diese Firma zu übernehmen, um selbst in den Genuss dieses Know-hows zu kommen, wird sich vieles ändern und große Auswirkungen haben. Diese Nachricht wird schnell verbreitet. Der Kurs der Aktie wird in die Höhe schnellen. Derjenige, der die Information aus erster Hand hatte, wird demnach am meisten davon profitieren.

Ich möchte damit Folgendes ausdrücken: Ihr Gegner kann sehr gute Ideen haben, Sie zu bekämpfen.

Er wird wesentlich mehr Erfolg haben und schneller zum Ziel kommen (was wir verhindern werden), wenn er durch Dritte zusätzliches Wissen über Sie erlangt. Je höher die Zahl der Informationsquellen, je effizienter die Auswahl ist, desto größere Chance hat er bei seinen weiteren Attacken.

Dann kann er zwischen den Hinweisen auf Ihre Arbeit auch noch auswählen, welche ihn am schnellsten voranbringen.

Das ist der Grund, warum er an so viele Quellen wie möglich kommen muss. Das ist sehr wichtig für Sie, um Sie zu sensibilisieren. Eine unbedingt nötige Eigenschaft, um bei den ersten Attacken zu verstehen, welche Schritte der Täter als Nächstes unternehmen wird.

Das Suchen und die Auswahl seiner Zuträger.

Je mehr er einsammelt, desto einfacher kann er entscheiden, mit welchem Mittel er den nächsten Schritt macht auf seinem Weg zu Ihrer Vernichtung.

Teilen wir die Helfer in Kategorie A, B und C ein.

Jede Kategorie hat verschiedene Aufgaben, die den Täter an sein Ziel bringen sollen.

Kategorie A hatten wir bereits angesprochen, Ihre unmittelbaren Kollegen aus dem Team, der Abteilung, die täglich mit Ihnen arbeiten.

In meinem Fall waren es meine direkten Kollegen, die nicht immer loyal zueinander waren. Selbstverständlich geht es um berufliches Fortkommen und das Klettern auf der Karriereleiter. Für viele ist das die wichtigste Motivation, Ihrer täglichen Arbeit nachzugehen. Von Beginn an kreisen deren Gedanken darum, wie der nächste Schritt aussehen kann. Wie schnell die nächste Beförderung erreicht wird.

Sie werden es schon erahnen. Diese Kollegen sind für Sie die gefährlichsten. Sie haben nur ein Ziel: Vorankommen, um jeden

Preis. Denken Sie nicht, dass es hierbei moralische Hürden gibt, wenn es um die Beförderung oder einen Verrat geht.

Beobachten Sie, welcher Ihrer Kollegen hierfür sehr offen ist. Wer wird für gewisse Informationen über Sie schneller vorankommen? Wer ist für Schmeicheleien empfänglich? Welchen Kollegen kann Ihr Täter am einfachsten ködern und steuern?

Ich kann es nicht oft genug sagen, halten Sie Ihre Augen und Ohren weit geöffnet, doch diskret.

In meinem Fall gab es eine sehr junge Kollegin, gerade vom Examen gekommen und äußerst karriereenthusiastisch. Verstehen Sie mich nicht falsch. Das alleine ist nicht verwerflich, auch ich hatte natürlich das Ziel, nicht ewig auf meiner damaligen Position zu bleiben. Logischerweise bin auch ich ambitioniert und habe nicht umsonst jahrelang studiert.

Ich bin motiviert, wie die meisten Berufsanfänger, Tatendrang ist für mich wichtig. Ich hatte das Ziel, das jahrelang Erlernte endlich in die Tat umzusetzen. Das ist sehr förderlich für das Unternehmen wie auch für den einzelnen Mitarbeiter.

Bei dieser Kollegin jedoch ging der Drang nach vorne viel weiter. Sie war in der Lage, ihre Ambitionen über alles zu stellen. Kollegen waren zweitrangig, da sie diese nur als Konkurrenten sah, die mit allen Mitteln auf die Ersatzbank mussten. Das war sehr schnell festzustellen. Hier lag die Gefahr nicht nur für mich und ich muss nicht erwähnen, dass diesen Umstand auch Herr C. schnell festgestellt hat.

In der jungen Dame hatte der Täter nun die ideale Helferin gefunden.

Ich nenne sie Helferin der Kategorie B.

Sie werden jetzt fragen, weshalb sie nicht der Gruppe A angehört, da sie doch direkt als meine Kollegin in der Abteilung mit mir zusammenarbeitete.

Wie ich erwähnte, war sie sehr bestrebt, schnell weiter Aufgaben zu übernehmen, weit mehr als alle anderen Kollegen. Solche Menschen müssen Ihnen schnell auffallen, sind sie doch die idealen Partner eines jeden Täters.

Ich sollte recht behalten, sie wurde eine seiner besten Helferinnen und dabei sehr ambitioniert. Es war eine Stelle frei geworden, die als Aufgabe die Digitalisierung der verschiedenen Teams hatte. Es sollten externe Berater kommen, jedoch auch Kollegen aus unserer Company dabei sein, um eine reibungslose Umstellung zu gewährleisten. Alle zusammen sollten sich um die Digitalisierungsumsetzung kümmern.

Selbstverständlich bewarb sich meine junge Kollegin auf diese Stelle, andere auch.

Sie war klug, attraktiv, eloquent und konnte sich sehr gut in Teambesprechungen einbringen. Sie nahm gerne die Gesprächsführung an sich und stand am liebsten im Mittelpunkt.

Sie hatte alle Voraussetzungen und vor allem waren sie und mein Täter, Herr C., unzertrennlich. Das konnte ich von Beginn an erkennen. Es war nur logisch, dass Herr C. diese junge Dame als die einzig Geeignete bei der Unternehmensleitung für den Posten der Digitalisierungsbeauftragten vorschlug und sie diesen auch bekam.

Merken Sie, wie wichtig es ist, die Augen offen zu haben?

Sicher ist Ihnen bereits bei meiner Vorstellung der jungen Dame sofort eingefallen, dass sie eine ideale Unterstützerin unseres Täters ist. Sie hatte bereits in jungen Jahren eine große Portion

Skrupellosigkeit an Bord. Sie haben demnach bereits auf den wenigen Seiten, die Sie bisher gelesen haben, vieles gelernt und sind auf dem Weg der wichtigen Sensibilisierung.

Sie werden es erahnen, dass eine Beauftragte für Digitalisierung sehr einfach, dem Job geschuldet, an alle Arbeitsvorgänge der Company und aller Teams kommt.

Diese Umstellung bedeutet, dass sie Zugang sowohl zu den Daten und Arbeitsergebnissen jedes einzelnen Mitarbeiters bekam, als auch minutiös nachverfolgen konnte, welcher Kollege gerade an bestimmten Aufgaben arbeitete. Wie lange der Jeweilige für bestimmte Dinge benötigte, wie oft jemand im Internet unterwegs war oder einfach nur, wann man sich eingeloggt hat und nach Hause gegangen ist.

Sie war für den Täter der größte Glücksfall, für mich die schlimmste Vorstellung. Eine Person, die ganz offiziell alles über mich erfahren konnte, was ich tagsüber in der Firma bearbeitete.

Es war das Worst-Case-Szenario eingetreten.

Im Hintergrund eine Person, die diese Daten ungefiltert für sich nutzen konnte, mein Gegner. Die Dame hatte den vollständigen Einblick auf alle Kollegen und jeden Mitarbeiter. Ich war geschockt. Sie war auch Ansprechpartnerin für alle anderen Kollegen. Somit hatte sie natürlich auch zu meinen Kollegen ständig Kontakt und konnte ihr Informationsnetz, ganz im Sinne des Herrn C., auswerfen.

Ich denke, mein Angreifer hatte an jenem Tag, als er erfuhr, dass seine Lieblingskollegin den Job bekam, eine Flasche feinsten Bieres geöffnet und auf meinen baldigen Untergang angestoßen. Hatte er doch jetzt die ultimative Helferin für seinen Feldzug.

Sie war Helferin der Gruppe A und B.

Kategorie B sind diejenigen, die durch weiterführende Tätigkeiten Einblick in alle Tätigkeiten der einzelnen Angestellten haben. Hierzu gehörten auch meine sonstigen Vorgesetzten.

Die Kollegin konnte nun minutiös meine Arbeitstage nachverfolgen, wann ich welche Arbeiten erledigte, jeden Mausklick erkennen und alles chronologisch an ihren Auftraggeber Herrn C. aufbereitet leiten.

Sie können sich vorstellen, welche Laune ich an diesem Tag hatte, als ich diese Tatsache erfuhr, wer Beauftragter geworden war. Der Traum eines jeden Aggressors war wahr geworden. Ohne sich selbst die Hände schmutzig zu machen, hatte er somit Zugang zu meinem Alltag in der Company. Das wurde ihm auch noch fein säuberlich aufbereitet.

Die Umstellung zur Digitalisierung und den damit verbundenen Überwachungsmöglichkeiten durch die junge Kollegin hatte verheerende Folgen.

Mein Kampf ging in die nächste Stufe über. Es sollte noch härter werden. Denn Sie wissen genauso gut wie ich, wenn jemand einen Fehler bei Ihnen finden will und alle technischen Möglichkeiten dafür hat, findet man auch irgendetwas. Genau darauf hatte mein Gegner spekuliert.

Herr C. lief die nächsten Tage ausschließlich gut gelaunt durch die Abteilung, scherzte mit jedem, war auffallend freundlich und nichts konnte ihn aus der Ruhe bringen. Er war in Ekstase vor Glück. Ging sein Plan bislang doch sehr gut auf.

Es gesellte sich noch die glückliche Fügung hinzu, dass die junge Dame charakterlich genau zu ihm passte. Deswegen war sie auch bereit, ihm regelmäßig die notwendigen Informationen zu beschaffen. Er hatte durch sie jetzt den vollen Durchblick, der ihm vorher fehlte.

Stellen Sie sich vor, Sie hätten den Job der jungen Dame. Wie würden Sie mit sensiblen Informationen umgehen, die Ihnen im Rahmen der Digitalisierung zu Händen kommen?

Ihr offizieller Job war es eigentlich, die jeweiligen Mitarbeiter des Teams mit der Digitalisierung zu unterstützten. Sie sollte sich mit den Kollegen zusammensetzen und diese von den Möglichkeiten der Neuerung unterrichten.

Das tat sie auch.

Doch nicht bei mir, wie ich durch Unterhaltungen mit meinen Teammitgliedern erfahren konnte. Jeder sollte von ihrem Wissen zum Wohle der Firma profitieren, nur eben nicht ich.

Welchen Schluss lässt das zu? Nur einen einzigen.

Sie war durch meinen Angreifer bereits „in Festanstellung" angeheuert. Für die beiden war es eine Win-Win-Situation. Herr C. war der direkte Vorgesetzte der jungen Kollegin und somit für ihre Beförderung zuständig.

Selbstverständlich hatte sie sich diese Vorteile erhofft und wie es aussah, profitierte sie von diesem Deal. Das Fatale war, dass die junge Kollegin bei vielen im Team sehr gut ankam, da sie die anderen Kollegen natürlich unterstützte.

Es profitierten wirklich alle von dieser Situation, nur nicht ich. Hier war es das Gegenteil.

War ich überrascht? Nein, keineswegs, denn es war abzusehen gewesen, dass es so kommen würde. Nahezu zu 100 Prozent. Es passte alles zusammen und Herrn C. spielte noch der Zufall der eingeführten Digitalisierung in die Hände.

Durch meine Wachsamkeit, die bereits vorher erweckt worden war, als ich die Kollegin zum ersten Mal gesehen hatte, und der Erkenntnis, dass sie äußerst beförderungsbestrebt war, konnte ich 1 und 1 zusammenzuzählen und kam zum richtigen Ergebnis.

Sie war die geborene Helferin. Ich hatte mir in der Zwischenzeit angewöhnt, verschiedene Mitarbeiter nicht aus meiner Sicht zu sehen, sondern mit den Augen des Täters. Kriminologen arbeiten ähnlich, gerade Profiler bei der Polizei, um den Täter zu fassen. Sie versetzen sich in seine Gedankenwelt. Auch wenn Ihnen das missfällt, es ist unumgänglich, zu Ihrem eigenen Schutz.

Wie mein Kampfsportlehrer immer sagt: „Versuche zu erkennen, an welcher Stelle dich dein Gegner angreifen wird." „Achte auf seine Körperhaltung, Bein- und Armstellung. Daraus kannst du viel ablesen."

Wie immer hatte er vollkommen recht.

Hier ist es genauso. Achten Sie stets auf das Auftreten, die Kommunikation und das Verhalten Ihres Umfelds und Sie werden sehr wichtige Informationen bekommen, die Sie später nutzen können.

Meine junge Kollegin, ich nenne sie Frau D., ging folgendermaßen vor: Sie beobachtete von ihrem Arbeitsplatz, der ihr nun einen Rundumblick verschaffte, meine täglichen Arbeitsabläufe.

Fiel ihr irgendetwas auf, bei dem sie dachte, es könne Herrn C. „weiterhelfen", notierte sie es, selbstverständlich digital. Danach holte sie sich meinen Arbeitsvorgang auf ihren Bildschirm und verfasste eine Sammlung. Ich nenne es einmal „die Sammlung der Vernichtung". Denn das war ja das über allem stehende Ziel.

Das „Dream-Team" hatte sich gefunden und Kollegin D. hatte keine Skrupel, das Skalpell in Form digitaler Dateien bereitzulegen, womit Herr C. seine Tat vollenden konnte.

Hier kommt wieder mein Kampfsportmeister ins Spiel. „Du kannst eigentlich jeden Kampf gewinnen, auch wenn der Gegner stärker ist, wenn du seine Schritte und Wege kennst oder zumindest erahnst."

Fällt es Ihnen auf? Genau das war hier der Fall. Ich wusste bereits sehr viel über die beiden. Ich wusste, wer der Hauptangreifer ist, zu welchen Mitteln er greifen würde, wer ihn dabei unterstützen wird und wie die beiden vorgehen werden.

Es lag alles direkt vor mir, ich musste es nur richtig einordnen.

***

Es war ein sonniges Spätsommerwochenende, das ich wieder einmal dringend nötig hatte.

Die Arbeitswochen kosteten unendlich viel Kraft und ich nutze jede Minute, um meine Gedanken zu ordnen und Kraft zu tanken. Das gelingt mir am besten beim Sport, egal ob Kraft, Ausdauer oder meinem Kampfsport. Nur wenn ich mich selbst auch spüre, an die eigenen körperlichen Leistungsgrenzen gehe und am Ende einfach nur vollkommen geschafft und zufrieden bin, weiß ich, zu welchen Leistungen ich imstande bin.

Dieses Gefühl sollte jeder kennen, gerade wenn Sie beruflich unter Druck stehen.

„Was trainierst du heute?", fragte mich mein Trainingspartner, als wir vom Parkplatz durch die abendlichen Sonnenstrahlen begleitet unser Gym betraten. Gemeint hatte er, ob ich heute Schultern, Rücken oder Beine trainiere.

Die typische Frage, wenn Sie ins Gym gehen. „Eigentlich Brust, Flys am Kabelturm", antwortete ich. „Das habe ich etwas vernachlässigt in letzter Zeit." „Mach ich heute auch", entgegnete er mir.

„Wenn du nichts dagegen hast, komme ich mit rein." Damit meinte er, dass wir uns in den Satzpausen abwechselten. Klar hatte ich nichts dagegen, weil ich mit einem starken Trainingspartner selber stärker werde.

Die Motivation ist einfach höher. Nachdem ich beim Aufwärmen war, starteten wir. „Wie ist dein Aufwärmsatz?" „Mach 30 Kilo drauf." „Ok." Ich legte los und schon bei den ersten Zügen merkte ich, dass es mir heute verdammt schwerfiel. Kein Wunder, denn es war wieder einer jener Tage im Büro, den ich lieber vergessen und aus meinem Gedächtnis streichen würde.

Aber ich hatte inzwischen eines gelernt. Ich durfte nicht zulassen, dass mein Arbeitsalltag meine Freizeit und Leistung zu sehr beeinflusst. Ich musste zu mir selbst fordernd sein, sonst würde ich auch diesen schwierigen Kampf im Büro nicht überstehen.

Die dreißig Kilo bei der Übung waren sonst kein Problem, also muss ich das auch heute schaffen. „Easy", sagte mein Trainingspartner, „sieben, acht, los, da geht noch was, neun und", mit letzter Kraft zog ich die Gewichte mit ausgestreckten Armen vor meine Brust, „zehn, geht doch", grinste er.

Wir zogen noch drei Sätze und plötzlich ging es leichter, obwohl wir das Gewicht erhöhten. Der Energieschub war da und das Bewusstsein, dass mir hier der Arbeitstag nichts anhaben konnte.

„Machst du Kurzhantel-Brust noch mit? Ich bräuchte jemanden zum Supporten bei den letzten." „Sicher, aber das schaffst du auch ohne mich", sagte mein Partner. „Doch ich bin da, wenn du schlappmachst." Ich nahm die Hanteln und beendete den vollen Satz. „Easy", hörte ich danach von ihm. „Was machst morgen?", fragte er mich. „Schultern", meinte ich noch völlig ausgepumpt.

Nach ungefähr zwei Stunden war mein Akku nach weiteren Brustübungen leer und ich fühlte mich einfach stark und zufrieden, obwohl ich absolut geschafft war. Ich legte noch zwanzig Minuten Kardio-

training auf dem Laufband ein, denn das ist ebenfalls extrem wichtig für die berufliche Verteidigungsstrategie. Ich war endgültig fertig und hatte mein Shirt vollkommen durchgeschwitzt. So muss Training sein. Ausgiebig duschen, kurze Unterhaltung mit Trainingsfreunden, noch mal über das Work-out reden und nach Hause.

Ein perfekter Tagesabschluss.

***

Dort fühle ich mich einfach wohl, super Partner und eine klasse Atmosphäre. Lichtdurchflutet, modern, einfach der Ort, um voller Elan und Optimismus stundenlang zu trainieren. Probieren Sie es einfach aus. Regelmäßiger Sport hat viele Vorteile für Geist und Körper. Ja, es klingt nicht neu, doch stimmt immer noch. Hätte ich meinen Kampfsport und das Gym nicht, weiß ich nicht, ob ich diese Kämpfe vollkommen unbeschadet überstanden hätte.

Mit jedem Brett, das ich im Training im Kampfsportanzug mit bloßen Händen, Ellbogen, Ferse oder Fußkante durchbrach, wurde ich zuversichtlicher und selbstbewusster, denn ich sah vor mir, zu welcher Wirkung ich in der Lage war. Denn der Ursprung dieser ausführenden Kraft – Beine und Arme – ist Ihr eigener unbedingter Wille.

Ohne starken Willen und großer Leidenschaft wird nichts gelingen.

Das ist das Erste, das Ihnen ein guter Meister lehrt.

Genau wie ich Ihnen schon gesagt habe, ist eines der wichtigsten Mittel in Ihrem eigenen Abwehrkampf, den Gegner immer im Auge zu behalten. Das ist unerlässlich und unbedingte Voraussetzung für Ihren Erfolg.

Körperliches Training gehört dazu, doch werden Sie ohne den Auslöser „Kopf" niemals dazu in der Lage sein. Dort ist Ihre wahre Kraftquelle und dieser müssen Sie auch regelmäßig Zeit zur Regeneration geben. Nach meinem Training hatte ich mir immer gesagt: „Auch du, mein Freund C., wirst mich nicht unterkriegen."

Ich behielt recht.

Diese Momente des Glücks und der Zuversicht sind gerade dann wichtig, wenn Sie beruflich mit Menschen beschäftigt sind wie unsere Täter, die genau das Gegenteil erreichen wollen. Sie „klein" halten, Ihr Ego und Karriere zerstören. Wir alle brauchen positive Erlebnisse und Augenblicke, die unseren belasteten Geist zur Ruhe kommen lassen. Während der Stunden beim Sport ruhen alle schlechten Gedanken und Sie schöpfen Kraft und Selbstvertrauen.

Alles Negative von diesem Tag konnte ich somit im Gym abschütteln. Es hilft unglaublich, um die belastenden Dinge, die geschehen, besser zu verarbeiten. Denn vergessen Sie bitte nicht, Mobbing bedeutet einen langen, beschwerlichen Weg und dazu brauchen Sie Ausdauer, Mut, Selbstvertrauen und Konzentration.

Der nächste Tag konnte kommen und ich hatte schon eine Vorahnung, was auf mich wartete.

***

Ich sah auf mein blinkendes Bürotelefon und konnte den Namen meines Herrn C. auf dem Display lesen.

„Na super, was kommt jetzt wohl – nichts Gutes", sagte ich zu mir selbst.

Ruhig nahm ich den Hörer ab, meldete mich mit Namen und einem freundlichen „Guten Morgen, Herr C." Ich hatte mir angewöhnt, wenn ich ihn traf oder mit ihm telefonierte, Ruhe auszustrahlen. Mit jedem anderen Verhalten hätte ich ihm signalisiert, dass seine Aktionen bereits Wirkung zeigten und ich nervös wurde. Wir dürfen nie vergessen, dass das sein Ziel ist. Wer nervös und hektisch agiert, macht Fehler. Das müssen wir vermeiden.

„Herr Wegner, bitte kommen Sie doch mal in mein Büro. Wir haben etwas zu besprechen."

Können Sie erahnen, was mich erwartete? Richtig. Herr C. und seine neue beste Freundin, Frau D., meine junge Kollegin. „Nehmen Sie Platz", dirigierte er mich auf den Stuhl gegenüber der beiden am Besprechungstisch.

Dieser Bitte folgte ich.

„Wir müssen über Ihre Arbeit reden!", fuhr er fort. „Uns sind da einige Dinge aufgefallen, die wir besprechen müssen. Sie arbeiten nicht effizient!"

„Hoppla." Da ist er ja gleich zur Sache gekommen. Das war aber auch verständlich und vorhersehbar. Selbstverständlich wollte er seine Helferin, die ihm offensichtlich Informationen geliefert hatte, beeindrucken, um sie von seiner Machtfülle zu überzeugen. „Wie soll ich das verstehen und woher haben Sie diese Kenntnis?", fragte ich ihn. Das stand mir auch zu, wurde ich doch mit Vorwürfen konfrontiert.

„Hier, Frau D,. geben Sie mir doch bitte Ihre Aufzeichnungen." Sehen Sie, Frau D. hatte also geliefert, wie erahnt. „Wenn ich Sie mit Ihren Kollegen vergleiche, brauchen Sie mit allem länger", warf er mir vor.

„Dürfte ich das sehen?", fragte ich ihn. Von Weitem, sodass ich es nicht lesen konnte, führte er mit seinen Fingern Zeilen und Zahlen entlang, die sauber aufbereitet vor ihm lagen. „Warum sind Sie so langsam?" Merken Sie es, er war in Bestform und wollte den Pfau vor seiner Mitarbeiterin spielen und mich selbst dabei im Unklaren, im Trüben lassen.

„Zeigen diese Zahlen auch, dass ich seit Wochen eine Kollegin vertrete, andere nicht?" „Das spielt keine Rolle, Herr Wegner! Hier steht, wie Sie arbeiten. Wenn Sie es nicht schaffen, müssen Sie eben langer bleiben!"

Sehen Sie den Zweck dieser Vorladung? Es sollte nicht darum gehen, das Unternehmen effizienter werden zu lassen, es ging einzig und alleine um die Herabwürdigung meiner Person.

„Bitte lassen Sie mir das doch zukommen, damit ich es mir ansehen und Ihnen eine Antwort geben kann", bat ich ihn und sah dabei auch meine Kollegin an, die meinen Blicken jedoch auswich und kein Wort sagte. Es war eine Ein-Mann-Show des Herrn C.

„Das ist intern, ich kann Ihnen das nicht geben. Sie hören von mir!"

***

Was war geschehen? Ganz einfach. Das Erwartete!

Es ging niemals darum, eine eventuell zu schleppende Bearbeitung durch mich zu belegen und meine Arbeitsweise zu optimieren. Denn das war nicht der Fall.

Deswegen konnte er mir auch keine Belege für seine Behauptung vorlegen. Es ging um öffentliche Diskreditierung, um Demütigung vor Zuschauern. Natürlich benötigte ich für meine Aufgaben länger, schließlich musste ich auch als Einziger eine länger anwesende Kollegin vertreten. Doch das interessierte ihn nicht. Er hatte nun wie ein Alphamännchen der Kollegin gezeigt, dass er hier der Boss ist.

Wir sollten nicht naiv sein.

Die Täter finden immer Helfer. In jeder Firma, überall und zu jeder Zeit. Denn das Arbeitsleben besteht aus Abhängigkeiten,

Über- und Unterordnungsverhältnissen, Ängsten, den Job zu verlieren, weil jeder von uns finanzielle Verpflichtungen und Wünsche hat. Gerade in wirtschaftlich schwierigen Zeiten, in denen Stellen abgebaut werden, finden die Täter unterwürfige Helfer, gerade wenn diese Vorgesetzte sind.

Es ist auch verständlich, dass Menschen bereit sind, für bestimmte Vorteile zu Helfern des Täters zu werden. Denn sind wir ehrlich. Wie vielen Kollegen vertrauen Sie selbst wirklich blind? Bei wie vielen könnten Sie ausschließen, dass diese irgendwann einmal, wenn die Gelegenheit günstig ist, gegen Sie arbeiten?

Für wen in Ihrer Firma legen Sie die Hand ins Feuer? Ich glaube, es sind sehr wenige, denn welche Person kennen wir wirklich aus unserer Firma? So gut wie niemanden, denn jeder spielt im Berufsleben auf seine Weise eine Rolle und ist sich selbst der Nächste.

Auch das ist ganz normal, doch müssen wir diese Tatsache akzeptieren und im Bedarf unsere Schlüsse daraus ziehen. Wenn Ihnen das gelingt, haben Sie bereits ein großes Stück Ihres eigenen Mobbing-Schutzwalls aufgebaut.

Zurück zu meinem Fall.

Herr C. wusste, welches Glück er mit Frau D. hatte. Deswegen war er auch happy und zeigte das jedem, gerade mir gegenüber. Er war überschwänglich und tat das, was Täter in diesen Situationen immer tun. Sie wähnen sich am Ziel ihrer Träume. Er hatte schon vor Augen, dass ich aufgeben würde.

Ich überlegte mir nun, ob ihm das reichen würde oder er weitere Helfer sucht. Warum nicht einen weiteren ins Boot holen, wo es gerade so gut läuft?

Unser Team arbeitete mit Assistentinnen zusammen, die natürlich auch meine Arbeit sehr gut kannten. Schließlich hatten sie ganztags mit unseren Arbeitsabläufen zu tun.

Viele waren Teilzeitkräfte mit Zeitverträgen, deren Arbeitsplatz somit nicht auf festen Beinen stand.

Ich hatte mir Gedanken darüber gemacht, ob der Täter auch hier jemanden sucht. Tage später, als seine Euphorie etwas verflogen war, konnte ich ihn beobachten – dies war einfach, da wir mit Gläsern abgetrennte Büroräume haben – wie er mit diesen Kolleginnen sprach. Ich konnte von außen beim Vorbeilaufen erkennen, dass das für einige sehr unangenehm war und sie sich offensichtlich nicht wohlfühlten. Einige sagten mir das auch danach, weil ich mit ihnen sehr gut zusammenarbeitete.

Ich möchte sagen, ich hatte zu nahezu allen durch unser tägliches gemeinsames Arbeiten eine sehr gute Verbindung und dort keine Gegner. Es war jedoch klar, dass Herr C. versuchen würde, dort Quellen zu erschließen. Warum erschloss sich mir nicht, hatte er doch nun seine allwissende Kollegin Frau D.

Aber das reichte ihm nicht, er war nun überschwänglich und wollte mehr.

Sie sehen, welche Energie er investierte für sein Ziel. Der Täter ließ nicht locker und war weiter bienenfleißig in seinem Vorhaben.

Assistentinnen wurden nun aufgefordert, schriftliche Berichte hinsichtlich meiner Arbeitsweise zu verfassen, ob sie wollten oder nicht. Ich weiß das, weil es mir von einigen wenigen erzählt wurde. Das war selbstverständlich die Minderheit, weil es eben weniger mutige Menschen als Mitläufer gibt.

Sie hatten den Befehl von ihm bekommen, meine Arbeit zu beurteilen. Alleine diese Tatsache ist sonderbar, hatten sie die fachliche Qualifikation nicht, um meine Arbeitsinhalte beurteilen zu können. Das war vielen auch peinlich, doch sie taten es trotzdem, aus Angst vor Konsequenzen, wenn sie es nicht taten.

Ich möchte erwähnen, dass ich zu diesem Zeitpunkt bereits über ein Jahr in der Abteilung war und es bei dem Vorgänger des Herrn C. zu keiner Zeit Schwierigkeiten gab, ganz im Gegenteil. Der frühere Chef war mit meiner Arbeit sehr zufrieden und ich kam gut mit ihm aus.

Einige Assistentinnen gaben nur wenige Sätze ab, andere schrieben lyrische Abhandlungen, doch für Herrn C. war zu seinem Bedauern wenig Brauchbares dabei. Einige waren jedoch darunter, die sich dadurch ein Weiterkommen oder Höhergruppierung, beispielsweise in Form einer Teamleiterassistentin, erhofften und glaubten, dieser Gefallen an den Vorgesetzten würde helfen.

Ich konnte es ihnen nicht verübeln, sie versuchten, irgendwie den Kopf über Wasser zu halten, und wenn es meinen Kopf kosten würde.

Das ist also Kategorie B. der Helfer, diejenigen, die nicht direkt mit mir zusammenarbeiteten im Team, sondern meine Arbeiten zu dokumentieren hatten. Sie waren durch den täglichen Arbeitsablauf mit meinen Arbeitsergebnissen indirekt mit mir in Kontakt. Einige waren jedoch nicht dazu zu bewegen, gegen mich ins Feld zu ziehen. Meist waren es schon länger gediente Mitarbeiter und Mitarbeiterinnen.

Sie sahen darin eine absolute Zeitverschwendung und hatten längst durchschaut, um was es bei diesen „Sonderarbeiten" ging. Sie waren couragiert genug, mich daraufhin anzusprechen und zu fragen, warum Herr C. diese Tätigkeiten von ihnen wolle.

Sie erzählten, dass der Täter sie förmlich dazu gedrängt hätte, tätig zu werden.

„Alles ist wichtig, was Herrn Wegner und seine Arbeit angeht", hatte er einer der Assistentinnen gesagt, als sie ihn nach dem Grund der Recherchearbeiten fragte.

Wie bereits gesagt, die Angreifer werden auf ihrer Suche nach Helfern immer fündig, wenn sie nur lange genug suchen und der Köder groß genug ist.

Denken Sie stets daran. Es geht im Berufsleben um die Erzielung von Einkommen für das tägliche Leben. Der eine ist empfänglicher für eine Beförderung, der andere weniger, in jedem Betrieb, egal welcher Größe und Branche. Der Täter verhält sich wie ein Jäger und Sammler. Jedoch nicht, um zu überleben, sondern um seinem auserwählten Opfer dessen Existenz zu nehmen. Er möchte dem Gegner unendlichen Schaden zufügen, in der Hoffnung auf ein bisschen eigene Anerkennung. Er sammelt Fakten, wie unsere Vorfahren die Beeren im Wald. Dabei lässt er vorzüglich andere die Schmutzarbeit erledigen, die er selbst nur auswerten und weitertragen möchte.

Er verwaltet und ordnet sozusagen die angesammelten Daten, um sie dann hübsch aufbereitet der Kategorie C. der Helfer zu übergeben, als Geschenk.

Kategorie C. sind die Vorgesetzten des Täters.

Aber warum sollten Vorgesetzte Herrn C. dabei behilflich sein?

Das konnte ich mir auch lange nicht erklären. Bei denen möchte Ihr Gegner auffallen. Wenn schon nicht mit herausragenden Fähigkeiten oder guten Arbeitsergebnissen, dann eben mit dem Verrat von Kollegen. Dass er dadurch das eigene Unternehmen schädigt und seine Arbeitszeit und viele Ressourcen der Company, bei der er angestellt ist, massiv verschwendet, ist ihm egal. Das persönliche Befriedigen der eigenen kranken Gelüste steht über allem.

Herr C. wollte sich unbedingt bei seinem Vorgesetzten ins Gedächtnis bringen.

Wenn er das schon nicht wegen seiner beruflichen Qualifikation konnte, dann eben auf diesem Weg. Wie gesagt, Täter wollen von den eigenen Unzulänglichkeiten ablenken, indem sie andere ins negative Rampenlicht rücken.

Findet Ihr Gegner diesen Vorgesetzten, der für diese heuchlerischen Absurditäten, die der Firma nur schaden, zuträglich ist, findet das gesamte Drama gegen das Opfer noch eine zusätzliche Steigerung und kann zur Hölle werden.

Bei mir fand mein persönlicher Intrigen-Super-GAU statt. Ein skrupelloser, gewissenloser, eiskalter Vorgesetzter, eine Helferin, die an alle Arbeitsabläufe real time mittels Digitalisierung kommt, weitere Helfer, die ihm unter die Arme greifen für ein bisschen Aufmerksamkeit und schließlich noch der weitere Vorgesetzte. Sie können es sich nicht abscheulicher vorstellen. Dennoch gab es am Ende dieser Story nur einen Sieger, Ihren Autor.

Wo immer Menschen im Beruf oder Privatleben aufeinandertreffen, gibt es Sympathien oder Antipathien. Denken Sie einmal darüber aus Ihrer eigenen Arbeitserfahrung nach. Sie lernen einen neuen Kollegen kennen und wissen in wenigen Minuten, ob er oder sie Ihnen sympathisch ist oder das Gegenteil. Unsere inneren Sensoren reagieren auf unsere Mitmenschen und auf das, was sie ausstrahlen. Wir nennen das auch nonverbale Kommunikation, die zwischen Menschen und Kollegen immer stattfindet.

Dies sagt sehr viel über die Menschen aus, die gerade in einem Gespräch sind. Es lässt sich sehr viel daraus ableiten.

Genauso ist es in meinem Fall, denn Herr C. und sein Vorgesetzter, Herr J., waren sich von Beginn an sympathisch. Wahrscheinlich, weil sich Gleichgesinnte sehr schnell erkennen. Wenn sie die gleichen charakterlichen Eigenschaften haben, werden sie sich gegenseitig schätzen, weil es Brüder in Gedanken sind.

Für Herrn C. und Herrn J. waren alle Mittel in Ordnung, die irgendwie für ihr eigenes Weiterkommen sorgten. Der Verrat von Kollegen, das Denunzieren der Mitarbeiter, das Ausspionieren, alles ohne jegliche moralischen Grenzen.

Die beiden waren wesensgleich, Zwillinge. Sie mochten sich von Anfang an und waren sich sehr sympathisch. Unternehmerischer Erfolg war für beide zweitrangig. Nicht die Zahlen waren ihnen wichtig, sondern die persönliche Befriedigung. Sie hatten die identische Täter-DNA.

Beide waren bereit, über Leichen zu gehen, abgebrüht und ohne jegliche menschlichen Regungen, alles für einen kleinen Schritt auf der Karriereleiter. Sie können sich dieses Bild vielleicht plastisch vorstellen.

Das Quartett war beisammen: Herr C., der Täter, Frau D, die IT-Dame, Herr J., der Vorgesetzte des Täters, und Mitarbeiterinnen aus der Assistenz.

Mehr geht nicht. Das sollten meine Gegner sein. Ähnlich, wenn Sie im Kampfsport gegen vier Angreifer gleichzeitig kämpfen müssen. Auch das hatten wir mit unserem Meister vielfach trainiert.

Kategorie C der Helfer ist für den Täter aus einem anderen Grund sehr wichtig und hilfreich zugleich.

Von dieser Gruppe bekommt er zwar keine Informationen, er braucht die auch nicht mehr. Dazu hat er bereits Helfer A und B aus den unteren Hierarchien. Bei Kategorie C können jetzt die Fakten ausgewertet werden. Er bekommt hier die Art von Bestätigung, die Menschen mit seinem Charakter dringend benötigen. Ihr Gegner hofft, an dieser Stelle positiv aufzufallen, wenn er im Gegenzug Personen aus dem Betrieb meldet, die in seinen Augen hinderlich und betriebsschädigend sind. Er sucht nach Anerkennung, wie ein Hündchen nach seinem Leckerli.

Dazu kommt, dass er sich eine weitere Beförderung erhofft, wenn er das Unternehmen auf diese Weise von hinderlichen Charakteren – damit war ich gemeint – befreit. Für ihn soll schließlich schnellstmöglich eine Belohnung dabei herauskommen.

Dass beide auf gleicher Wellenlänge waren, war der Glücksfall für dieses Duo Infernale. Wie das Zusammenspiel der beiden tatsächlich funktioniert, beschreibe ich später. Das Team war demnach perfekt, so schien es.

Die beiden fühlten sich vollkommen unverwundbar.

Für mich war die Tatsache, dass sich hier eine Mannschaft gefunden hatte, die nur ein Ziel hatte, mich aus dem Unternehmen zu entfernen, bedrückend, doch nie ein Grund zur Aufgabe. Ich hatte für diesen Job sehr viel Arbeit und Zeit im Studium investiert und die Arbeit gefiel mir. Deswegen dachte ich nie daran, einfach aufzugeben. Auch wenn es düster aussah.

Es sollte alles ganz anders kommen, als die beiden sich das gedacht hatten.

Fassen wir kurz zusammen.

Der Täter ist ein sehr genauer Beobachter und hat hierbei vor allem die ihm untergebenen Mitarbeiter im ständig Blick. Er wählt unter diesen genau aus, wen er für welche Aufgaben auswählt und vor allem, wer sein Opfer sein wird. Das Besiegen, und damit meine ich das Vernichten seines Gegners, hat oberste Priorität. Alleine ist er dazu nicht in der Lage, weil er Informationen über sein Opfer benötigt.

Er stellt eine „Mannschaft" zusammen, die er für geeignet hält, sein Ziel zu erreichen. Ähnlich eines Fußballtrainers besetzt er die verschiedenen Positionen sehr bedacht und akribisch. Der Angriff ist ihm das Wichtigste. Die Informationslieferanten rekrutiert er aus der Kategorie A und B. Diese besorgen ihm alles, was die tägliche Arbeitsweise und sonstiges Verhalten im Unternehmensablauf seines Opfers betreffen.

Es ist ein System von Abhängigkeiten im Arbeitsalltag. Hierbei gibt es selbstverständlich empfänglichere Mitarbeiter in jeder Kategorie und jene, die dieses Spiel nicht spielen. Das ist jedoch die geringere Zahl, weil ein „Nein" gegenüber dem Täter Mut und Charakter voraussetzt. Das haben im Arbeitsalltag die wenigsten. Die meisten passen sich bequem an.

Kategorie C der Helfer sind die Vorgesetzten des Täters. Auch diese versucht er in sein Intrigenspiel hineinzuziehen. Das Ziel ist, an dieser Stelle für die eigene Beförderung zu sorgen, indem er sein Opfer als jenen Mitarbeiter outet, der unbedingt aus dem Unternehmen entfernt werden muss, um großen Schaden abzuwenden.

Wie sollte ich als noch junger Mitarbeiter in meiner Position einem großen Unternehmen Schaden zufügen können und weshalb sollte das überhaupt meine Absicht sein?

Verhindern Sie in Ihrem eigenen Fall den Fehler, zu denken, Ihr Täter arbeitet alleine und sucht keine Helfer.

Denken Sie daran: Gemeinschaft macht stark, leider auch Ihren Gegner!

In jeder Firma gibt es ein System von Sympathien und Antipathien, von Abhängigkeiten und Vorzugsbehandlungen, ob bewusst oder unbewusst. In diesem System treibt der Täter sein manipulatives Spiel um Ihre Existenz. Dieses Umfeld zu durchblicken ist Ihre Aufgabe und das ist absolut notwendig.

Öffnen Sie Ihre Augen und Ohren, denn alles, was Sie hören, und sei es auf dem ersten Blick noch so unwichtig, kann entscheidend werden. Bleiben Sie aufmerksam und denken Sie darüber nach, wer in Ihrer Abteilung oder Team sich zum Helfer Ihres Täters eignen könnte.

Die Motivation des Täters

Welche Gedanken gehen in einem Menschen vor, einen Mitarbeiter, mit dem man eigentlich kollegial im Sinn des Unternehmens zusammenarbeiten sollte, so zu attackieren?

Eine einleuchtende Antwort kann Ihnen wohl niemand darauf geben, weil es keine gibt.

Es ist nicht zu verhindern, dass das in Betrieben jeder Art, in denen die verschiedensten Charaktere und Mitarbeiter zusammenarbeiten, es hin und wieder zu Meinungsverschiedenheiten kommt. Das kommt immer wieder vor und gehört zum Arbeitsalltag. Wir kennen das alle. Das kann dienstliche Gründe haben, weil sich ein Kollege vielleicht bei einer Beförderung übergangen fühlt oder schlicht Neid der Grund ist.

Ein weitverbreitetes Gefühl und ich habe inzwischen gelernt, dass der Auslöser für Neid Hunderte Gründe haben kann. Neid auf einen Kollegen, der in einer glücklichen Beziehung lebt, während der Kollege als Single derzeit unzufrieden ist. Neid auf die neue Wohnung des anderen oder nur auf Ihr neues Kleid oder auf simple Dinge wie eine stilvolle Handtasche oder eine außergewöhnliche Krawatte.

Neid, weil die Kollegin einen „Korb" verteilt und einem Kollegen ein Date ausgeschlagen hat und jetzt einen anderen Kollegen trifft.

Die Gründe sind grenzenlos, unergründlich und für uns schwer nachvollziehbar.

Wir breiten heute unser Leben in sozialen Medien vor anderen aus und jeder kann an unseren Ausflügen im Urlaub per Instagram und anderen Plattformen teilnehmen. Alles live und aus jedem Blickwinkel. Menschen posten, was sie essen, mit wem sie feiern sind, welches neue Möbelstück sie gerade gekauft haben oder präsentieren ihren neuen Wagen.

Sie vergessen dabei, dass das alles Neid auslösen kann bei Menschen, deren charakterliche Eigenschaften fraglich sind. Es ist deshalb manchmal intelligenter, gerade wenn Sie neu in einer Firma beginnen, mit manchen Informationen zurückhaltend zu sein. Sie müssen nicht stumm sein, doch nicht jedem Mitarbeiter geht Ihr Privatleben etwas an.

Es kann eine Lawine auslösen, die Sie nicht mehr stoppen können. Das alles wegen ein paar unwichtiger Informationen, die Sie an der falschen Stelle publik gemacht haben.

Neid ist ein sehr starkes Motiv eines Täters. Wenn dazu einige Eigenschaften kommen, die wir bereits besprochen haben, ist das toxische Gemisch komplett und die Folgen reich an Konsequenzen.

Zurück zu den normalen Meinungsverschiedenheiten im Betrieb. Das muss kein Nachteil sein, denn es fördert Diskussionen und die führen oft zu besseren Arbeitsergebnissen und Verständnis. Es führt zu neuen Ideen und Gedanken, eben zu Innovationen. Wer streitet, kann sich auch einigen. Die Folge ist nicht unbedingt eine vollkommen zerstörte Arbeitsbeziehung, wenn wir es mit normalen Menschen zu tun haben.

Oft ist ein Ergebnis aus Meinungsverschiedenheiten entstanden, welches sonst niemals das Licht der Welt erblickt hätte.

Aus Meinungsvielfalt wächst Kreativität und letztendlich Fortschritt und Erfolg.

Kritik und Diskussionen ließen in der Vergangenheit auf vielen Gebieten in Unternehmen eine Verbesserung der Arbeitsabläufe und schließlich der Produktivität entstehen.

Bei diesen Gesprächen ist eine gesunde Streitbarkeit der beste Innovationstreiber und stärkt in Konsequenz die Wettbewerbsfähigkeit der Company. Neue Gedanken, Wege und Anregungen entstehen nur durch einen konstruktiven Dialog der Mitarbeiter. Verschiedene Meinungen sind hier kein Hindernis, sondern förderlich.

Genau hier liegt der Unterschied zu den Feindseligkeiten in einem Fall des Mobbings.

Der größte Unterschied ist, dass aus dem einen positive förderliche und gewinnbringende Energie entsteht, die allen weiterhilft. Auf der anderen Seite das Böse, aus dem ausschließlich die Zerstörung besteht. Ich möchte mit dem Wort Krieg nicht leichtfertig umgehen, weil es unendlich größeres Leid für viele Menschen verursacht. Doch Mobbing ist ähnlich eines Kleinkriegs zwischen dem Täter und dem Opfer. Alle moralischen Regeln sind außer Kraft gesetzt und Grenzen wie die des Anstands, Fairness oder des Gewissens sind ebenfalls nicht mehr existent.

Es handelt sich hierbei nicht um zwischenmenschliche Meinungsverschiedenheiten unter Kollegen, die mit dem Willen aller wieder bereinigt und beendet werden können. Es ist das Ausleben von purem, persönlichem, unbegründetem Hass gegen einen gezielt ausgewählten Mitarbeiter des Unternehmens. Unabhängig ob als Vorgesetzter, gleichrangiger Kollege oder welcher Hierarchie auch immer. Mobbing ist ein auf lange Zeit und mit dem Ziel der maximalen Zerstörung und Vernichtung von Existenzen ausgerichteter Kampf, einseitig, grundlos und ehrlos begonnen.

Der Täter bedient sich dabei der niedrigsten und unmenschlichsten Mittel. Die Lüge und Intrige sind seine besten Freunde, denn es sind auch die Einzigen, die er hat. Dessen bin ich mir sicher.

Es geht hierbei nicht um Kritik, die zur Verbesserung eines betrieblichen Ablaufes dient. Es geht um das Ausleben einer maßlos übersteigerten Antipathie.

Es ist der genau geplante, durchdachte und gezielte Versuch – das einzige Ziel des Täters – einen Kollegen wiederholt zu diffamieren und letztendlich zu vertreiben und ihm dabei das Leben zur Hölle zu machen.

Was motiviert den Täter?

Welche Kraft steckt dahinter und welche kranken Gedanken müssen in seinem Kopf umhergehen?

Ich habe in meinem eigenen Fall die Erfahrung gemacht, dass es natürlich die verschiedensten Auslöser gibt, die zu diesem Wahnsinn führen. Es kommt, wie gesagt, darauf an, ob der Täter ein gleich- oder übergestellter Mitarbeiter ist.

Vielleicht sind Sie ihm einfach nur wegen Ihrer selbstbewussten Art, Ihres sicheren Auftretens, Ihrer Kleidung und Ihrem Stil oder Ihrer Beliebtheit ein Dorn im Auge. Das sind alles Möglichkeiten, weswegen Sie zum Opfer ausgewählt werden könnten.

Doch eines kann ich mit hundertprozentiger Sicherheit sagen.

Kein ausgeglichener, zufriedener und glücklicher Mensch ist zu solchen abscheulichen Handlungen fähig. Es ist eine besondere Art von ständiger innerer Unzufriedenheit, die oft bereits von außen erkennbar ist und die sich auf alle Lebensbereiche erstreckt.

Manche Mitarbeiter merken erst auf ihrem Karriereweg, dass sie nicht in der Lage sind und nicht die Fähigkeiten haben, ihre gesteckten Ziele zu erreichen.

Es folgt die Enttäuschung, die sich in purem Hass und krankhaften Verhalten anderen gegenüber entlädt. Sie sind enttäuscht über sich selbst, doch suchen jetzt einen Sündenbock.

***

„Hatten Sie ein schönes Wochenende?", fragte mich Herr C., als wir zufällig gemeinsam die Treppen herab gingen. „Danke, ich kann nicht klagen. Es war ja sehr schönes Wetter", begegnete ich ihm. Ich sagte das nicht kühl, aber etwas distanziert, was verständlich sein sollte. „Da haben Sie heute aber wieder eine schöne Krawatte um. Sicher teuer", fuhr er fort. „Vielen Dank." „Sie haben aber viele Krawatten", fügte er an. Ich wusste nicht, ob das eine Frage oder Behauptung sein sollte. Aber ich bemerkte schon in seiner Stimme, dass Neid mitschwang.

Er selbst war immer sehr altmodisch unterwegs und gab sich offensichtlich auch wenig Mühe, ein angemessenes Erscheinungsbild in der Company abzugeben. Ich verstand das nicht, da er doch ständig Kontakt zu Kunden hatte und noch dazu Vorgesetzter war. Mir selbst war es egal, denn jeder soll anziehen, was er möchte. „Die habe ich aus dem letzten Urlaub mitgebracht", befriedigte ich seine Neugierde. „Na, Sie müssen ja wissen, womit Sie Ihren Urlaub verbringen." Dabei klang seine Stimme unzufrieden. „Sie passt ja zu Ihren Anzü-

gen sehr gut", führte er seine Gedanken weiter aus. Ja, es stimmt,
ich kleide mich gern so. Mit Krawatte fühle ich mich wohl. Ich sagte
ihm natürlich nicht, dass meine Kleidung aus den Fabrikverkäufen
der italienischen Designer war. Es ging ihn einfach nichts an. Ich
musste mich nicht für meinen Kleidungsstil bei ihm rechtfertigen.

Wir gingen unserer Wege.

***

Sicher haben Sie es bemerkt, dass ein Puzzleteil seines Hasses
auf mich diese banale Tatsache ist, dass meine Kleidung nicht
außergewöhnlich, aber modern und stilvoll war. Es störte ihn,
weil er selbst dem Thema wenig bis keine Bedeutung zusprach.

Hier haben wir ihn wieder, den Faktor Neid. Wie kann sich ein
junger Kollege nur diese Anzüge, Hemden oder Krawatten leisten? Mit diesen Gedanken verbrachte er seinen Tag. Das war
schon traurig und fast mitleiderregend. Aber nur fast.

Eine weitere Möglichkeit, die Menschen dazu bewegen kann, so
aggressiv zu agieren, ist deren persönliche Situation. Vielleicht
leben sie in einer Beziehung, die toxisch und zutiefst unbefriedi-
gend ist. Womöglich fühlen sie sich zurückgesetzt, vom Partner
nicht ernst genommen oder nicht respektiert.

Dann kann es eine logische Konsequenz sein, dass der Mensch
nach Aufmerksamkeit sucht, die er vielleicht nicht findet. Diese
Lücke gleicht er im Berufsleben mit asozialem Verhalten aus.
Das kann natürlich niemals gelingen.

Das Verhalten der Täter, meiner Erfahrung nach, wird von einer
ständigen Unausgeglichenheit und abgrundtiefer Feindschaft
begleitet. Vielen, so auch meinem Täter, sieht man einen frus-
trierten Gesichtsausdruck an. Er ließ jeglichen Humor vermis-

sen, außer er war gerade bei Kollegen auf Informationsbeschaffung, dann versuchte er, freundlich aufzutreten. Das liegt auf der Hand, weil er natürlich dachte, dann mehr zu erfahren und seine Ziele schneller zu erreichen.

Ich denke, Verbissenheit ist das richtige Wort, das zu diesen Menschen passt.

Können Sie sich vorstellen, dass ein Mensch mit intakter Beziehung, vielleicht Familie, Kinder oder einen verlässlichen Freundeskreis, auf diese Gedanken kommt und die noch dazu beharrlich in die Tat umsetzt? Mit Sicherheit nicht.

Fast niemand kann mit solchen Menschen und Mobbing im Anfangsstadium umgehen. Hand aufs Herz! Ich denke auch Sie nicht, sonst würden Sie dieses Buch nicht lesen.

Jeder, der von dieser unbegreiflichen Angriffswelle überrannt wird, sucht nach Erklärungen und Unterstützung. Die Gedanken kreisen überall um diese eine Frage.

Warum gerade ich? Was habe ich getan, dass das passiert? Was habe ich falsch gemacht?

Jetzt ist es passiert. Diesen Fehler macht jeder, ich damals auch. Genau das ist es, was der Täter erreichen will. Selbstzweifel säen, innere Unsicherheit.

Auch das ist seine Motivation, weil er dieses Zwischenziel, Ihre Unsicherheit, als seinen Erfolg sieht. Mobbingtäter haben, davon gehe ich nach meinen Erfahrungen aus, nie gelernt, Ziele, die sie nicht erreichen, einfach abzuhaken. Sie können mit Niederlagen nicht umgehen, weil sie keinerlei Selbsterkenntnis oder Selbstreflexion besitzen und niemals den Grund für ihr Versagen bei sich selbst suchen. Die Schuld hierfür wird bei den anderen gesucht, denn das ist wesentlich einfacher. Vielleicht fehlt es ihnen an Selbstwertgefühl, das sie sich nie erarbeitet haben und ihnen im Rahmen ihrer eigenen Erziehung auch nicht vermittelt bekommen haben.

Dieses Verhalten, das auf Zerstörung abzielt, wird auf jeden Fall von einer ihrer Haupteigenschaften unterstützt. Wir hatten darüber gesprochen, ihrer absoluten Gefühlskälte. Auch hieraus kann ihre Motivation entstehen, da sie es nicht anders kennen.

Empathisches Verhalten ist für sie ein Fremdwort.

Sicher bin ich mir darüber, dass die Täter genau wissen, welches Leid sie bei ihren Opfern durch ihre Angriffe auslösen, welche furchtbaren Konsequenzen das haben kann und große Freude darüber empfinden. Dass das krankhaft ist, muss ich, auch weil ich kein Arzt oder Psychologe bin, nicht verdeutlichen.

Eine weitere Erklärung könnte, wie so oft, in der Jugend der Täter liegen. Wenn diese bereits mit Verhaltensdefiziten aufgewachsen sind, können sie das als Erwachsene nicht mehr ändern. Sie kennen es nicht anders. Das Abartige ist zu deren Normalität geworden.

Wie gesagt, die verehrenden Folgen sind dem Täter bekannt, doch für ihn egal. Es wird kaum vorkommen, dass ein Täter mitten im Kampf von selbst aufgibt. Verlassen Sie sich nicht darauf und wehren Sie sich mit allen Kräften, wenn Sie Ihren Job mögen und ihn behalten wollen.

Sie müssen aktiv werden, wenn es sich lohnt, Ihren Arbeitsplatz zu verteidigen.

III. Der Beginn

Das Erkennen der ersten Aktionen

Es ist entscheidend, dass Sie schnellstmöglich erkennen, das Ziel von Mobbingattacken zu sein. Ich meine dabei nicht die üblichen vorübergehenden Unstimmigkeiten mit Kollegen oder einen kurzen Streit mit Ihrem Chef. Diese Kleinigkeiten begleiten uns täglich, bei jeder Art von Arbeit und in jeder Firma. Die sind lästig aber letztendlich belanglos und vorübergehend.

Ich kenne niemanden, der nicht schon nach Hause gekommen ist und sich über seine Kollegen etwas „ausgelassen" hat. Es gehört einfach dazu. Je schneller Sie die Situation des Mobbings richtig erfassen, desto zügiger und effektiver können Sie dagegen vorgehen. Vieles lässt sich bereits im Keim ersticken.

Je später Sie erkennen, dass es wirklich um existenzgefährdende, direkt auf Sie abgestimmte Angriffe sind, desto weiter hat der Täter bereits sein Netz aus Intrigen und Manipulationen ausgebreitet.

Es ist klar, dass auch ich selbst viel zu spät erkannt habe, was eigentlich vorging. Das hat jetzt den großen Vorteil, dass ich Ihnen heute mit THRILLADVISE! diese Fehler wahrscheinlich ersparen kann.

Bedenken Sie immer, je länger Sie beruflichen Angriffen standhalten müssen, von welcher Seite auch immer, umso stärker greift Sie das persönlich an. Erst psychisch und in Folge auch körperlich. Das ist ein Grund, weswegen ich Sie für Sport und gesunde Ernährung begeistern möchte, damit Sie körperlich fit werden, denn das ist unbedingte Voraussetzung, um das Kommende und Belastende gesund zu überstehen.

Ihr Geist und Ihre Gedanken brauchen zur Abwehr einen starken Körper.

Der Druck in dieser Situation wächst ständig, genau wie die tägliche Angst und Abneigung, zu Ihrem Arbeitsplatz zu gehen. Wenn Sie in dieser Zeit nach Feierabend noch dazu allein zu Hause sitzen und sich ständig die gleichen Fragen stellen, werden Sie den Täter dadurch unterstützen. Das ist sein Ziel, Ihre Vereinsamung und Trennung. Sowohl von Ihren Kollegen, als auch privat.

Er hat das Motto, je einsamer Sie sind, desto schwächer.

Je schwächer Sie sind, desto stärker wird Ihr Gegner. Er zieht seine Kraft aus der, die Sie selbst verlieren.

Das ist absurd, doch leider die Wahrheit, denn er beobachtet Sie natürlich auch und bemerkt diese Veränderung bei Ihnen.

Also, treiben Sie Sport, gehen Sie in Gesellschaft mit Gleichgesinnten, treffen Sie Freunde. Denn dort finden Sie Ablenkung und stärken sich selbst. Das fördert Ihr Selbstbewusstsein und bringt Sie wieder ein bisschen ins Gleichgewicht.

Ich konnte mir früher nie vorstellen, zentimeterdicke Holzbretter im Kampfsport zu durchschlagen. Heute sage ich Ihnen, hat mein Selbstvertrauen mit jedem Kick und Handkantenschlag zugenommen, der ein Brett durchbrach. Es hat mich wehrhafter gemacht, körperlich und auch geistig.

Ebenso wenn Sie ins Gym gehen und langsam merken, wie Ihr Body definierte Formen annimmt, Ihre Beine und Arme Gewichte bewegen und wie Sie einfach 5 Kilometer auf dem Laufband mit Steigung hinter sich bringen. Danach sind Sie zwar durchgeschwitzt und müde aber glücklich und stolz auf Ihre Leistung.

Sie merken schon, ich bin ein Sportfan, da ich weiß, dass das für einen Mobbingkampf unvorstellbare Vorteile bringt. Sie werden durch sportliche Betätigung im Geist reger und aufmerksamer, weil Ihre Reaktionen viel koordinierter und flüssiger werden. Zudem brauchen Sie eine Menge an Konzentration und Kondition.

Zurück zum Thema.

Je länger die Anfeindungen dauern, desto wahrscheinlicher wird es, dass der Täter sein Ziel erreicht.

Es kommt sehr häufig vor, dass der Betroffene den eigentlichen Beginn dieses Dramas übersieht. Dass er die gesamte Situation vollkommen falsch einschätzt und deswegen Fehler begeht. Der Ernst der Lage wird nicht erkannt. Die Erklärung ist einfach.

Wir „normal" Denkenden möchten eigentlich unserer Arbeit nachgehen, ordentliche Ergebnisse abliefern und mit unseren Kollegen gut zusammenarbeiten. Manchmal entwickeln sich im Unternehmen Freundschaften, andere bleiben nur Kollegen, das ist auch in Ordnung. Wir können uns nur schwer vorstellen, dass die Tätertypen anders denken und andere Ziele haben.

Wir möchten diese schlechten, für uns abartigen Gedanken nicht an uns herankommen lassen. Schlichtweg möchten wir an alles Bedrohliche auch nicht denken und verschließen die Augen. Erinnern Sie sich an das Kind, das sich beim Versteck hinter dem Baum versteckt, die Hände vor die Augen nimmt und hofft, dass es keiner sieht?

So ist es auch hier, nur dass wir heute erwachsen sind und das Spiel Mobbing heißt.

In vielen Fällen haben die Betroffenen gewisse Vorahnungen oder ein allgemein ungutes Gefühl. Das sind Vorboten, wenn sich diese „seltsamen" Dinge häufen. Wir messen ihnen aber keine große Bedeutung zu. Natürlich haben wir die Hoffnung, dass sich das wieder normalisieren wird und nur vorübergehend ist. Entweder, dass sich die Situation von selbst wieder beruhigt oder vielleicht ein Vorgesetzter darauf aufmerksam wird und es beendet.

„Reagiere ich vielleicht etwas über?", haben Sie sich vielleicht schon einmal gefragt. „Es ist schon nichts, der Kollege hat nur einen schlechten Tag." Wir suchen nach Gründen, dass wir nicht weiter darüber nachdenken müssen.

Merken Sie etwas? Wir möchten uns nicht damit beschäftigen und es „herunterspielen", obwohl unser Bauchgefühl bereits eine Vorwarnung gegeben hat.

Genau das könnte der richtige Zeitpunkt sein, Mobbing sehr früh zu erkennen. Aber wir verkennen die tatsächliche Gefahrensituation, weil wir sie nicht wahrhaben möchten. Wir gehen noch einen Schritt weiter und sagen uns: „Ach, das ist sicher nur Einbildung." Unser Motto ist: „Warum sollte mir das passieren? Ich habe doch niemanden verärgert." Wir ignorieren gerne unser mulmiges Gefühl, weil es ja nichts Positives ist und wir – das ist auch gut so – Negatives nicht an uns herankommen lassen möchten.

Die meisten Betroffenen sind versucht, erst einmal abzuwarten, was auch richtig ist. Aber mit Abwarten meine ich nicht, zu tun, als wäre nichts, sondern ab jetzt die Augen und Ohren sehr weit zu öffnen. Schreiben Sie sich jetzt bereits Dinge, die Ihnen seltsam oder die wiederholt vorkommen, auf und behalten Sie die Situation konzentriert im Auge. Wenn Sie später feststellen sollten, dass wirklich nichts Ernstes dahintersteckt, ist es auch in Ordnung.

Kommen diese seltsamen Aussagen, Fragen, Verhaltensweisen immer wieder durch die gleiche Person? Werden Sie immer wieder verbal und grundlos angegriffen? Verhält sich ein Kollege oder Vorgesetzter plötzlich anders als noch vor einiger Zeit?

Bleiben Sie in dieser Situation nicht passiv, beobachten Sie genau und schärfen Sie Ihre Sinne, seien Sie sehr wach und notieren Sie sich das immer. Hinweise auf etwas „Merkwürdiges" hat Ihr 7. Sinn Ihnen ja bereits mit einem Bauchgefühl gegeben.

Bereits hier wird oft der gleiche Fehler gemacht, die Situation nicht ernst genommen. Das führt, wenn es wirklich gezielte Angriffe sind, in der Folge zu ernsten und schmerzlichen Konsequenzen und einer Entwicklung, die schwer zu stoppen ist.

Vielleicht befinden Sie sich gerade in dieser Situation.

Doch Sie wissen nicht, wie Sie die richtig einordnen sollen und reagieren wie viele andere. Sie bleiben vollkommen passiv. Tun Sie das nicht, es ist grundlegend falsch. Behalten Sie Ihr berufliches Umfeld, Ihr Team, Ihren Vorgesetzten im Blick und wenn es sich herausstellen sollte, dass ein Kollege nur schlechte Tage hatte und Sie dabei anging, umso besser. In diesem Fall war es jedoch auch entscheidend, das herauszufinden, und das gelingt nur mit offenen Augen. Besser einmal zu vorsichtig und nichts passiert, als die Augen verschlossen zu haben und die Katastrophe ihren Lauf nehmen zu lassen.

Welche Hinweise gibt es, dass es gezielte Aktionen sein könnten?

Wird an Ihrer eigentlichen Arbeitsweise, Ihren Ergebnissen oder Ihrer Art plötzlich mehr Kritik geübt als vorher? Ist das berechtigt? Spiegeln Sie sich in dieser Zeit selbst, seien Sie zu sich kritisch aber nicht zweifelnd.

Wir haben alle Tage, an denen wir aus Tausenden Gründen nicht die volle Leistung bringen können oder einfach unkonzentrierter sind.

Ein Todesfall in der Familie, Streit mit dem Partner, Hunderte Gründe gibt es, die uns kurzfristig von unserer täglichen Arbeit ablenken können. Werden Sie aber permanent grundlos kritisiert und das wiederholt sich auffallend und werden keine Nachweise vorgelegt, Begründungen gebracht und ergießt sich das in losen Floskeln, wie bei Herrn C.,dann sind Sie zum Mittelpunkt gezielter Angriffe geworden.

Erinnern Sie sich, als er sagte: „Wir müssen über ihre Arbeit sprechen"? Das sind nichtssagende Vorhaltungen, die keine Basis haben. Es sind ausschließlich subjektive Anfeindungen.

Dann sind das Hinweise, wenn sie sich häufen, dass derjenige mehr plant und ein weitergehendes Ziel hat.

Wird Ihre Arbeit in jüngster Zeit wegen Genauigkeit, Art und Weise, Tempo beanstandet? Beschweren sich verschiedene Kollegen über Sie? Werden Sie im Kollegenkreis, im Vergleich zu vorher, ausgeschlossen oder spricht man hinter ihrem Rücken über Sie?

Wird plötzlich das Thema gewechselt, wenn Sie dazukommen?

Das sind alles Situationen, die nichts bedeuten können, aber auch alles. Zu unterscheiden ist die Aufgabe, die Sie jetzt haben. Überlegen Sie, ob an der Kritik wirklich etwas dran ist, ist sie vielleicht gerechtfertigt? Sie sollten jetzt ehrlich mit sich selbst sein, denn natürlich können wir auch wirklich Grund zur Kritik geben und sind nicht fehlerfrei.

Hat sich jedoch nichts an Ihnen verändert, arbeiten Sie wie vorher auch und gibt es keinen Grund, für den Sie selbst verantwortlich sind, ist das wahrscheinlich der Beginn von etwas Größerem. Es ist Ziel eines jeden Täters, Selbstzweifel auszulösen. Das schwächt sein Opfer und er kommt schneller zu seinem Ziel.

Selbstzweifel sind ein wichtiges Ziel Ihres Gegners.

Der Täter selbst ist zu diesem Zeitpunkt noch völlig unerkannt und agiert im Hintergrund. Dort zieht er seine Fäden, bereitet seine Intrigen vor und beginnt, Helfer der Kategorien A-C zu rekrutieren.

Im Gepäck hat er bereit seine nächsten Schritte, während Sie noch nach Gründen bei sich selbst suchen. Ja, wie gesagt, das müssen Sie auch. Doch wenn Ihr Ergebnis, dass Sie keine Gründe geliefert haben, feststeht, und diese Anfeindungen über einen längeren Zeitraum anhalten, sich wiederholen, haben Sie ein frühzeitiges Stadium von Mobbing erkannt.

Doch wer ist der Angreifer, der Haupttäter?

Charakteristisch für jeden Angreifer ist, dass er in regelmäßigen Abständen Unruhe in Ihrem Umfeld stiftet. Wie bei mir fragte er Teampersonal nach meiner Arbeitsweise, säte Zwietracht zwischen mir und Kollegen, oder machte einfach nur abfällige Bemerkungen („Sie haben aber heute wieder eine schöne Krawatte um.").

Hat Sie ein Kollege in der vergangenen Zeit immer wieder durch zweideutiges Verhalten angesprochen oder ein Vorgesetzter mit Fragen bombardiert, die er vorher nicht hatte? Kommen diese Merkwürdigkeiten immer von einer Person, demselben Kollegen?

Ich möchte, dass Sie die Zeit „Jetzt" und die Situation, wie sie vor Kurzem war, miteinander vergleichen. Erkennen Sie hier Auffälligkeiten, Unterschiede?

Verhalten sich bestimmte Kollegen auffallend anders zu Ihnen, sind sie distanzierter, möchten mehr von Ihnen erfahren? Fragt dieser Mitarbeiter im Kollegenkreis nach Ihnen?

Sie werden keinen einzelnen Hinweis darauf finden, ob es sich hier nur um ganz normale Arbeitssticheleien handelt oder Mobbing.

Es ist die Häufigkeit und Intensität der Kritik und der besonderen, plötzlich anderen Verhaltensweisen Ihrer Kollegen, die einen eindeutigen Hinweis auf Mobbing geben. Ein Merkmal dieser Situation sind Wiederholungen von Vorgängen, die Ihnen öfter auffallen.

Endet das nach ein paar Wochen nicht und wird immer wieder die gleiche Kritik, nur verstärkt und gehäuft, angebracht, könnten Sie am Anfang einer Mobbing-Intrige sein und der Täter derjenige, von dem diese Unruhe vorangetrieben wird. Derjenige, der sich auffallend „anders" als vor einiger Zeit verhält. Ihnen und Ihren Kollegen gegenüber.

Bleiben Sie dann nicht passiv, das will der Täter. Wenn ein Kollege zu Ihnen kommt, Sie häufiger immer wieder kritisiert, merkwürdig anspricht, sprechen Sie ihn direkt an. Fragen Sie, was er eigentlich genau sagen will.

Konfrontieren Sie ihn direkt und sofort damit. Wenn er der Täter ist, ersticken Sie jede weitere Entwicklung im Keim.

Er wird verwirrt sein, weil er niemals damit gerechnet hat, dass Ihnen bereits etwas aufgefallen ist. Fragen Sie, was er genau von Ihnen möchte. Das gilt übrigens für Kollegen und Vorgesetzte. Denn auch diejenigen haben keinen Freibrief auf unbegründete dauerhafte Kritik und unmoralisches Verhalten. Sie müssen hier mutig sein, denn mit dieser Charaktereigenschaft rechnet der Täter nicht.

Warum? Das ist sehr einfach. Weil er diese Eigenschaft selber nicht hat und nicht weiß, was es bedeutet, mutig zu sein. Denken Sie immer daran. Täter sind auf der Suche nach schwachen, mutlosen Menschen. Mein Täter hatte mich zu seinem Pech völlig falsch eingeschätzt.

Auch Ihr Chef wird nervös, wenn er direkt mit einer sehr unangenehmen Tatsache konfrontiert wird. Sie werden fragen, worin für Sie der Vorteil sein soll. Das ist sehr einfach.

Handelt es sich bei demjenigen um den Auslöser des Ganzen, beenden Sie in diesem Moment die Angriffe. Sie haben den Übeltäter auf frischer Tat erwischt und mutig gestellt.

Erfolg ist der Lohn des Mutigen!

Damit rechnen diese nie, denn Mut gehört wie gesagt nicht zu deren Eigenschaften und sie wollen keine couragierten Gegner, sondern wehrlose Opfer. Mit dieser Aktion haben Sie bewiesen, dass Sie stark und vorausschauend sind.

Ein weiterer Hinweis, dass Sie im Mittelpunkt einer Intrige stehen und wer der Verursacher sein kann, ist, dass Sie im Vergleich zu Kollegen immer wieder Mehrarbeit bekommen. Doch niemand kann Ihnen eine Begründung liefern. Andere Kollegen bleiben davon verschont.

Wird Ihnen in letzter Zeit mehr Arbeit gegeben im Vergleich zu Ihren Kollegen, obwohl weder weniger Personal vorhanden ist noch sonstige Ausfälle? Wachsen Ihre Aufgaben in der Menge im Verhältnis zu Ihren direkt mitarbeitenden Kollegen dauerhaft? Werden bei anfallenden „Sonderaufgaben" ausschließlich Sie durch eine Person dafür verpflichtet? In dieser Situation war ich selbst und machte den Fehler, nicht nach dem Grund zu fragen.

Das sind eindeutige Anzeichen dafür, dass Sie derjenige, der Ihnen das aufträgt, an die Grenzen Ihrer Belastbarkeit und darüber hinausbringen will. Er will damit erreichen, dass Sie auf diesem Wege Fehler machen, die er dann notieren und als Sammlung gegen Sie verwenden kann.

Es könnte Ihr Täter sein. Konfrontieren Sie die Person, die diese unbegründeten Aufgaben anordnet. Fragen Sie ihn direkt, weswegen ausschließlich Sie dafür ausgewählt werden. Haben Sie Mut, es wird nichts geschehen, außer dass Ihr Gegenüber nervös wird und sich ertappt fühlt.

Es gibt keine eindeutigen Beweise, wann Mobbing genau beginnt, denn die Hinweise sind sehr nebelhaft und fließend. Diese Uneindeutigkeit nutzt der Täter für sich, genau wie die Ungewissheit und in Folge Unsicherheit bei Ihnen.

Für Sie bedeutet das, dass Sie Entwicklungen dieser Art – Arbeitsüberlastung, sonstige Kritik an Ihnen – genau beobachten und bei dem, der es auslöst, hinterfragen müssen. Gibt es dafür praktische, nachvollziehbare Gründe, die man Ihnen erläutern kann oder nicht?

In meinem Fall waren wir ein halbes Dutzend Teammitglieder. Jeder hatte, wie üblich seine zugewiesenen Aufgaben. Natürlich wird es nie eine vollkommene Ausgeglichenheit geben. Ich hatte, das sagt die Statistik, die meisten zu erledigenden Aufgaben. Das war ein Fakt. Mein Vertreter, der ebenfalls Vollzeit beschäftigt war, hatte etwas weniger.

Somit war es fair aufgeteilt und kam es in Vertretungsfällen zwar zu Mehrarbeit, das verständlich und normal ist, doch zu keiner Überlastung.

Kaum war Herr C. als neuer Vorgesetzter gekommen, wurde diese Regelung, obwohl es keinen Grund gab, geändert.

Ich bekam nun eine Kollegin zugeteilt, die für längere Fehlzeiten bekannt war. Zudem hatte sie ein riesiges, sehr arbeitsintensives Department und sehr hohe Rückstände. Sie zeichnete sich durch monatelange Ausfälle aus. Urlaube wurden immer wieder durch Krankheiten unterbrochen. Somit kamen im Jahr mehrere Monate Vertretungszeit zustande. Nahezu alle anderen Einteilungen blieben gleich. Nur ich erfuhr somit eine massive Verschlechterung und Mehrarbeit.

Erkennen Sie etwas? Es war offensichtlich, dass es auf eine gezielte Überlastung hinauslaufen sollte, denn es gab keinen Grund für einen Wechsel. Im Vorfeld waren die Aufgaben der Dame auf alle Mitarbeiter gleichmäßig und fair verteilt worden. Nun sollte das eine Person erledigen, was unmöglich war. Das wusste mein Gegner auch, von Anfang an, und es war sein Ziel.

Das war der eindeutige Hinweis, dass ich als Opfer seines Intrigenspiels auserkoren worden war.

Der neue Chef hatte somit zwei Erfolge erzielt. Ich hatte durch die vielen Vertretungstage dauerhaft eine zu hohe Arbeitsbelastung, die zu meiner Überlastung führen sollte. Es war unumgänglich. Es ist, als müssten Sie vier Limonadenkästen auf einmal tragen und das über mehrere Kilometer. Es ist nicht zu schaffen. Er hatte somit meine Überlastung, die er später mit Unfähigkeit gleichsetzte, erreicht. Außerdem hatte er die anderen Kollegen entlastet und sich deren Loyalität gesichert.

Auf den mehrmaligen Hinweis, dass ich in der Abteilung bereits die höchsten Fallzahlen habe und die ordnungsgemäße Erledigung bei einer weiteren erheblichen Steigerung nicht mehr gegeben ist, reagierte er nicht.

Natürlich war das der deutliche Hinweis auf Mobbing in Reinkultur und es war klar, von wem sie ausging. Doch es hatte sich schon Wochen vorher mit merkwürdigen Bemerkungen angedeutet, die ich jedoch noch unter Normalität gesehen hatte. Ein großer Fehler, wie ich heute besser weiß. Hätte ich zu diesem Zeitpunkt schon den Mut gehabt und ihn direkt darauf angesprochen, hätte ich alles bereits beenden können.

Das alles gehörte selbstverständlich zu seiner Zermürbungstaktik. Es soll dem Angriffsziel so viel Arbeit auferlegt werden, dass es kapituliert und logischerweise zu Fehlern kommt, die er dann an oberer Stelle melden kann.

Ich sollte baldmöglichst meine Nerven verlieren und unüberlegt handeln, damit er einen Grund hatte, mich aus der Company zu entlassen.

Auf meinen späteren, oftmaligen Vorhalt, dass eine ordentliche Vertretung bei den Massen, während andere Kollegen entlastet werden, nicht möglich ist, bekam ich keine Antwort. An dem Zustand wurde nichts geändert und das Drama nahm seinen Lauf.

Sie sehen, dass solche innerbetrieblichen Veränderungen in der Teamgestaltung keine Zweifel mehr zulassen, dass das Intrigenspiel in vollem Gange war. Es gab für die Vertretungsänderung nicht den geringsten Grund, da es vorher sehr gut funktioniert hatte. Viele Hände erledigten diese Arbeit und allen war geholfen, auch der Abteilung selbst, die diese schwierige Situation gut gemeistert hatte. Es gab auch keine personelle Veränderung, die das notwendig gemacht hätte.

Es war ihm auch vollkommen egal, dass diese Willkürentscheidung den Betriebsablauf und die Arbeitsergebnisse massiv beeinträchtigen. Es war ihm egal, welche Folgen das für das Unternehmen hatte.

Merken Sie sich: Der Täter denkt nur an sich und sein Vernichtungsziel. Das Unternehmen ist zweit- oder drittrangig. Es war natürlich eine massive Pflichtverletzung von ihm.

Die Aktionäre und der Vorstand werden das ungern sehen. Sie erkennen die Prioritäten Ihres Feindes eindeutig. Bewusst kalkulierte er massive Auswirkungen auf den Erfolg des Unternehmens ein, ohne dass ihn das gestört hätte.

Das stellte sich später als ein fataler Fehler des Herrn C. und für mich als großes Glück heraus.

Sie haben jetzt genau den Unterschied zwischen alltäglichen betrieblichen Unstimmigkeiten wie Anfangs erwähnt und den gezielten Angriffen auf einzelne Mitarbeiter gesehen. Ich denke, Sie können jetzt etwas besser einordnen, in welcher Situation Sie selbst gerade selbst sind und wer als Täter bei Ihnen infrage kommt.

Ziel dieser Attacken und wiederholten Diffamierungen ist nicht nur die persönliche Anfeindung des Gegners, sondern das gleichzeitige Ablenken von eigenen Unfähigkeiten. Denn bis zu diesem Zeitpunkt konnte Herr C. noch nicht mit großen Einfällen oder Innovationen glänzen. Dafür war er auch nicht der Typ. Er war zu selbstherrlich und träge. Zudem fehlten ihm die geistigen Fähigkeiten für Größeres.

Maximale Arbeitssteigerung und somit Erzeugung von emotionalem Druck.

Das ist das Ziel jedes Täters. Es gibt keine moralischen Grenzen für diese Art von Menschen. Das einzige Gefühl, das sie anderen gegenüber haben, ist völlige Gleichgültigkeit, egal, was mit dem Opfer geschieht oder ob sogar dadurch ein Leben in Gefahr ist.

Permanent höhere Leistungserwartung, bis die Grenzen des Schaffbaren überschritten werden, ist das angestrebte Ziel.

Wir sind bei den ersten Aktionen des Mobbings. Sie haben die Grenze zwischen Alltag und gezielten Angriffen gesehen und es erfolgt der nächste Schritt.

Durch die Überlastung wird es zwangsläufig irgendwann zu Ungenauigkeiten in Ihrer Bearbeitung kommen, da wir alle Grenzen der Belastungsfähigkeit haben. Der Aggressor sucht wie ein Hund, der Gassi geht, das Stöckchen. Er sammelt auf seinem Weg und je mehr er findet, umso stolzer trägt er es nach Hause zu den Helfern der Kategorie C.

Dieses bewusste Provozieren von Fehlern, das jedem Unternehmenserfolg widerspricht, müssen Sie sich unbedingt notieren. Es wird Ihnen noch sehr nützlich sein.

Die „künstlich" herbeigeführten Fehler sind ein Mosaiksteinchen, die ein Teil zum Gesamtkunstwerk des Täters beitragen, um sein Werk Ihrer Vernichtung zu vollenden. Sie merken, es klingt fürchterlich zynisch, doch wir kommen nicht daran vorbei, diese Kenntnis permanent vor Augen zu haben.

Das hält Sie wach und aufmerksam. Das ist sehr wichtig. Es macht uns weitsichtig. Nur wenn wir uns bewusst sind, in Gefahr zu sein, sind wir auch fähig, den Mut aufzubringen, uns zu verteidigen und zum Gegenschlag auszuholen.

Sein Ziel, uns als untragbar für das Unternehmen nachzuweisen, muss unsere Motivation werden, das zu verhindern. Sie können auch auf andere Weise bemerken, dass Sie die Hauptrolle im Spiel des Mobbings haben und einer Intrige ausgesetzt sind.

Sie haben wahrscheinlich zu den meisten Kollegen ein beruflich freundschaftliches Verhältnis. An allen Orten, an denen Menschen verschiedener Charaktere aufeinandertreffen, gibt es Sympathie und Antipathie. Das ist nichts Negatives, denn es hindert uns daran, den falschen Menschen zu sehr zu vertrauen. Ein natürlicher Schutz, der uns große Vorteile bringt.

Finden Sie einen Kollegen sympathisch, kann sich aus dem Arbeitsverhältnis auch etwas mehr, eine kollegiale Freundschaft entwickeln. Vielleicht haben Sie das schon einmal erlebt.

Fällt Ihnen ein anderer negativ auf, finden Sie ihn unsympathisch, werden Sie nach Feierabend wohl keinen After-Work-Drink mit ihm oder ihr nehmen oder in die Kantine zum Kaffee gehen.

Sie werden eine sachliche Arbeitsbeziehung mit diesem Menschen haben. So handeln wir alle. Auf diesem Wege entstehen unsere sozialen Kontakte innerhalb und außerhalb unserer Arbeitsplätze. Es ist jedoch ein sehr großer Unterschied, ob ein Kollege nur gemieden wird, mit ihm niemand zum Mittagessen geht oder nicht mit ihm gesprochen wird. Etwas anderes ist es, jemanden bewusst in ein schlechtes Licht zu rücken. „Schau dir den an, wie der aussieht, wie alt sind diese Hosen denn?", oder Ähnliches.

Wenn wir einen Menschen überhaupt nicht mögen, lassen wir ihn einfach seiner Wege gehen, egal mit welchen Hosen.

Hier liegt eine klare Grenze zwischen Antipathie und dem Beginn von Mobbing. Es ist eine fließende Grenze, die manchmal überschritten wird, dann wieder nicht.

Wird jedoch ein bestimmter Kollege wiederholt und dauerhaft angefeindet, ist diese Grenze klar und eindeutig überschritten.

In sozialen Gruppen gibt es immer die Anführer, die sich dazu berufen fühlen und die „Anhänge" dieser Anführer, die in deren Windschatten segeln. Wer zu welcher Gruppe gehört, erkennen wir durch Beobachten sehr schnell. Es gibt die Mitläufer, die dem Anführer gedankenlos aber im Hintergrund folgen, und die Menschen, die sich einfach neutral verhalten und niemandem folgen.

Die größte Gefahr geht von den Profilierungssüchtigen aus, die sich gerne auf Kosten anderer als „Kings" darstellen, obwohl sie keine sind und auch mit Qualifikation und Wissen wenig glänzen. So ist der Berufsalltag. Mit einem Kollegen essen Sie zu Mittag, mit dem anderen sprechen Sie über Mode oder Ihre Freizeit und mit dem Dritten nur über die Arbeit.

Eines Tages bemerken Sie jedoch, ohne dass Sie das genau beschreiben können, eine Veränderung. Nur eine kleine, doch eine Veränderung bei Ihren Kollegen. Vielleicht stellen sich zu einem unguten Gefühl Hinweise ein, die Sie glauben lassen, ausgegrenzt zu werden.

Sie finden keine wirkliche Erklärung dafür, vorerst nicht. Weil Sie bei sich selbst keine Änderung feststellen, können Sie das in diesem Moment nicht verstehen. Sie haben auch niemanden „gedisst" oder Ähnliches.

Wenn diese Veränderungen über einen längeren Zeitraum anhalten oder sich verstärken, können Sie davon ausgehend, dass irgendjemand dieses schlechte Klima gegen Sie mit Absicht erzeugt. Die Gründe kennen wir noch nicht, doch Sie sollten das beobachten und Personen, die Sie „seltsam" finden, vielleicht nicht zu viel aus Ihrem Privatleben erzählen. Denn Sie kennen bisher weder Täter noch Helfer.

Doch eines ist klar, dass der Auslöser dieser schlechten Veränderung so lange wie möglich unerkannt bleiben will. So arbeitet er am effektivsten, aus dem Hinterhalt, feige und charakterlos.

Genau unser Täterprofil. In der Dunkelheit der Nacht will er seien Plan verfolgen und seine Mitspieler platzieren, führen und fast alle um sich herum manipulieren. Er sucht gezielt in Gruppen. Wer ist Anführer, wer Mitläufer, wer ist leicht für die eigenen Dienste einzusetzen?

Er nutzt nun andere, um Sie zu verunsichern oder zu schädigen. Behalten Sie diese Situation im Auge, beobachten Sie einzelne Kollegen, wie sie sich in der Gruppe verhalten. Äußern sie sich? Geben sie zustimmende Kommentare oder sind manche einfach neutral?

Sie haben es schon bemerkt. Sie beobachten genau, um eventuelle Helfer zu identifizieren.

Wir wissen, unsere Angreifer sind sehr feige und gewissenlos, abgebrüht und maximal egoistisch. Sie streuen gezielt Gerüchte in ausgesuchten Kreisen, die sie vorher genau beobachtet haben. Sie spielen mit dem Gerücht.

„Hinter jedem Gerücht steckt ein Funke Wahrheit."

Mobbing ist von Lügen und Intrigen gezeichnet. Für die Wahrheit ist kein Platz.

Geraten diese Gerüchte an die richtige Person, sind sie nicht aufzuhalten.

Denken Sie einmal darüber nach, ob es in Ihrem Umfeld Kollegen gibt, die sich vorzüglich eignen. Meist sind es sehr kommunikative Kollegen, Schwätzer, die gerne Gerüchte weitertragen, um sich selbst in den Mittelpunkt zu rücken. Sie sind eigentlich in einer Gruppe unwichtig, nichtssagend.

Doch in dem Moment, wenn sie die Chance haben, eine Nachricht einzufangen und weiterzutragen, fühlen sie sich für einen kurzen Moment sehr wichtig. Denn sie berichten ja schließlich von News.

Eine Beendigung dieser Gerüchte ist nur durch die Stilllegung der Quelle – des Täters – möglich. Den müssen wir aber noch identifizieren.

Es ist einfacher, den Vorgesetzten als Quelle herauszufiltern als einen von vielen Kollegen. Steigt Ihre Arbeitsbelastung grundlos an, wissen Sie, wer das angeordnet hat. Es ist eindeutig, denn es kann nur von einer Person kommen.

***

Ich wollte gerade zum Mittagessen gehen, zumindest einen Salat essen, weil ich ohne zu frühstücken das Haus verlassen hatte. Ich war etwas spät, weil ich, wie so oft, schlecht geschlafen hatte. Ich nahm meine Schlüssel, streifte mein Sakko über und wollte gerade gehen, als ich das Telefon hörte. Das fehlte gerade noch, leerer Magen und Herr C. rief an. Ich sah seinen Namen auf dem Display.

„Hallo Herr Wegner, könnten Sie bitte in mein Büro kommen?", erklang es. Es war aber mehr als Befehl denn als Frage formuliert. „Ich wollte gerade etwas essen gehen. Könnte ich danach vorbeikommen?", bat ich ihn freundlich.

„NEIN, jetzt! Das kann nicht warten", wurde er lauter. „Gut, Essen kann warten, ich komme gleich", antwortete ich und machte mich auf den Weg in sein Büro. Was sollte schon kommen, es ging ja offensichtlich um Sekunden und duldete keine 20 Minuten, die ich gebraucht hätte, um mich etwas zu stärken. Ich klopfte an seine Türe und sie wurde fast schon aufgerissen.

„Nehmen Sie Platz!" Nicht einmal für ein „Bitte" war offensichtlich Zeit. Herr C. war sehr unruhig, als würde er gleich vor Neuigkeiten platzen. Er schwitzte, was sehr unangenehm war, weil sein Hemdkragen dadurch schon Flecken hatte. Wir waren nicht alleine im Raum.

Sie können sich bestimmt an meine Kollegin, Frau D., erinnern, die Digitalisierungsbeauftragte. Sie war ebenfalls anwesend und konnte mir nicht richtig in die Augen sehen.

„Wir müssen über Ihre Arbeit reden", platzte es aus Herrn C. heraus. „Schauen Sie sich das mal an." Ich wusste nicht genau, was er meinte, denn er zeigte mir nichts, worauf ich etwas sehen hätte können. Herr C. hatte Listen vor sich mit vielen geordneten Zahlen. Die hatte er vor sich liegen und fuhr aufgeregt mit einem Bleistift auf und ab. Dabei schwitzte er noch mehr. „Sie arbeiten langsam und uneffektiv, zu umständlich!", präsentierte er stolz und sah zu Frau D., die ihm unterwürfig zunickte. „Hier, die Zahlen sagen alles."

Ich konnte bis dahin immer noch nichts sehen, weil ich ja nichts vor mir hatte. „Darf ich erfahren, um was es eigentlich geht, Herr C.?", fragte ich. „Sie brauchen für alles zu lange! Im Zimmer Ihrer Vertreterin sieht es furchtbar aus!" „Inwiefern denn?", wollte ich wissen. „Na hier steht es doch." Ich wusste bis zu diesem Zeitpunkt immer noch nichts.

„Sie werden verstehen, Herr C., dass es völlig normal ist, dass ich nicht für zwei Mitarbeiter arbeiten kann, auch wenn ich mein Bestes gebe." „Sie haben nur Ausreden!", blaffte er mich an. „Wenn Sie es nicht schaffen, müssen Sie eben länger bleiben und glauben Sie nicht, dass Sie der Einzige sind, der hier arbeitet!"

„Darf ich die Zahlen und Ihre Unterlagen sehen?", fragte ich ihn. Doch er weigerte sich, diese auf meine Seite zu schieben. Ich hatte gemerkt, dass er mir seine geheimen Listen nicht geben wollte.

„Sie werden von mir hören", legte er weiter nach. Seine Helferin sagte überhaupt nichts und sah mich nicht mit einem Blick an.

„Auf Wiedersehen, Herr Wegner, Sie können gehen!" „Auf Wiedersehen, Herr C., aber bitte lassen Sie mir die Nachweise, dass ich zu langsam arbeite, schriftlich zukommen, damit ich mir das ansehen kann. Vielen Dank."

Ich stand auf, weil ich merkte, dass diese Vorstellung keinen weiteren Sinn machen würde, und musste mich draußen erst einmal wieder *sammeln, machte mich auf den Weg in die Kantine und genoss trotzdem meinen Salat.*

***

Sie sehen, der Grund für diese Einbestellung in sein Büro war eindeutig. Es ging nicht um meine Vertretung, sondern um eine Zurschaustellung eines Untergebenen, mich.

Zu keiner Zeit hatte es vor der Anstellung des Herrn C. irgendwelche Diskussionen um meine Arbeitsleistung gegeben. Niemand hatte sich beschwert, ich hatte keine Fehler gemacht. Alles lief reibungslos. Ich war jedoch wegen der Neuerung der bereits geschilderten Vertretungsregelung aufmerksam und gespannt, welche Vorwürfe kommen sollten.

Im Normalfall ist ein Gespräch mit dem Vorgesetzten nichts Negatives. Es wird über die Arbeitsabläufe gesprochen, eventuelle Vorschläge zur Verbesserung der Effizienz, eben über die Dinge, die für alle von Nutzen sein können. Klar war auch ich als Berufsanfänger offen für konstruktive Kritik, wenn es Hinweise für Verbesserungen gab.

Gibt Ihnen ein erfahrener Kollege Hinweise, wie Sie effektiver werden können, nimmt man die gerne an, da wir jeden Tag dazulernen. Hier verhielt es sich jedoch anders und zeigte sich sehr deutlich, dass Mobbing bereits begonnen hatte.

Herr C. gab sich nicht einmal Mühe, zumindest den Anschein von normalem Vorgesetztenverhalten zu zeigen. Er schoss sofort eine volle Breitseite in meine Richtung. „Sie arbeiten zu umständlich!" Rumms.

Wie gefällt es Ihnen bei uns? Wie kommen Sie zurecht? Normales Vorgesetztenverhalten: Fehlanzeige.

„Sie sind zu langsam!" Rumms.

Es war wie eine „arbeitstechnische Hinrichtung" vor Publikum. Genau das sollte es auch sein, nichts anderes. Unternehmensziele erreichen war ihm fremd, denn er war nur für seinen Privatkrieg in diesem Raum und hatte im Vorfeld wertvolle personelle und technische Ressourcen verschwendet. Hier konnte er sich zudem als starker Boss präsentieren.

Es ist eindeutig. Das ist Mobbing in Reinkultur.

Als ich Beweise für seine Unterstellungen forderte, konnte er das nicht. Er hatte nur Listen, die meine Rückstände zeigten, was aber völlig normal war. Hatte ich doch die oft fehlende Kollegin alleine zu vertreten. Seine Show ging nach hinten los. Kein gedrückter Herr Wegner, still und ängstlich. Anstelle dessen ein aktiver Mitarbeiter, der Nachweise forderte und Kampfeswillen zeigte, indem ich seine Nachweise sehen wollte.

Damit konnte er nicht umgehen, denn er hatte doch erwartet, als Held vor der jungen Kollegin vom Felde zu gehen.

Er wollte mich hängen sehen, doch hatte er den Strick vergessen. Das war sehr peinlich, gerade vor der jungen Kollegin, die ihm auch nicht helfen konnte.

„Bilden Sie sich nicht ein, dass nur Sie hier arbeiten!" Rumms. Jetzt war er aufgebracht und ausfällig. Er hatte sich nicht mehr unter Kontrolle. Es fehlte nur noch ein winziger Schritt zur Beleidigung eines Untergebenen.

Sein „Outing" als Täter war perfekt.

Sie erkennen jetzt, dass ich die 100-prozentige Gewissheit hatte, sein ausgewähltes Opfer zu sein. Er hatte sich nicht einmal Mühe gegeben, das zu verbergen. Ich denke, er war intellektuell einfach nicht in der Lage, geschickter vorzugehen. Er war begrenzt in seinen Fähigkeiten.

Es war genau das geschehen, was ich beschrieb. Es wurde scharf kritisiert, ohne dass das plausibel und nachvollziehbar durch Beweise belegt wurde.

Grundlose Kritik, nicht um eine Verbesserung des Arbeitsablaufes herbeizuführen, sondern aus purer Feindseligkeit, aus Hass, Selbstdarstellung und Karrierestreben.

Ich kannte jetzt den Initiator und eine seiner willigen Helferinnen und musste mich auf einen langen und kraftzehrenden Kampf einstellen, dessen Ende offen war. Herr C. hatte bewiesen, dass mein erster Eindruck, den ich hatte, eine vollkommene innere Gefühlskälte, zutraf.

Ab diesem Zeitpunkt war ich im beruflichen Fight um meinen Arbeitsplatz und meine Existenz. Denn eines hatte dieser Auftritt gezeigt. Er wollte mich nicht nur beruflich vernichten.

Er wollte mein vollständiges Ende, meinen Untergang, da er mit der heutigen Niederlage nicht umgehen konnte.

Der Alltag

Sie haben jetzt festgestellt, inmitten von Mobbing zu sein.

Wahrscheinlich hat sich gerade bei Ihnen das gleiche Gefühl eingestellt wie damals bei mir selbst. Entsetzen über dieses gewissenlose, unmenschliche Verhalten. Ratlosigkeit macht sich in der ersten Sekunde breit und der Wunsch, dass alles nicht wahr ist.

Dazu die ständigen Fragen, warum das gerade Sie getroffen hat. Ich konnte es mir auch nicht erklären, versuchte ich doch von Beginn an meine beste Arbeitsleistung zu geben, war fleißig, enthusiastisch und freute mich auf mein Berufsleben. Dass dies alles durch einen Menschen vernichtet werden sollte, musste ich erst einmal verinnerlichen, was ich aber eigentlich nicht wollte. Denn wir möchten nichts abgrundtief Schlechtes in unserer Nähe haben.

Das bekommen Sie in keinem Studium und keiner Berufsausbildung, in keinem Workshop vermittelt. Sie müssen es auf sehr harte Weise kennenlernen und schnell damit umgehen.

Eines haben Sie in einem Kampf niemals: Zeit!

Es verläuft alles rasend schnell.

Zuerst kommt die Unsicherheit in der täglichen Arbeit. Das verlangsamt Sie, denn Sie denken viel öfter über Ihre Schritte nach als im Normalfall. Sie sind gerade nicht sehr selbstsicher und das ist verständlich. Dazu kam bei mir eine Art von anfänglicher Hilflosigkeit, da ich noch nicht wusste, aus welchen Winkeln weitere Angriffe erfolgen sollten und wer noch einbezogen ist. Trotz der Betroffenheit war ich jetzt natürlich wachsam und dachte nie daran, einfach zu gehen.

Die Arbeit fiel mir zunehmend schwerer. Vielleicht ist das auch bei Ihnen der Fall?

Einerseits sind Sie sich keiner Schuld bewusst, irgendeinen auslösenden Grund geliefert zu haben, andererseits nagt es doch am Zutrauen zu den eigenen Fähigkeiten und Arbeitsergebnissen.

Der Grund ist einfach. Sie haben noch immer nicht ganz genau verstanden, warum Ihnen das passiert. Besser gesagt, wir wollen es auch gar nicht verstehen, sondern einfach nur beenden oder abschütteln. Das hat nichts mit Nerven oder Charakterschwäche zu tun. Es ist eine vollkommen nachvollziehbare menschliche Reaktion auf Situationen, die uns zu überfordern drohen und die uns völlig fremd sind.

Noch wissen Sie nicht, welche Kräfte eigentlich in Ihnen schlummern. Sie können sich immer noch nicht begreiflich machen, wie ein Mensch gezielt Ihren beruflichen Untergang will und dafür unmenschlich und gewissenlos vorgeht. Es ist schwer, mit Situationen und einer Lage wie dieser umzugehen, die man noch nie erlebt und durchlebt hat. Diese Unsicherheit zu erzeugen, ist Teil des perfiden Spiels des Täters. Darauf will er hinaus. Selbstwertgefühl zerstören und das Zutrauen zu Ihnen selbst vernichten.

Es sind eben zutiefst toxische Menschen und würden wir sie psychologisch untersuchen lassen, kämen wahrscheinlich viele Psychopathen mit schweren Persönlichkeitsstörungen heraus.

Der Grund für sein Ziel, Sie zu verwirren, ist einfach.

Menschen, die sich selbst nicht vertrauen und unsicher sind, machen bei ihren täglichen Arbeiten Fehler. Auf genau diese Folgen zielt der Täter ab.

Sie sollen gezielt unsicher in Ihren Arbeitsabläufen werden.

Erinnern Sie sich an die Situation, als ich das Büro des Herrn C. verließ? Er war wütend und frustriert, da er sein Ziel nicht erreicht hatte. Meine Kapitulation und die Zerstörung meines Selbstwertgefühls. Ich wiederhole es gerne, würde ich nicht drei- bis viermal die Woche Sport treiben, hätte ich in dieser Sekunde nicht diese Stärke gehabt.

Ich erinnerte mich in dem Büro an meinen Kampfsportmeister, der immer sagt:

„Schau im Kampf deinen Gegner genau in die Augen und wende dich niemals ab. Blick nicht auf den Boden, keine Sekunde. Der Gegner muss deine Stärke und deinen Mut erkennen und deinen Willen sofort spüren. Dann wird er unsicher, Fehler machen und irgendwann bist du der Sieger. Egal, wer dein Gegenüber ist. Du bist stark und trainiert."

Das hat mich in dieser Situation und in noch vielen weiteren gerettet und zum Erfolg geführt. Es erinnert an Naruto und seinen Meister, das nur nebenbei. Die Fehler, die er von mir erhoffte und die beweisbar wären, versuchte ich in der kommenden Zeit zu verhindern. Merken Sie sich: Je nervöser Sie wegen der Attacken werden, desto größer wird die Wahrscheinlichkeit, dass Ihnen doch Fehler unterlaufen.

Die werden dann gnadenlos aufgedeckt und gesammelt an höherer Stelle vorgestellt. Es wird auch nicht unterschieden, ob es um weitreichende Fehler oder einfach Unachtsamkeiten geht. Es wird jedes noch so kleine Detail durch den Gegner aufgebläht. Würde es im normalen Arbeitsalltag zu kleineren Fehlern ohne Folgen kommen oder einem Kollegen würden die passieren, würden diese keinerlei Rolle spielen. Aber wir sind nicht im Normalbetrieb, wir sind in einer völligen beruflichen Ausnahmesituation.

Wir wissen alle, dass uns in unserer täglichen Arbeit Nachlässigkeiten unterlaufen können. Wir sind Menschen, doch das zählt eben in dieser Zeit nicht. Schon gar nicht für unsere Gegner ohne jegliche Objektivität.

In diesem Stadium kommt es überhaupt nicht darauf an, ob Sie langsam oder schnell sind, kollegial oder unkollegial. Alle Tatsachen werden auf den Kopf gestellt. Alle Realitäten verdreht und gegen Sie ausgelegt.

Die Wahrheit wird zum Opfer der Lüge und die Lüge ist die gewählte Waffe des Täters.

Weil ich selbst lange genug in dieser Situation wie Sie waren, weiß ich, unter welchen psychischen Druck Sie derzeit stehen und wie schwer es ist, hier den Überblick zu behalten und konzentriert Ihre Arbeit zu erledigen. Es wird sich lohnen und als richtig erweisen.

Wenn Ihnen das klar wird, und das versuche ich hier darzustellen, werden Sie merken, dass Sie sich etwas in den Kopf des Täters hineinversetzen müssen, auch wenn Ihnen das zuwider ist. Denn nur so können Sie im Ansatz nachvollziehen, was er noch vorhaben könnte.

Versuchen Sie, in Ihrem ganzen Verhalten so wenig wie möglich Angriffspunkte zu geben. Halten Sie Pausen pünktlich ein, verhindern Sie es, 10-mal am Flur mit Kollegen beim „Fachgespräch" erwischt zu werden. Seien Sie pünktlich, höflich, aber nicht übertrieben, und seien Sie einfach Sie selbst. Zumindest Ihren Kollegen gegenüber.

Je weniger Kritikpunkte Sie Ihrem Gegner geben, desto mehr muss er auf eine Lügenwelt aus seiner Fantasie aufbauen und die bringen Sie schnell zum Einsturz.

Wenn Sie das beherzigen in Ihrem täglichen Alltag, werden Sie ihn zum Wahnsinn bringen und verwirren ihn damit. Er wird gezwungen, aus eventuell winzigen Fehlern große zu konstruieren, was aber nicht gelingt. Mehr und mehr verstrickt er sich dann in seinen Hass und ihm selbst werden Fehler unterlaufen. Dann haben Sie ihn auf dem Boden. Er muss mit seinen Lügen kreativ werden, weil er ja keine Tatsachen hat. Wie damals bei mir und diese führten irgendwann zu seiner Entfernung aus dem Team.

Derzeit für Sie vielleicht nicht vorstellbar, für mich damals auch nicht.

Bleiben Sie ruhig und trotzdem vorsichtig. Spielen Sie nicht nach seinen Regeln und lassen Sie sich niemals provozieren, niemals!

Das wäre sein Trumpf und Triumph. Ich weiß, es ist schwierig, in dieser Zeit Ihre volle Konzentration auf Ihre tatsächliche Arbeit zu richten. Doch das ist Ihr Job. Dafür werden Sie bezahlt. Alles, was sich geändert hat, ist, dass es irgendeine Person gibt, die Sie davon abhalten will und bewusst Fehler provoziert.

Wenn Sie sich also nicht provozieren lassen, kann es auch keine Konsequenzen geben.

Es ist eine reine Manipulation Ihres Gegners, der Sie nicht erliegen dürfen. Bleiben Sie kühl und arbeiten Sie trotzdem konzentriert. Wenn Sie versuchen alles, was Ihnen aufgegeben wird, schnellstmöglich zu erledigen, unterlaufen Ihnen Fehler. Genau das will Ihr Gegner. Ich habe mich immer daran gehalten und es sollte mein großer Vorteil sein und hat mich zum Erfolg geführt.

Intrige und Manipulation – des Täters beste Freunde

Wie ich zu Beginn beschrieben habe, arbeitet der Täter nur zu Beginn alleine an seinem zerstörerischen Plan. Nichts ist für ihn wichtiger als das Produzieren von Intrigen. Glauben Sie mir, darin ist er ein Meister, denn es entspricht exakt seinem negativen, toxischen Charakter.

Wie der Chirurg das Skalpell, der Dirigent den Taktstock, der Grafiker den Stift und Papier benötigt, nutzt der Mobbingtäter die Intrige. Sie ist sein essenzielles Instrument. Ohne die hätte er niemals eine Chance auf Erfolg für sein zwielichtiges Vorgehen und Ziel.

Ohne Intrigen ist der Täter hilflos wie ein neugeborener Säugling, denn Sie selbst geben ihm keinen sachlichen Grund, gegen

Sie vorzugehen. Die Erklärung dafür ist sehr einfach. Für die Unterstellungen, die er über sein Opfer an verschiedensten Stellen verbreitet und mit deren Hilfe er versucht, Sie in Ihrer Integrität und Arbeitsleistung herabzuwürdigen, benötigt er Nachweise.

Gerne nimmt er hierfür „Fake News". Damit will er beweisen, dass Sie untragbar für das Unternehmen und unfähig in Ihrer Arbeit sind.

Das ist sein oberstes Ziel.

Wie bereits besprochen, versucht er diese Hinweise oder Zutaten zu seinem teuflischen widerwärtigen Gebräu vorzugsweise durch seine Helfer zu bekommen. Manches beschafft er sich auch selbst, wenn er dazu imstande ist.

Mobbing ist eine gewollte Inszenierung, um eine Person zu denunzieren und diffamieren. Es liegt auf der Hand, dass Sie während Ihrer täglichen Arbeit und durch Ihre Ergebnisse wenig Anhaltspunkte geben, die diese Unterstellungen rechtfertigen. Das stört ihn selbstverständlich, weil er so niemals zu seinem Ziel kommt.

Er hat demnach zu wenig wirkliche Fakten, die ihn zu seinem Ziel führen. Wir stellen unseren Tätern somit zu wenig „Futter" zur Verfügung, zu wenig Angriffsfläche. Er braucht aber dringend Munition. Er ist durch seine kranke und niederträchtige Gedankenwelt gezwungen, zusätzliche Fakten zu schaffen, Fake News, die seine Behauptungen untermauern. Wie wir alle wissen, ist es jedoch viel schwieriger, aus „Nichts" etwas zu machen. Wenn ich vier Eier benötige aber nur eines zur Verfügung habe, wird der Kuchen nicht gelingen. Die Folge ist, Sie brauchen Ersatz für die fehlenden drei Eier. Doch woher soll die der Täter nehmen?

Er erfindet somit Behauptungen: Die lässt er sich durch seine Helfer zutragen.

Damit will er weiteren Druck aufbauen und Sie verunsichern. Doch bleiben Sie standhaft und bei Ihrer ordentlichen Arbeit, wird er mehr und mehr auf seine „Ersatzprodukte", die Lüge und Intrige, ausweichen müssen. Er besinnt sich nicht auf Tatsachen, sondern konstruiert Fantasiegebilde, die er für nützlich hält.

Damit will er Ihre nicht vorhandenen Fehler oder Fehlverhalten ersetzen.

Sie merken jetzt bereits, dass das nicht stabil und nachhaltig wirken kann. Im Klartext bedeutet es, dass er in den seltensten Fällen – wie auch bei mir – auf eindeutige Fehler zurückgreifen kann, weil es keine gibt, stattdessen muss eigene Beweise „kreieren".

Intrigen sind demnach unverzichtbar für jeden Täter. Das Platzieren einer Lüge bei einem Kollegen, damit dieser reagiert, es weiterträgt und Ihren Ruf somit beschädigt.

Dabei überlegt er natürlich genau, wer zur Verbreitung am geeignetsten ist. Das kann auch eine direkte Arbeitskollegin von Ihnen sein, jemand aus Ihrem direkten Umfeld, der vielleicht nicht gut auf Sie zu sprechen ist.

Damit will er Ihnen Stabilität im Team nehmen, Sie aussondern.

Bei der Verbreitung bedient er sich natürlich auch seiner Helfer, die zur Verfügung stehen. Diese glauben schließlich, sehr große Vorteile aus diesem loyalen Verhalten zu erhalten. Daran denkt der Täter jedoch nicht, weil ihm durch sein gefühlloses Wesen andere, auch seine Helfer, vollkommen egal sind. Nur er und sein Ziel zählen. Je größer die Zahl dieser Intrigen ist, desto größer wird der Druck auf das Opfer, denn viele denken: „In jedem Gerücht ist ein Funken Wahrheit."

Es wird Ihnen irgendwann misstraut. Deswegen hatte ich in einem vorherigen Kapitel schon geschrieben, sprechen Sie Kollegen direkt an, wenn Ihnen auffällt, dass sich der Mitarbeiter plötzlich anders verhält, womöglich zurückhaltend und abweisend.

Gehen Sie hinaus und direkt auf diejenigen zu, anstatt sich zurückzuziehen. Das will Ihr Gegner erreichen, Sie von der Gruppe zu trennen. Es ist eine der Hauptintrigen, Sie „kleiner" zu bekommen. Das ist das Ziel und helfen sollen hierbei Intrigen und Lügen.

Der Täter versucht ständig, Unwahrheiten zu verbreiten, um auf diesem Boden Misstrauen zu säen und Fake News besser verbreiten zu können. Häufig sind die Betroffenen in einem Unternehmen eigentlich in einem stabilen sozialen Umfeld, halten Freundschaften, erzählt sich Privates. Nicht jeder ist des anderen „best Friend", doch meist hat man ein kollegiales Miteinander, ganz im Sinne des Unternehmens und gemeinsamen Erfolgs.

Entgegenkommendes, kollegiales Verhalten ist die Regel.

Doch diese Basis kann der Täter nicht gebrauchen. Er muss erst Vertrauen zerstören, um seine eigenen Ziele zu erreichen. Diese laufen natürlich gegensätzlich zu den Firmenzielen.

In einem intakten Umfeld ist es für den Täter schwer, diese Struktur aufzubrechen und seine Intrigen zu installieren. Er wird sich jetzt denjenigen herauspicken, der in seinen Augen und nach seinen Beobachtungen der Geeignete für seine Anheuerungsversuche ist.

Ähnlich eines Spions für einen Geheimdienst. Das Aufgabengebiet für diesen Mitarbeiter ist eigentlich das Gleiche: Infiltration und Zerstörung aus dem Inneren.

Ihn wird er ködern und als Informanten und Intrigenverbreiter einsetzen. Vorher hat der Täter diesen beobachtet und sich ein charakterliches Bild gemacht.

Lügen und Fake News kann man überall verbreiten. Am Kopierer, in den Waschräumen, ein kurzer Small Talk am Flur, wenn ein Kollege vorbeikommt, in der Mittagspause oder einfach der Kaffeerunde, wenn das Opfer nicht selbst anwesend ist.

Meistens kennt man die Kollegen seines Teams oder der Abteilung schon ein wenig. Das verdanken wir unserer Menschenkenntnis. Wenn Ihnen irgendwann an einem Kollegen ein verändertes Verhalten oder seltsame Reaktionen auf ganz normale Vorgänge oder in Unterhaltungen auffallen, halten Sie das im Hinterkopf fest.

Die meisten angeworbenen Spione sind zum Glück „schlecht ausgebildet" oder haben noch ein Gewissen. Sie verraten sich durch nervöses Verhalten, da sie zudem keine guten professionellen Schauspieler, sondern Laiendarsteller sind.

Das ist ein Vorteil für Sie. Es muss nichts bedeuten, doch wenn Sie bereits Hinweise auf Mobbing haben, sollten Sie das im Auge behalten und genauer hinsehen.

Der Täter geht, nachdem er sich einen aus der Gruppe herausgepickt hat, ganz nebenbei zu diesem und lässt eine Bemerkung über Sie fallen, die geeignet ist, Ihren Ruf zu schädigen.

Der Angreifer bezweckt damit zwei Dinge: Erstens soll der Angeworbene negativ über Sie denken und zweitens durch die Weiterverbreitung dieser Information Ihren Ruf schädigen und Sie unglaubwürdig und unzuverlässig aussehen lassen.

Keine Niederträchtigkeit ist dem Täter fremd.

Diese Intrige soll nun Kreise ziehen, je weiter, desto besser. Wie gesagt, es kann eine vollkommene Lüge sein und doch werden es manche, die Sie nicht gut kennen, glauben.

Hauptziel ist es, Argwohn und Misstrauen bei der übrigen Belegschaft zu säen. Kollegen sollen dazu gebracht werden, zu Ihnen auf Abstand zu gehen. Das Problem ist, je mehr dieser Intrigen in Umlauf sind, desto größer ist die Gefahr Ihrer Isolation. Das will der Täter, denn Isolierte sind schwache, verunsicherte Menschen, denen Fehler unterlaufen, so die krude Theorie des Täters. Für die Betroffenen wird es dann sehr schwer, ihre Kollegen davon zu überzeugen, dass nichts von allem wahr ist. Vielleicht gibt es auch in Ihrer Abteilung Mitarbeiter, die Gerüchten, die sie nicht als Intrigen erkennen, Glauben schenken. Es ist auch „bequemer", als nach der Wahrheit zu suchen.

Das Ziel des Herrn C. war, so viele Mitarbeiter, begonnen bei Assistenten über Kollegen bis hin zu weiteren Vorgesetzten, davon zu überzeugen, dass ich faul, unfähig und unkollegial bin. Durch seine Helfer versuchte er im ganzen Betrieb „Stimmung gegen mich zu machen".

Warum? Natürlich, weil er keine Fakten, sondern ausschließlich Intrigen und Lügen als Angriffsmittel hatte.

Erkennen Sie es? Selbst wenn er nichts gegen Sie in der Hand hat, das man als Fakten oder Wahrheit bezeichnen kann, kann er durch Intrigen und Lügen sehr hohen Schaden anrichten und Ihren Ruf schädigen. Das ist sein Ziel. Unter Intrigen versteht man auch das gegenseitige Ausspielen von Kollegen durch Fake News.

Ich hatte zu meinen Assistentinnen stets ein gutes kollegiales Verhältnis. Wir respektierten uns, unterstützten uns gegenseitig, gingen freundschaftlich miteinander um.

Dann kam der Täter. Wie gesagt, konnte ich durch die Glastüren in den Büros sehen, wo sich mein Gegner gerne aufhielt. Meist bei jenen Kolleginnen, die mit mir zusammenarbeiteten.

Nach dieser Zeit, als Herr C. durch die Zimmer und Großraumbüros gegangen war, merkte ich eine Veränderung. Die Lockerheit und Freundlichkeit war bei einigen verflogen. Sie waren distanziert, fast schon verunsichert. Wortkarg und zurückhaltend, als hätten sie plötzlich Angst davor, mit mir zu sprechen. Das ist die Folge der Manipulationen des Gegners. Die innere Zerstörung eines Teams im eigenen Unternehmen.

Ich hatte Ihnen vorher schon mitgeteilt, wenn Sie solch ein Verhalten spüren, sprechen Sie die Kollegen direkt darauf an. Das ist die einzige Möglichkeit, Ihre Isolation und schlimmere Folgen zu verhindern.

Ich tat das auch. Von manchen bekam ich die Wahrheit gesagt, dass Herr C. einen Gefallen von ihnen verlangte. Andere blieben stumm, denn sie hatten vor Herrn C. Angst.

Da Herr C. nach unserem Gespräch merkte, dass ich nicht das leichte Opfer sein werde, schaltete er einen Gang höher und streute Lügen, brachte meine tägliche Arbeit bei Mitarbeitern in Verruf und startete mit Intrigen. Ein anderer hätte jetzt die Attacken eingestellt, doch er war schon zu weit gegangen. Er hatte seine Mannschaft schon angeheuert.

Bemerken Sie etwas? Als ich ihn in seinem Büro damit konfrontiert hatte, mir Beweise für seine Behauptungen vorzulegen, konnte er das nicht. Es gab ja keine Nachweise. Jetzt war er gezwungen, auf Intrigen zurückzugreifen. Die fallen aber irgendwann schnell in sich zusammen.

Herr C. hatte anscheinend derart überzeugend von meinen Unfähigkeiten berichtet, dass ihm das einige glaubten, die mich nicht kannten. Die Stimmung in der Abteilung hatte sich zum Negativen verändert. Misstrauen war gesät. Ich musste natürlich reagieren und hielt mich in der Folgezeit mit Aussagen, vor allem auch privaten, sehr zurück. Denn ich wusste nicht, wen der Täter als Spion angeheuert hatte, doch ich konnte es mir vorstellen.

Beobachten Sie Ihre Kollegen, wenn Sie merken, dass Lügen im Umlauf sind. Am meisten empfänglich für Anwerbungen sind diejenigen, die sich einen Vorteil, zum Beispiel in Form einer Beförderung, erhoffen, die auch in Gesprächen wenig Moral an den Tag legen und für die nur der Erfolg, egal bei welcher Gelegenheit, das Wichtigste ist.

Durch die Intrige will er noch ein weiteres Ziel erreichen.

Er muss dafür sorgen, dass im Ernstfall niemand aus der Abteilung auf den Gedanken kommt, Sie zu unterstützen oder für Sie zu sprechen. Er will Sie isolieren. Deswegen ist es wichtig, dass Sie mit Ihren Kollegen im Gespräch bleiben und wirklich direkt nachfragen, wenn Ihnen etwas auffällt. Sonst hat er leichtes Spiel. Nur wenn Sie auf diese Art reagieren, können Sie diese Lügen entkräften. Ziehen Sie sich zurück, werden die Kollegen endgültig die Seiten wechseln.

Glauben Sie niemals, dass es Intrigen oder Lügen gibt, die bei dem Täter als übertrieben oder nicht machbar gelten. Er wird alles erzählen, um Sie von der Herde, Ihrer Abteilung, zu trennen. Egal, wie zerstörend das für die Firma ist. Täter haben keine Gefühle, kein Gewissen und sind eiskalt.

IV. Die Gegenstrategie

Das Kennenlernen des Täters
und seiner Schwachstellen

Das Entscheidende in einem Kampf ist die genaue Kenntnis des Gegners. Wo sind dessen Schwachstellen, seine Stärken, seine Grenzen? Vergessen Sie nie: Mobbing ist ein Kampf gegen Sie, ein unfairer, unmoralischer und grenzenloser! Ist Ihnen der Täter vollkommen unbekannt, sind es auch dessen Fähigkeiten, Aktionen und dessen Denken.

Wir wissen aber schon einiges von jedem Täter, auch von Ihrem, da alle sehr ähnliche Charaktereigenschaften haben. Die typische Täter-DNA haben alle und das sind ausschließlich verabscheuungswürdige Charaktereigenschaften. Wir müssen jedoch mehr über ihn erfahren, da Sie ansonsten nur reagieren können, doch nie aktiv und vorausschauend handeln können.

Eines vorweg und Sie werden es auch merken: Ab hier beginnt Ihre Gegenwehr.

Ab hier startet Ihr Aktivwerden, Schluss mit der Rolle als ahnungsloses Opfer und mutig nach vorne in den Fight gehen. Optimismus anstatt Nachdenklichkeit oder Zurückhaltung, denn Sie haben bisher verstanden, dass der Gegner durchaus besiegbar und verletzlich ist.

Weil er seinen Krieg gegen Sie eben nicht nur auf Fakten stützen kann, sondern Intrigen und Fake News nutzen muss. Beides ist aber mit erheblichen Risiken für ihn verbunden, denn beide kann er nicht vollkommen kontrollieren und nicht als Beweis für seine Unterstellungen anführen.

Jetzt ist Zeit, den Gegner spüren zu lassen, dass er sich bei Ihnen unterschätzt hat, dass er Opfer seiner eigenen Überheblichkeit und Fehleinschätzung geworden ist. Wir können keinen Kampf gewinnen, wenn Sie sich nur auf die Verteidigung konzentrieren, wir müssen auch angreifen.

Gezielt, überlegt und effektiv.

Wir müssen den Gegner kennenlernen, um eine Strategie zu entwickeln.

Zu Beginn sind Sie erst einmal in einer defensiven Position, bis Sie bemerken, dass das Spiel um Ihre Existenz begonnen hat.

Der Überraschungseffekt war zu groß und schockte Sie erst einmal. Mich selbst damals auch. Doch jetzt muss ein Plan entwickelt werden, aus der Defensive zu kommen und in der Offensive zu punkten. Nur damit retten Sie auch Ihre berufliche Existenz. Doch wie auch im Fußball kann eine gute Offensive nur aus einer starken Verteidigung kommen. Ich habe wenig Ahnung von Fußball, doch das leuchtet als Beispiel ein.

Jeder Trainer sieht sich vor dem Kampf seines Schützlings den Gegner an. Er analysiert den Gegner. Wo sind seine Stärken, seine Schwächen, welche Lücken gibt es, welchen Charakter hat er?

Sehen Sie, den einen Punkt haben wir bereits zu Beginn besprochen, der Charakter ist uns also bekannt und hilft, den Gegner nicht zu unterschätzen, und ihm ist jedes brutale Foul oder unerlaubter Tiefschlag zuzutrauen. Darauf können wir uns schon einmal einstellen. Es wird kein ehrliches Spiel.

Das ist wichtig, denn wenn er mit üblen Tricks spielt, müssen wir das auch. Sonst haben Sie keine Chance. Anders als im Ring oder Freikampf gibt es hier keinen Schiedsrichter. Es ist ein

Fight ohne Regeln und alles, was zählt, ist, wer zuletzt noch aufrecht steht.

Das Aufstellen einer eigenen Strategie ist deshalb unerlässlich. Überlegen Sie es sich genau, ob Sie im Unternehmen überhaupt mit jemandem über Ihr Vorhaben sprechen. Sie wissen immer noch nicht, wer Zuträger des Täters ist.

Eine ungewollte Information an der falschen Stelle kann vieles zunichtemachen.

Sie können über alles Belanglose sprechen, doch nicht über Ihre Pläne und Taktik. Wir müssen uns jetzt mit unserem Gegner beschäftigen, auch wenn das eine fürchterliche Vorstellung ist. Denn der ist einfach nur abstoßend.

Ein Vorteil an Tätern ist, dass sie meist unmittelbar irgendwo in unserer Firma in der Nähe beschäftigt sind. Sonst hätten die Sie ja nicht als Angriffsziel ausgewählt. Es ist offensichtlich irgendeine bekannte Person. Vielleicht aus der gleichen Abteilung aber zumindest in der Nähe.

Nur wenn Sie sich in die Gedankenwelt des Täters hineinversetzen, haben Sie auch eine Chance.

Machen wir das. Was hat er bisher getan, um Sie zu schädigen, um Zweifel in Ihnen zu wecken? Zum Beispiel ist er Sie persönlich durch Unterstellungen und Vorwürfe angegangen.

Der Schlüssel zu seinem Wesen ist der Umgang mit anderen Mitarbeitern, sein Verhalten zu verschiedensten Kollegen. Mit wem unterhält er sich häufig? Wessen Nähe sucht er? Wessen Aufmerksamkeit möchte er erregen?

Unterscheiden Sie den Täter in seiner beruflichen Position. Wenn er zum Beispiel Teamleiter mehrerer Kollegen ist, wie verhält er sich denen gegenüber? Wie seinen gleichrangigen Kollegen, wie seinen eigenen Vorgesetzten gegenüber?

Besonders geeignet für diese Recherchen sind Firmenevents jeder Art, egal ob in der Company oder an irgendeinem anderen Ort.

Weihnachtsfeiern, Beförderungen, Sommerfeste, Jubiläen, alle kleineren und größeren Zusammenkünfte. Hier finden Sie jede Besonderheit und Absurdität heraus. Hier fühlen sich Menschen unbeobachtet und frei von Zwängen.

Konzentrieren Sie sich nicht auf das Fest, sondern Ihre eigene, sehr wichtige Recherche. Das sind für Sie jetzt wahre Fund- und Goldgruben.

Versuchen Sie, eine Skizze seines Tages zu zeichnen. Welche Häufigkeiten gibt es, irgendwelche Auffälligkeiten?

Mit welchen Kollegen ist er während einer Unterhaltung, die Sie sehen, sehr gut gelaunt?

Es ist ähnlich eines Profilers, der versuchen muss, die Gedankenwelt des Verbrechers zu kopieren. Auf diesem Weg finden wir Wesensmerkmale, die uns wertvolle Erkenntnisse liefern und Hinweise über seine Pläne geben.

***

Es war alles wundervoll geschmückt. Das angemietete kleine Schlösschen mit dem Schwanenteich war eine traumhafte Kulisse. Es sollte ein unvergessenes Fest werden: das Jubiläum der Company.

Heute war die Firma erfolgreicher als jemals zuvor. Alle arbeiteten gerne in diesem Haus, waren innovativ und blickten voller Zuversicht in die Zukunft. Entwickelten Produkte, die viele sehr bekannte Marken brauchten. Trotz der Jahre war es ein junggebliebenes, dynamisches Unternehmen. Der Vorstand wie auch die Aufsichtsratsmitglieder waren an diesem Tag alle da. Lokalpolitiker konnte man auch einige erkennen. Vorstandsassistenten, einige ehemalige Mitarbeiter und wichtige Kunden aus aller Welt waren angereist, um dieses Fest an diesem herrlichen Spätsommertag zu feiern. Viele von ihnen hatte ich noch nie vorher gesehen. Lediglich die meisten Namen der oberen Etagen kannte ich aus E-Mails oder sonstigen Schreiben. Der Herr, der mich eingestellt hatte, der Personalvorstand, war leider wegen Krankheit verhindert.

Natürlich waren auch wir eingeladen, die jungen Kollegen aus meinem Team, und wir waren alle gut gekleidet und etwas nervös wegen der hochrangigen Gäste. „Hi, wie geht's dir?", hörte ich eine Stimme aus dem Hintergrund und hatte eine Hand auf meiner Schulter. Nein, es war nicht Herr C., sondern ein Kollege, mit dem ich sehr gut zurechtkam. Immer noch, trotz der Missstimmung in der Abteilung. Einer meiner wenigen Verbliebenen, ich nenne ihn mal Freund. Er hatte allerdings auch den Vorteil, dass er aus einem sehr wohlhabenden Elternhaus kam und ohnehin nicht hier in der Company bleiben wollte. Er war auch nicht empfänglich für die Anwerbungsversuche des Herrn C.

Ich schlenderte mit ihm durch diese herrliche Kulisse und wir überlegten uns, wen wir alles kannten. Es waren nicht viele. Ich lief an einer freundlichen Dame mit einem Tablett voller Getränke vorbei, nahm eines davon und bedankte mich bei ihr. In der Weite sah ich auch meinen speziellen Freund, Herrn C.

Er hatte wohl einen seiner besseren Sakkos an und ich konnte, als wir ihm näherkamen, sehen, wie er wieder schwitzte. Vielleicht lag es daran, dass es ein Wintersakko war. Er stand in einer Runde mit mehreren Assistentinnen unserer Abteilung.

Sonst hatten sich, wie bei solchen Anlässen üblich, die Grüppchen gebildet, die sich aus der direkten Arbeit im Team kannten. Ich überlegte mir, wie ich mich hier verhalten sollte, und entschied mich, so zu tun, als wäre alles super. War es ja auch. Denn es wurde das Jubiläum der Company gefeiert. Mir fiel irgendwie auf, dass Herr C. nervös war. Er versuchte, freundlich zu wirken und ein paar lustige Bemerkungen zu machen. Doch es war keine heitere, den Umständen angemessene Stimmung. Inzwischen hatten sich noch Weitere hinzugesellt, jeder ein Gläschen in der Hand. Wartend, dass der Vorstand zu sprechen begann und die Band, die lateinamerikanische Musik spielte, die letzten Klänge von sich gab.

„Hallo miteinander", sagte ich und stellte mich inmitten der Gruppe, „was für ein wunderschönes Ambiente. Hier könnte ich mir den Firmensitz auch vorstellen." Schon lachten einige der Runde, Small Talk muss eben gelernt sein. Das Eis war gebrochen, die Runde erheitert. „Hier wären wir alle noch produktiver und in besserer Stimmung", fuhr ich weiter fort. Die Köpfe in der Runde nickten zustimmend. „Oh, Herr C., Sie habe ich beinahe übersehen, auch Ihnen einen schönen Tag." Es war ihm peinlich, dass ich ihn in den Mittelpunkt rückte.

Etwas überrascht über mein Auftreten sagte er: „Herr Wegner, das ist schön, dass Sie hier sind."

„Aber natürlich, es ist doch ein Fest unserer gesamten Firma, da darf niemand fehlen, wir alle sind wichtig für den gemeinsamen Erfolg." Die Runde nickte wieder. Auch jene Assistentinnen, die schon längst auf der Helferliste des Herrn C. standen, einschließlich Frau D., die Digitalisierungsbeauftragte. Ihr war meine Anwesenheit sichtlich unangenehm, doch sie lächelte ebenfalls oberflächlich nach meinen Ausführungen.

„Wir sehen uns sicher noch", verabschiedete ich mich, „zum Tanz", ließ ich folgen. Wieder war die Runde fröhlich und Herr C. blickte nur nach untern und sagte kein Wort mehr. Er verabschiedete sich nicht von mir.

„Alter, was war das denn für eine krasse Vorstellung, Kompliment, der hat es verdient", lobte mein Freund, der übrigens auch mein Kampf-

sportpartner war, und schaute mich erstaunt an. „Ich habe mich so verhalten, wie es keiner erwartet hat", antwortete ich ihm gut gelaunt.

Mein Freund hatte das alles sehr erheitert miterlebt. Er war sehr souverän. Aus einem größeren Unternehmerhaushalt stammend, war er mit solchen Veranstaltungen vertraut und bestens in Konversation geschult.

Die Musik hörte auf zu spielen, die Sängerin der Band verstummte, der Vorstand trat auf die Bühne und begann seine Rede. „Liebe Mitarbeiterinnen und Mitarbeiter, ich freue mich sehr, dass Sie so zahlreich erschienen sind und …"

Ich konnte Herrn C. noch sehr lange an diesem Abend mit verschiedensten Personen sehen und ausführlich sein Verhalten beobachten. Er schwitzte weiter. Ich zog in diesen Stunden wesentlich mehr Erkenntnisse von ihm als in Wochen der Arbeit im Büro.

***

Warum hätte ich mich anders verhalten sollen?

Es war genau die richtige Entscheidung, direkt in die Mitte der „Arena" zu gehen. Zu der Gruppe, aus deren Mitte die Angriffe und der Verrat kamen. Sie sollten alle sehen, dass ich nicht zu isolieren bin. Auch wenn das der Wunsch des Herrn C. war.

Er sollte erkennen, dass ich trotz seiner Attacken offen und optimistisch blieb. Dass ich mich niemals von ihm einschüchtern oder in die Enge treiben lassen würde, niemals in meinem Leben. Ich bin in den Ring gestiegen und nahm meine Gegner in direkten Blickkontakt.

Ich wollte meine Gegner im Auge, direkt vor meiner Nase haben und Ihnen deutlich zeigen, dass sie sich den Falschen ausgesucht hatten.

Jedes Puzzleteil, sei es noch so klein, jede Beobachtung, alles ist wichtig.

Wir sind wieder zurück im Alltag. Das Fest war vorbei, die Musik verstummte und natürlich wusste niemand von dem Vorstand, welche Katastrophe hier eigentlich geschah, noch nicht.

Fragen Sie sich, ob Ihnen irgendetwas bei dem Täter in der letzten Zeit aufgefallen ist, dass auf die Vernachlässigung seiner betrieblichen Pflichten schließt. Jede Kleinigkeit, die Sie noch für unwichtig oder nebensächlich halten, kann entscheidend sein. Machen Sie sich Notizen, doch niemals am Firmen-PC oder auf einem Notizblock in Ihrem Büro.

Nehmen Sie ihre eigenen Notizen immer mit nach Hause.

Wie souverän ist der Täter bei seiner eigentlichen Tätigkeit? Fällt Ihnen etwas auf, das auf Vernachlässigungen seiner eigentlichen Aufgaben schließen lässt? Verhält er sich persönlich angreifbar? Sie erinnern sich sicher an: „Sie brauchen nicht glauben, dass Sie der Einzige sind, der arbeitet." Dieser unbedeutende Satz trug einen wesentlichen Punkt zu seinem Untergang und meinen Sieg bei.

Es sind oft nur Bruchstücke, Behauptungen oder Unterstellungen, die Ihr Gegner äußert, die ihn an oberer Stelle in größte Schwierigkeiten bringen können.

Scheuen Sie sich nicht, eine kleine Sammlung über Ihren Gegner anzulegen. Es wird von großem Nutzen sein. Wie gesagt, Sie sind nicht mehr in der Phase der Registrierung, dass Sie zum Opfer geworden sind, Sie sind in der Spielzeit der massiven Gegenwehr. Je stärker der Gegner das spürt, desto unsicherer wird er werden. Treten Sie ihm mit Respekt aber voller Zuversicht gegenüber, das wird ihm nicht gefallen, weil er sich weiter von seinem Ziel entfernt.

Täter sind oftmals als Mensch unsicher. Sei es wegen Ihres Auftretens, Ihres Stils, ihrer eigenen beruflichen Unfähigkeiten oder vieles andere. Davon wollen sie ablenken und alles Negative auf ihr Opfer lenken. Mit jedem Teilchen, das Sie zusammentragen, wird Ihr Gegner durchschaubarer.

Ja, ich weiß, es bedeutet Arbeit und Anstrengung.

Doch wie ein Kämpfer, der über fünfzehn Runden in einem Fight durchhalten muss, werden Sie auch am Ende über Ihren Erfolg sprechen, nicht über die Anstrengung und verheilten Wunden.

Das Ergebnis zählt, sonst nichts!

Bei mir ist es ebenso und ich hatte keinen THRILLADVISE!

Ich habe bei meinem Kampf gesiegt und bin als Gewinner aus dem Ring.

War es schwer? Ja, sehr! Bin ich daran gewachsen und stärker geworden? Mit Sicherheit!

Nur das zählt! Beginnen Sie Ihre Sammlung der Abartigkeiten, beobachten Sie genau und öffnen Sie Ohren und Augen weit! Denken Sie, wie mein Herr C. gedacht hat. „Wen könnte ich noch für meine Zwecke manipulieren?", das sollten jetzt Ihre Gedanken und Fragen sein. Sie sind in den Kopf Ihres Gegners gestiegen.

Wenn alles vorüber ist und Sie gesiegt haben, können Sie wieder auf Normalstatus herunter.

Da wir nicht wissen, wer zu seinen Helfern gehört, ist ein etwas zurückhaltender Umgang in Diskussionen und Diskretion in dieser Phase sehr wichtig.

Hier gilt: Besser die anderen reden lassen, als selbst zu sprechen.

Kennen Sie einen Helfer oder haben einen starken Verdacht, werden Sie zu diesem sicherlich ein anderes Verhalten an den Tag legen. Sie werden vorsichtiger sein.

Ich wusste, dass der Täter mein Umfeld nach Informationen abfragte. Weil ich anfangs nicht genau wusste, wer Zuträger wird, war ich überall und bei jedem zurückhaltend und vorsichtig. Seien Sie ebenfalls zurückhaltend. Der Falsche könnte wichtige Informationen über Sie bekommen.

Ich hatte eine sehr umfangreiche Sammlung angelegt. Das meiste konnte ich sehr gut nutzen, weil es zeigte, wie unternehmensschädigend sich Herr C. verhielt. Diese winzigen Teilchen ergaben später für den Vorstand ein absolut stimmiges Bild und führte zur Entfernung des Herrn C.

Diese Summe der kleinen Dinge hat letztendlich mein Mobbing siegreich beendet. Je genauer Sie hinsehen und je mehr Sie erfahren, desto schneller können Sie Mobbing beenden.

Gerade wenn Sie ein Mensch sind, dem das Ausspionieren und Verstellen fernliegt, ist es für diesen Zweck und Ihren Fight absolute Notwendigkeit. Sie selbst verändern sich dadurch nicht, Sie ändern nur für eine bestimmte Zeit Ihr Verhalten, weil es sonst keinen Erfolg versprechenden Weg gibt.

Beobachten! Denken! Und handeln! Das führte zum Erfolg.

Das Erkennen
der nächsten Schritte – Antizipation

Wir sind bei Ihrer Gegenwehr, dem ersten Schritten zum Beenden der Angriffe.

Lassen Sie es mich mit einem Beispiel aus dem Kampfsport erklären.

Ich stehe meinem Gegner im Freikampf gegenüber und erwarte einen Angriff. Ob mit Handkantenschlag, Fingerstich, Fauststoß oder Ellbogen weiß ich nicht, weil ich nicht in den Kopf des Gegners hineinsehen kann. Wenn er angreift, entscheide ich meine Abwehrtechnik, ob Tiefblock, über Kopf oder Ähnliches.

Ich kenne seinen nächsten Schritt nicht. Aber ich erkenne durch Beobachten, welche Fußstellung er gerade einnimmt, ob er sich auf einen Angriff, vielleicht gerade auf einen Kreistritt vorbereitet oder eben mehr Augenmerk auf seine Abwehr, Armhaltung und Block richtet. Daraus kann ich meine Schlüsse ziehen, welche Aktionen wahrscheinlich als Nächstes folgen. Greift er an oder wartet er ab und beobachtet, was ich vorhabe.

Es geht demnach wieder um genaue Beobachtung des Gegners, das Gleiche wie bereits mehrmals in Beziehung auf Ihren eigenen Gegner in Ihrem Abwehrkampf besprochen.

Es ist keine Hellseherei und keine Gabe. Es ist die Kunst des weiten Öffnens Ihrer Augen, um daraus Schlüsse zu ziehen.

Alles, was Sie benötigen, ist eine gute Beobachtungsgabe, und das können Sie lernen, indem Sie es einfach täglich ausprobieren. Sie werden jeden Tag Verbesserungen feststellen.

Sie kennen den Täter bereits ein bisschen, seinen Charakter, sein Wesen. Jetzt kommt es darauf an, wie er sich im Alltag verhält, mit wem er spricht. Ich wusste zum Beispiel, wenn er mit Assistentin A spricht, wird es nicht lange dauern, bis er sich B vornimmt. Das ist die Logik aus seinen Bestrebungen, so viele Mitarbeiter wie möglich über mich zu befragen. Sie kennen diese Mitarbeiter oder Kollegen sicher auch, die Ihr Täter aufsuchen könnte. Wenn jemand etwas über mich erfahren möchte, liegt es auf der Hand, andere zu fragen. Wie ein Detektiv, nur aus negativen Gründen.

Wenn Sie ein paar wenige seiner Schritte erahnen können, sind Sie schon sehr viel weiter. Dass das nicht immer gelingt, ist mir bewusst. Dabei entsteht der Nebeneffekt, dass Sie lernen, sehr viel konzentrierter zu agieren.

Ich wusste, dass Herr C. nicht in der Lage war, alle wichtige Informationen alleine sammeln zu können. Er brauchte Hilfe durch weitere Beschäftigte. Durch meine Vorladung zu dem Gespräch mit Frau D. (die Digitalisierungsbeauftragte) sah ich, welcher Hilfe er sich bediente. Der Hilfe jener, die an Daten meiner täglichen Arbeit kommen konnten und sie aufbereiteten. Jetzt konnte ich eins und eins zusammenzählen und wusste, er wird zu neunundneunzig Prozent die Beschäftigten aus meinem Team befragen, um an seine News zu kommen. Genau das geschah in den nächsten Tagen.

Warum sollte mir das helfen? Es war somit keine Überraschung mehr, welche „Ausgrabungen" möglich sind, und zwar solche, die meine direkte Arbeit betreffen, mein Tagesgeschäft.

Das bedeutete für mich weiter, dass ich die kommende Zeit meine Arbeitsergebnisse noch genauer ansehen musste, um jegliche Fehler zu vermeiden.

Ich wusste nicht, welche Schritte er gehen würde nach dem Gespräch in seinem Büro, doch durch den Ausgang wusste ich, dass sein Aggressionspotenzial gegen mich noch wachsen würde und da er Fakten brauchte, war der logische Schluss, im Assistententeam zu fragen. Dort würde er auch fündig werden, war ich mir sicher. Teilzeitbeschäftigte, viele Zeitverträge und einige Alleinerziehende. Alle hatten Angst um ihre Jobs und würden den Wunsch eines Vorgesetzten niemals ablehnen. Das konnte ich ihnen nicht übel nehmen, weil sie einfach zu sehr von dem Arbeitsplatz abhängig waren.

Er musste weiteres Belastungsmaterial beschaffen und das konnte er nicht über Frau D. Die hatte bereits in seinen Augen „versagt".

Jeder von uns verhält sich in bestimmten Situationen ähnlich. Wir folgen einem bestimmten inneren, schwer veränderlichen „Programm". Wir sind das Ergebnis unserer Erziehung, unseres bisherigen Lebens, unserer Erfahrungen und unserer Ziele.

Wir sind berechenbar, weil wir nach einem bestimmten Code funktionieren. Unser Sein und Kommunizieren ist Ergebnis unseres Wesens und unserer Einstellungen, unseres Charakters. Nahezu jeder ist durchschaubar, wenn man ihn ein wenig „studiert". Auch Ihr Täter und wird über dessen künftiges Verhalten in Teilen analysierbar sein.

Auch die Existenz von Intrigen ist kein Geheimnis. Sind doch Intrigen lediglich das Ergebnis, was in den Gedanken des Täters vor sich geht und zu seinem kranken Verhalten reift. Ohne diese Gedanken, die, so meine Theorie, in tiefer Unzufriedenheit ihren Ursprung haben und einen negativ besetzten Charakter formen, gäbe es keine zerstörerischen Intrigen.

Jeder Mensch hat ein Bauchgefühl. Es ist ein subjektives Gefühl, welchem wir manchmal zu wenig Bedeutung zukommen lassen, weil wir alle rational denken, gerade in unserem Gesellschaftssystem und Breitengrad. Wir legen Wert auf Fakten, auf konkrete Ergebnisse. Das Bauchgefühl dagegen ist nicht exakt greifbar.

Es ist ein subjektiver Eindruck, den wir von Menschen haben. Das haben wir alle binnen weniger Minuten, wenn wir auf einen uns unbekannten Menschen treffen. Das gesamte Mobbing beruht auf Subjektivität. Der Täter hat Sie wegen Ihrer Person ausgesucht, nicht wegen Ihrer täglichen Arbeit. Irgendetwas passt ihm an Ihnen nicht.

Was das genau ist, erfahren wir oft nie und ist im Grunde auch unwichtig, denn wenn der Täter ein Opfer gewählt hat, ist es bereits zu spät. Gerade in diesen Zeiten und Ihrer Situation sollten Sie daher des Öfteren auf Ihre innere Stimme hören und Ihr Umfeld immer im Blick haben.

Machen Sie Beobachtungen mithilfe Ihres inneren Warnsystems, analysieren diese Person ein wenig und denken über diese nach, das wird ein Vorteil sein.

Vielleicht fallen Ihnen in diesem Zusammenhang wieder Dinge ein, die Sie längst vergessen haben, weil Sie diesen Kleinigkeiten keine weitere Aufmerksamkeit gewidmet haben.

Somit erfahren Sie immer mehr über Ihr Umfeld. Es ist ein Weg der kleinen Schritte, doch beachten Sie, dass die auch Ihr Gegner gehen muss.

Im Laufe meines Kampfes wurde Herr C. auf diesem Weg immer mehr zum offenen Buch für mich, was er allerdings nicht wusste. Da ich auch mit keinem anderen Kollegen über meine Problematik sprach und ich meine Arbeit sehr akribisch erledigte, konnte auch von dort an Herrn C. kein positives Feedback in seinem Sinne gegeben werden.

Durch genaues Hinsehen werden Sie auch bei Ihrem Täter erkennen, was er immer wiederholt, weil wir einfach Tiere der

Gewohnheit sind. Umstellungen und neue Verhaltensweisen bedeuten Arbeit und Aufwand und das ist auch dem Täter zuwider, weil er ein bequemes Leben will. Er hat es auch gerne gewohnt und keine Überraschungen. Genau das ist Ihr Vorteil auf der Suche nach seinen Fehlern.

Sein grenzenloser Egoismus, auch der Company gegenüber, ist einer seiner großen Schwächen. Er unterordnet seinen Arbeitgeber seinem persönlichen Ziel. Das ist maximal unternehmensschädigend und wird zu seinem beruflichen Untergang führen.

Überlegen Sie sich, welches seiner Verhalten schädlich für das Unternehmen ist. Was widerspricht dem Ziel der Firma? Alleine die Zeit, die er mit Ihnen aufwendet, ist ein Punkt, den es zu notieren gilt. Sicherlich ist der Vorstand nicht erfreut, wenn einer seiner Führungskräfte mehr Zeit in seine Privatfehde investiert als in den nächsten Quartalserfolg.

Details sind wichtig! Denn es ist die Summe der einzelnen Kleinigkeiten, die den Täter zu Fall bringen wird und bei mir meine Hölle beendet hat.

Sicher glauben Sie gerade, dass das, was Sie über ihn wissen, niemals ausreichen wird, um Wirkung zu zeigen. Sie sind allerdings jetzt in der Lage, sich angepasst zu verhalten, und das wird Ihre Notizen schnell anwachsen lassen.

Ich weiß, es fällt schwer, sich in die Gedanken Ihres Gegners zu versetzen und ihm so viel Zeit zu widmen, um seine Schwachstellen, seine Achillesferse aufzudecken, doch es ist in dieser Zeit unbedingt erforderlich, um erfolgreich zu sein und auf das Finale vorbereitet zu sein.

Bedenken Sie, auch der Angreifer hat sich eine Taktik zurechtgelegt. Die gilt es zu durchkreuzen. Denken Sie jedoch nie, wie Sie selbst denken und handeln würden. Das ist jetzt falsch, denn Ihr Gewissen – das Ihr Angreifer nicht hat – tritt dann in den Vordergrund. Das können wir jetzt aber nicht gebrauchen.

Denn Sie sind nicht wie Ihr Gegner. Auch Ihr Charakter ist ein vollkommen anderer.

Es ist wichtig, dass Sie in dieser Zeit seine intriganten Gedanken nachvollziehen und sich in seine absurde Welt hineinversetzen, nur eine Zeit lang.

Sie müssen sich dann selbst fragen:

„Was könnte ich tun, um das Opfer noch mehr zu schädigen?"

„Welchen Schritt könnte ich weitergehen?"

„Welche Intrige bringt mich (den Täter) weiter und von wem kann ich am meisten profitieren?"

Fragen, die Sie nur beantworten können, wenn Sie denken wie ER. Überlegen Sie sich selbst, wer in der Firma oder im Team über Sie am meisten aussagen und ihm berichten könnte. Wer weiß über Ihr privates Leben am besten Bescheid? Wem erzählen Sie am meisten? Wem vertrauen Sie in der Arbeit und vor allem wem nicht?

Wenn der Täter Sie beobachtet, und das wird er immer, weiß er auch, mit wem Sie vertraut sind und er wird diese Person befragen. Ob er dabei Erfolg haben wird, wissen wir nicht, doch es lohnt sich, diesen Kollegen etwas zu beobachten, nur eine Zeit lang.

Fällt Ihnen irgendwann etwas an seinem Verhalten auf, sprechen Sie den Kollegen direkt darauf an. Das nimmt dem Täter den Wind aus den Segeln, denn ertappte Mitarbeiter sind für ihn wertlos, weil sie als Spione „aufgeflogen" sind.

Schließen Sie nichts und niemanden von diesen Gedankenspielen aus, Ihr Gegner tut das auch nicht. Denken Sie niemals: „Nein, der Kollege sagt bestimmt nichts!" Das ist ein riesiger Fehler. Ich habe dies selbst leidvoll erfahren müssen und meinen erfolgreichen Ausgang hinausgezögert.

Nahezu jeder Mensch und Mitarbeiter ist auf bestimmte Weise unter Druck zu setzen und der Täter ist sehr erfinderisch, denn er kennt wahrscheinlich auch alle Personalakten als Vorgesetzter.

Wenn Sie auch nur ein paar seiner Schritte kommen sehen, wird Ihnen das sehr weiterhelfen und seine Taktik massiv stören. Genau wie bei allen Menschen löst das Nervosität bei ihm aus und er wird unvorsichtiger und begeht dadurch Fehler.

Vergessen Sie nicht, auch der Täter ist ein Mensch, obwohl er sich nicht so verhält. Er hat Schwächen und eine davon ist die Bequemlichkeit, die uns allen etwas anhaftet. Deswegen versucht er auf möglichst einfachen Weg an sein Ziel zu kommen und an seine Informationen.

Welche Eigenheiten hat Ihr Gegner, welche Gewohnheit? Meiner hatte sich darauf spezialisiert, möglichst wenig selbst zu machen und andere für ihn arbeiten zu lassen. Nur deren Ergebnisse sammelte er dann und nur in Ausnahmefällen machte er sich selbst die Hände schmutzig.

Er hatte deswegen so reichlich Helfer, weil er der Vorgesetzte von ihnen allen war. Sehen Sie sich um und entscheiden Sie, welche Mitarbeiter hier „engagiert" sein könnten. Wer kann am meisten von der Unterstützung in dem Kampf gegen Sie am meisten profitieren. Wem winkt das größte Leckerli, die größte Belohnung? Ist es der Kollege, der schon lange auf seine Beförderung wartet? Gibt es einen, mit dem Sie vielleicht einmal persönlich einen Konflikt hatten und der Ihnen das übel nimmt?

Das könnten seine Helfer sein, die er ansprechen wird.

Welcher Mitarbeiter ist sehr unkritisch, hörig oder angstvoll und würde alles tun, wenn es der Chef sagt?

Bei welchem zählen Kollegialität und Loyalität nichts? Wer geht für seine Karriere über Leichen?

Diese Menschen sind der geeignete Personenkreis für Ihren Täter, den dieser ansprechen könnte. Wenn Sie diese Auswahl treffen können, haben Sie schon sehr viel Vorausblick und können sich darauf vorbereiten. Versuchen Sie, auf irgendeinem Weg in Kontakt mit ihm zu kommen, und geben Sie sich von Ihrer besten Seite, doch sehr unauffällig. Bei Kollegen aus Ihrem Umfeld sollte das kein Problem sein, die kennen Sie ohnehin. Dass der Täter Personen anspricht, die weit von Ihnen entfernt arbeiten, ist eher unwahrscheinlich, weil diese nichts über Sie sagen können. Die helfen ihm nicht weiter und liefern keine Munition.

Ein kleiner Plausch auf dem Flur, Small Talk im Aufzug, in der Kantine, beim Nachhauseweg, kein weltbewegendes Thema. Eben nichts, dass ihn misstrauisch machen könnte. Das hat einen einfachen Grund. Ihr Gegenspieler wird versuchen, Ihre Integrität zu untergraben. Er versucht, Sie mit allen Mitteln als unfähig und unkollegial zu outen.

Dem können Sie entgegenwirken.

Wenn derjenige, der den Angreifer unterstützen könnte, Sie nicht sehr gut kennt, wird es dem Täter leichter gelingen, Unwahrheiten zu verbreiten und Kollegen von negativen Ausführungen gegen Sie zu überzeugen.

Gerade Mitarbeiter, die Sie wenig kennen, weil sie nur entfernt mit Ihnen zusammenarbeiten, können Sie vielleicht nicht einschätzen und sind den Intrigen des Täters gegenüber offen und empfänglicher, weil er ihnen sicher irgendeinen Vorteil anbietet.

Sie können die Wahrheit und Lügen über Sie nicht unterscheiden. Viele lassen sich sehr leicht beeinflussen und sind deshalb die bevorzugten Helfer der Täter. Diese Kollegen haben sich wahrscheinlich noch kein Bild von Ihnen gemacht, noch keine Meinung, und sind deswegen sehr manipulierbar.

Je unbekannter Sie den Kollegen sind, desto leichter hat es der Täter, Lügen zu verbreiten. Ihr Vorteil ist, dass diese Menschen jedoch nichts wirklich Wertvolles zu Ihrer Vernichtung beitragen können, weil sie keine oder nur wenige Informationen über Sie haben. Versuchen Sie, Ihr Umfeld genau von dem Gegenteil zu überzeugen, was der Täter über Sie verbreiten will. Seien Sie freundlich, kollegial, arbeiten Sie zuverlässig und präzise. Aber das werden Sie wahrscheinlich sowieso.

Sie legen dem Täter dadurch große Steine in den Weg und stören seine Pläne massiv. Jeder Gegner, den Sie nicht haben, kann Ihnen schon keine Nachteile bringen. Bei manchen Kollegen funktioniert das natürlich nicht, wenn diese ohnehin schon ein eigenes Bild von Ihnen haben, aus welchen Gründen auch immer.

Diese Kollegen sind die geeigneten Anhänger des Täters und nur schwer vom Gegenteil zu überzeugen. Haben Sie demnach eine infrage kommende Person entdeckt, handeln Sie zügig, doch nicht auffällig. Damit schädigen Sie den Täter massiv.

Leider wird es uns nie gelingen, alle potenziellen Helfer ausfindig zu machen. Es wäre ein zu hohes Ziel und nicht realistisch.

Wenn Sie das könnten, wäre das Hellseherei. Machen Sie sich keine weiteren Gedanken darüber, da nicht jeder Versuch auch ein Treffer sein kann.

Es reicht bereits aus, wenn Sie ein wenig Gefahrenpotenzial entschärfen können. Überlegen Sie sich auch, auf welche Art Sie bisher angefeindet wurden. Mit welchen Vorwürfen und Unterstellungen wurden Sie bisher konfrontiert? Sind es dienstliche Verfehlungen, die behauptet wurden? Werden Sie menschlich, persönlich angegangen?

Bei mir selbst war es eine Mischung aus beiden, wie in den meisten Fällen. Die Gegenspieler nutzen am liebsten die gesamte Bandbreite ihrer Möglichkeiten.

Ich sollte an mehreren Fronten angegriffen werden.

Welche Hauptangriffspunkte hat Ihr Täter, welche sind seine Favoriten?

Ist es Ihre Tagesarbeit, die bemängelt wird, achten Sie in der kommenden Zeit genau und gewissenhaft auf die Arbeitsergebnisse, die Sie abliefern. Sehen Sie lieber noch einmal über Ihre Arbeit, bevor Sie es abgeben oder wie auch immer weiterleiten.

Jede Kleinigkeit, die nicht existiert, kann auch nicht gegen Sie verwendet werden und der Gegner muss mit Intrigen aushelfen. Von denen wissen wir aber, dass die nicht die gleiche Wirkung haben.

Ich lieferte meine Arbeitsergebnisse an die Assistenten, die in Folge meine Vorgaben umsetzten. Hierbei hatte ich mit mehreren Kolleginnen zu tun. Es liegt in der Natur von uns Menschen, dass wir mit dem einen besser, sehr gut oder weniger gut arbeiten konnten.

Jeder hat eine etwas andere Arbeitsweise.

Wie ich gerade angesprochen habe, konnte auch ich die eine Kollegin positiv beeinflussen, worunter ich nicht manipulieren verstehe. Ich sprach über alltägliche Dinge, die derzeitigen Umwälzungen in der Abteilung, was nach Feierabend geplant war, wohin der nächste Urlaub geht und Ähnliches. Sie wissen es selbst, wie es im Arbeitsalltag ist. Mit dem einen sprechen Sie mehr mit dem anderen weniger, weil Sie eben nicht auf der gleichen Wellenlänge sind. Oft sind auch die Interessen vollkommen verschieden, sodass etwas weniger Konversation zustande kommt.

Es gab auch diejenigen, von den ich wusste, dass der Täter auf offene Ohren stoßen würde und die mich gegen kleine Vorteile sofort ans Messer liefern würden.

Hier wusste ich, dass sich meine Arbeitsergebnisse vor Abgabe dreimal durchsehen würde, da in diesem Department nur auf Fehler meinerseits gewartet wird.

Vielleicht gibt es auch Kollegen dieser Art in Ihrer Company. Arbeiten Sie so gewissenhaft wie möglich und geben Sie keine Vorlagen an Ihre Gegner und an Ihren Täter. Das gilt besonders, wenn Ihre Arbeiten die Arbeitsgrundlage für Folgearbeiten sind und unbedingt richtig sein müssen. Je weniger Fehlerquellen bei Ihnen zu finden sind, desto weniger kann dem Täter auch gemeldet werden und der muss nun auf zweitrangige Intrigen ausweichen.

Je weniger Tatsachen Sie liefern, je weniger Angreifbares, desto mehr muss Ihr Gegner seine Strategie auf Luftschlösser und Fantasiegebilde aufbauen.

Wie besprochen sind das keine Gebilde für ein tragendes Fundament. Je mehr es davon gibt, desto größer ist Ihr Vorteil, weil keine beweisbaren Fakten vorliegen.

Wenn das vom Aggressor künstlich gelegte Feuer keine Nahrung in Form von tatsächlichen Fehlern und Fehlverhalten findet, können Sie es in der Folge durch Ihre eigenen tatsächlichen Fakten und Tatsachen schnell löschen. Versetzen Sie sich in die Lage und in das Gedankenspiel des Täters, doch nur für eine bestimmte Zeit. Sie spielen nur eine Rolle, Sie verändern nicht Ihren Charakter. So werden Sie in der Lage sein, sich auf die kommenden Angriffe vorzubereiten und Ihr Umfeld im Auge zu behalten.

Jetzt sind Sie in der Lage zu agieren, aktiv zu sein, nicht nur wie bisher zu reagieren. Grundlage ist die genaue Beobachtung des Täters und seiner potenziellen Helfer.

Das ist ein sehr wichtiger Schritt, den Sie gehen, und unerlässlich, um aus der Defensive in die Offensive und somit zum Gegenangriff zu kommen. Sie brauchen jetzt Entlastung, die Sie damit erreichen. Ihrem Täter seine Vorhaben erschweren Sie damit immens. Zum ersten Mal spürt der Gegner, dass seine Taktik nicht aufgeht und gestört wird.

Sie selbst werden merken, dass Sie aus der Passivität treten und die gesamte Situation eine positive Entwicklung bekommt.

Sie sehen nun Licht am Ende des Tunnels, endlich. Ihre Gedanken werden optimistischer, weil Sie spüren, dass Sie durchaus wehrhaft und der Gegner bezwingbar ist.

Den Gegner nie hassen

Sie wissen, wer Ihr Angreifer ist, und jetzt stellen Sie sich sicher die Frage, wie Sie mit ihm umgehen sollen. Wie sollen Sie sich ihm gegenüber verhalten?

Erinnern Sie sich an mein Firmenjubiläum, als ich zu der Gruppe bei dem Schlösschen trat? Genau das ist, was Ihr Gegner nie von Ihnen erwartet. Denn das erfordert Mut und den haben die Angreifer selbst ja nicht, weil sie immer aus dem Dunkeln, aus dem Hinterhalt agieren. So ist eben ihr Charakter, ihre Täter-DNA.

Doch zuerst werden Sie das Gleiche fühlen wie ich damals.

Wenn Sie jetzt unglaublichen Zorn empfinden oder sogar Hass und Verbitterung, ist das nur zu gut zu verstehen. Genau wie ich damals. Wir sind in erster Linie mit dieser Situation überfordert, weil wir dieses Verhalten nicht verstehen können. Schließlich haben wir selbst die abscheulichen „Tätergene" nicht.

Mit welcher kriminellen Energie diese Menschen gegen andere vorgehen, stellt uns vor eine Herausforderung, die wir vorher nie hatten. Wie bei allem Schlechten, Unerklärlichen, das uns persönlich betrifft, ist es auch hier. Wir können nicht damit umgehen und unsere Emotionen übernehmen die Führung.

Der Verstand tritt in den Hintergrund, das Gefühl möchte das Ruder übernehmen, weil wir gerade keine rationale Erklärung finden.

Wieso will ein vordergründig zivilisierter Mensch mich vorsätzlich verletzen? Darauf haben wir in dem Moment keine Antwort und das verunsichert uns.

Es gibt wohl niemanden, der nicht so reagiert. Zu groß ist der Frust gegen denjenigen, der Ihnen gerade das Leben zur Hölle macht und Ihre Existenz vernichten will. Denn es betrifft nicht nur Ihren Arbeitsalltag, sondern hat Auswirkungen auf Ihr ganzes Leben außerhalb des Arbeitsplatzes. Ihr Kopf ist ständig damit beschäftigt.

Deswegen ist ein freudebringender Ausgleich in dieser Zeit so immens wichtig.

Ich kann mich nicht mehr daran erinnern, wie viele Ausdrücke ich mir für meinen Angreifer überlegt habe und auch ausgesprochen – zum Glück alle außerhalb meiner Company. Gerne hätte ich ihm einige davon vor den Kopf geworfen, zu gerne. Doch darauf hätte er nur gewartet und dieser Moment wäre ein Fest für den Angreifer gewesen.

Selbstverständlich will er Sie provozieren. Das gehört zu seiner Taktik. Haben Ihre Emotionen erst einmal die Führung übernommen, wird es unfassbar schwer, eine gezielte Gegenwehr aufzubauen.

Sie können provozierendes Verhalten Ihres Gegners nicht verhindern. Aber Sie können sich selbst davor bewahren, darauf zu reagieren.

Sie reagieren daher vollkommen menschlich, emotional – entstanden aus einem Gefühl der Ohnmacht.

Hier liegt jetzt die große Gefahr für Sie als Betroffener. Sie sorgen auf diesem Wege selbst für die Gefahr, denn wir neigen dazu, instinktiv zu handeln. Der Instinkt will uns leiten, doch er ist hier ein schlechter Ratgeber, weil er eine schnelle Lösung auf direktem Weg sucht. Genau das ist leider die Falsche, die uns nicht voranbringt. Es fällt unheimlich schwer, in einem von Hass erfüllten Klima kühlen Kopf zu bewahren und wieder den Verstand regieren zu lassen.

Das Problem ist, dass es ein Spiel aufgebaut auf Emotionen ist. Doch gerade in dieser Zeit sollten Sie durch Gefühle gesteuerte Aktionen und Verhaltensmuster verhindern. Und das um jeden Preis. Jede einzelne Reaktion muss, auch wenn es schwer ist, nach logischen, klaren Überlegungen, die ich Ihnen hier versuche, zu erklären, geschehen.

Es muss trainiert werden und wird wohl nicht immer funktionieren, weil wir eben Menschen in einer Ausnahmesituation sind. Nur so können wir aber am Ende als Sieger vom Feld gehen.

Durch diese momentane Ratlosigkeit ist die Gefahr groß, einen abgrundtiefen Hass gegen den Angreifer zu entwickeln. Die Folge hieraus ist oft unüberlegtes, irrationales und übereiltes Handeln, weil Sie schließlich schnell zu einem Ende kommen wollen.

Dieser Hass hat die Eigenheit, dass er nicht auf einmal entsteht, sondern, genau wie nacheinander ablaufende Angriffe, sich entwickelt.

Er wird unser Begleiter, mit dem wir lernen müssen, umzugehen. Es beginnt mit kleinen Beschimpfungen, die Sie dem Gegner am liebsten sagen würden. Gerade zu Beginn haben Sie noch die Hoffnung, dass es vielleicht nicht so schlimm wird, es sich von selbst zum Guten entwickelt und nur vorübergehend ist.

Je länger es jedoch dauert, desto größer wird dieser Frust über den Täter.

Wenn Sie im Laufe der Angriffe, die ein immer übleres Bild annehmen können, merken, dass doch nicht alles von selbst enden wird, entwächst die Anfangswut den Kinderschuhen. Sie wird erwachsen und immer intensiver, ist unser täglicher Begleiter. Je mehr der Druck auf Sie zunimmt, desto mehr entwickelt sich die Wut zum inneren Vulkan. Es staut sich wie ein Staudamm zu einem See.

Genau dieses Gefühl, diese zutiefst emotionale Regung in Ihrem Inneren, müssen wir nun unter Kontrolle bringen. Je schneller, desto besser.

Wie mein Kampfsportmeister immer sagt:

„In dem Moment, in dem die Wut und Zorn dein Denken und Handeln bestimmt, verlierst du und hast keine Chance."

Doch Wut hat auch eine sehr gute Kehrseite. Wut ist ein ausgezeichneter Energielieferant. Diese Energie werden wir nutzen und zu Ihrem Vorteil machen. Wut erzeugt Energie, wie das Wasser im Stausee, das talwärts fließt und Kräfte freisetzt. Wird es kontrolliert abgelassen, treibt es Turbinen an, die Energie, Kraft, erzeugen.

Diese Energie dürfen wir aber nicht planlos verschwenden und uns dabei noch tiefer in Probleme bringen. Wir müssen sie steuern und zügeln wie ein Wildpferd. Ist es gezähmt, bringt es den Menschen großen Nutzen. Leiten wir diese Energie schlicht in unseren Abwehrkampf. Lassen wir der Wut freien Lauf, schaden Sie sich nur selbst und nehmen Ihren Angreifer die Arbeit ab, denn Wut macht blind und das weiß er auch.

Darauf wartet er.

Durchsetzungsvermögen, Konzentration, Geduld und Ausdauer – mit diesem Quartett werden wir siegen. Das waren bei mir auch die Grundpfeiler des Erfolgs. Ich hatte Gegner aus verschiedenen Hierarchien, die zusammenarbeiteten.

Wut ist ein guter Energielieferant, wenn sie vom Verstand beherrscht und gezielt eingesetzt wird und nicht das Gefühl über alles regiert.

Mir selbst hat dabei sehr geholfen, dass ich immer und ohne Pause mein oberstes Ziel im Auge hatte: das Beenden der Angriffe und zurück zu einem vollkommen normalen, friedlichen Arbeitsalltag zu finden.

Stehen Sie sich nicht selbst im Weg, denn Sie brauchen einen klaren Kopf. Ihr Gegner ist auch nicht von Wut, sondern Vernichtungswillen geleitet.

Auch Durchsetzungsvermögen wächst aus Energie und die müssen wir freisetzen. Hass hat noch eine sehr negative Auswirkung. Ihr Blick auf die wesentlichen Dinge, Ihre Beobachtungsgabe, wird getrübt. Die Sicht verschwimmt und lässt nur noch Konturen erkennen. Dann können Sie Ihr Ziel nicht mehr genau im Auge haben. Das ist sehr schlecht und bringt den Gegner seinem Ziel näher.

Kontinuität und Beständigkeit sind zwei weitere wichtige Punkte, die Sie unbedingt benötigen. Doch auch diese beiden werden durch unkontrollierte Wut nicht zu erreichen sein.

Merken Sie sich, dass Zorn und Frustration, Hass und Hektik nur Ihrem Täter helfen und zu seinem Sieg beitragen.

***

Ich lief müde zu dem Ausgang der Company, freute mich, dass dieser Tag endlich zu Ende war, und konnte nicht mehr erwarten, endlich ins Auto zu steigen, nach Hause zu kommen und im Kreis meiner Familie alles hinter mich zu lassen.

Wieder war eine Woche zu Ende gegangen, die ich besser nie erlebt hätte. Tag für Tag dieser Woche wurde mir klarer, welche Ausmaße das Ganze in der Zwischenzeit angenommen hatte. Es fiel mir immer schwerer, meinen Frust über diesen Typen bei mir zu halten. Ich ertappte mich, wie ich leise vor mich hin die übelsten Ausdrücke formulierte, doch nicht über meine Lippen kommen ließ. Ich wusste, was das für Konsequenzen haben würde: den Verlust meines Jobs. Und das wollte ich sicher nicht.

Ich ging am Büro des Herrn C. vorbei und fragte mich, an welcher üblen Idee er wieder feilen würde. Dass er seinen Job dafür vernachlässigte, war mir längst klar, und ich hatte das in den verschiedensten Situationen immer wieder notiert.

Plötzlich sah ich schemenhaft durch die Glastüre, dass dahinter jemand an diese herantrat und öffnete. Es war mein Täter. Ich hatte leider keine Chance mehr, ihm auszuweichen.

„Na, Herr Wegner", sagte er freudig, „gehen Sie auch schon nach Hause? Ich dachte, Sie haben so viel zu tun?" Vergessen war die Vorfreude auf zu Hause und ein gutes Training mit Freunden.

Unendliche Wut stieg in mir nach diesen wenigen Worten auf. Mein Puls stieg in die Höhe, was ich sofort merkte, und ich stand kurz vor dem Platzen.

„Wir beide haben unseren Feierabend sicherlich verdient", entgegnete ich ihm. Ich ließ mir natürlich nicht anmerken, dass ich gerade am liebsten im Geiste einen eintrainierten Schlag aus meinem Kampfsport setzen wollte. So groß war die Wut über diese neue Provokation.

„Es kann sein, dass wir an Ihren Zahlen noch was ändern müssen, ich muss mit einer Person weniger kalkulieren." „Wer verlässt denn unsere Abteilung und wann?", fragte ich, weil ich derart überrascht war. „Es steht noch nicht fest, Sie werden es schon noch erfahren. Aber Sie sind es nicht", grinste er höhnisch. „Die anderen Kollegen haben sowieso schon genug und ich kann sie nicht mehr belasten. Dann können Sie eben nicht mehr so früh gehen oder nehmen sich Arbeit mit nach Hause." Dabei sah er mich provozierend an.

Es war nach 17:00 Uhr und wie sonst auch war ich bereits vor 07:00 Uhr im Büro gewesen.

Ich tat das, was mir immer in diesen Situationen geholfen hatte, ich versetzte mich gedanklich an einen Ort, an dem ich sehr gerne war, oder zu Menschen, mit denen ich gerne beisammen bin. Hier fand ich Halt und Zuversicht. Ich denke, diesen Ort der seelischen Ruhe und des Friedens braucht jeder Mensch. Sicher haben Sie diesen Ort auch.

Es kann die Familie sein oder Verwandte, gute Nachbarn, Freunde, Trainingspartner und viele mehr. „Na wenn Sie meinen. Sie müssen es ja wissen, die Arbeit muss gemacht werden, und zwar richtig! Jedenfalls wünsche ich Ihnen einen schönen Feierabend", erwiderte ich ihm.

Seine Provokationen wurden immer massiver. Die nächste Stufe der Eskalation waren Beleidigungen. Ich setzte meinen Weg fort, würdigte ihm keines weiteren Blicks und ging am Empfang vorbei aus dem Gebäude zu meinem Wagen. Auf der Heimfahrt hörte ich meinen Lieblingssänger und freute mich auf einen Espresso mit meiner Frau.

Herrn C. bedauerte ich in Wahrheit, denn Menschen, die im Leben Ziele wie er haben, deren einziger Wille die Zerstörung von Menschen ist, haben kein Leben. Sie vegetieren unzufrieden vor sich und sterben irgendwann frustriert. Dessen bin ich mir sicher.

***

Haben Sie gemerkt, was passiert war? Genau das, was wir vorher besprochen haben. Natürlich wollte mich der Aggressor mit seinen überflüssigen, aber exakt gewählten Worten provozieren. Ich sollte wütend werden und die Beherrschung verlieren, damit er sein Ziel sehr schnell erreicht.

Ja, ich hatte in diesem Augenblick Wut und verspürte Hass. Doch ich habe das gemacht, was wir vorher besprochen haben: diesen Frust nicht die Oberhand gewinnen zu lassen und lieber an schöne Dinge denken wie die Vorstellung, dass ich nun nach Hause fahre. Die Wut habe ich somit in nutzvolle positive Energie umgewandelt und den Täter frustriert zurückgelassen. Je öfter ihm das passiert, desto nervöser wird er und irgendwann Opfer seiner eigenen Aggression.

Genau das wollte ich mit meinem Verhalten in dieser Situation erreichen und es sollte mir auch bald gelingen.

Bauen Sie sich einen Gedankenpalast aus positiven Gedanken.

Schöne Orte, an denen Sie waren, Menschen, die Sie gerne sehen, vertrauensvolle Personen, die Sie gerne treffen, Ihre Familie, das

Gym und vieles weitere. Dann betreten Sie diesen Palast immer, wenn Sie Wut verspüren.

Schließen Sie die Türe hinter sich in Ihrem Gedankenpalast. Niemand kann Ihnen dorthin folgen.

Informationsstreuung

Behalten Sie immer im Gedanken, dass Mobbing ein Spiel ist, in dem der Gegner die Regeln bestimmen will. Er will das Drehbuch der Vernichtung schreiben.

Sie schickt er in die Rolle des Opfers, des Betroffenen.

Wenn Sie jetzt nicht beginnen, ebenfalls in eine Rolle zu schlüpfen und eine gewisse schauspielerische Leistung in den Arbeitsalltag bringen, wird er sein Ziel erreichen. Er will Sie in einen ungleichen Kampf zwingen und dabei das Drehbuch fest in Händen haben.

Ich weiß, Ihnen ist das vollkommen fremd, fast schon widerwärtig. Sie möchten einfach nur Sie selbst sein. Sie haben aber keine andere Wahl, außer Sie geben auf und ziehen sich zurück. Sie können ihn nicht besiegen, wenn Sie weiterhin ehrlich und fair bleiben. Das können Sie wieder, wenn alles vorüber ist.

Spielen Sie mit verdeckten Karten. Verdecken Sie Ihr Blatt, das Sie in Händen haben.

Er darf so wenig von Ihnen erfahren, wie nur irgendwie möglich. Es ist notwendig und nicht zu verhindern, dass Sie sich für eine bestimmte, absehbare Zeit verstellen. Je weniger er weiß, desto weniger Angriffsfläche bieten Sie ihm. Wenn Ihr Feind

Ihre Stellungen nicht sieht, kann er Sie nur schwer angreifen und muss oft raten und auf Glück hoffen.

Je weniger er von Ihnen geliefert bekommt, desto mehr muss er sich in seiner kranken Fantasie ausdenken und zusammensuchen. Und wir wissen bereits, dass aktive Intrigen kein tragendes Fundament dafür sind. Wenn Sie von einem Fehlverhalten des Täters erfahren, einer Ungleichbehandlung von Kollegen, grenzwertige Aussagen zu Kollegen und vieles mehr, behalten Sie das für sich und erzählen das Niemandem. Ich meine damit wirklich niemandem, auch Ihrem besten Kollegen nicht. Zumindest nicht, bis Sie das Mobbing beendet haben.

Hier gilt jetzt: „Reden ist Silber, Schweigen ist Gold."

Notieren Sie es sich aber für Ihre eigene kleine Sammlung und präsentieren es, wenn die Zeit reif ist an geeigneter Stelle. Das hat durchschlagende Wirkung und wird ein Fest für Sie.

Jeder Trumpf zeigt nur dann Wirkung, wenn der Gegner ihn nicht kennt. Lassen Sie auch wichtige Unterlagen, die vielleicht Persönliches von Ihnen beinhalten, zum Beispiel Infos über Arzttermine, niemals offen liegen. Nehmen Sie diese jeden Tag mit nach Hause. Er darf absolut nichts von Ihnen wissen, was er als Angriffsmittel benutzen könnte.

Ich wusste, dass Herr C. gerne in Zeiten meiner Abwesenheit etwa an meinem Schreibtisch und in meinem Zimmer suchte. Manchmal wurde er auch ohne seine Helfer aktiv. Er wusste nicht, nach was er suchen sollte, doch wäre er über jedes Detail glücklich gewesen.

Gerade Ihre Sammlung über ihn, die viele Details enthält, lassen Sie niemals im Büro oder öffentlich liegen. Es ist Ihr Trumpf für später. Es ist unbedingt nötig, weil Sie bis zuletzt nicht wissen, wer alles in diesem Fight die Seiten gewechselt hat.

Wichtig ist, Gedanken zu machen und bestimmte Schritte zu planen. Doch vermeiden Sie unbedingt, diese Gedanken irgendeinem Kollegen mitzuteilen. Im privaten Freundeskreis gerne, wenn Sie sich austauschen wollen oder einfach Feedback möchten. In Ihrer Familie natürlich auch.

Doch nicht bei Kollegen, die den gleichen Arbeitgeber haben.

„Weshalb?", werden Sie sich fragen.

Überlegen Sie, was ein Arbeitsplatz bedeutet. Ein Ort, an dem finanziell von einem Arbeitgeber abhängige Menschen arbeiten. Wir fahren dort nicht jeden Morgen hin, weil es uns eine riesige Freude bereitet, im Stau zu stehen oder in überfüllten Bahnen zu sitzen. Wir sind dort, um unseren Lebensunterhalt zu verdienen.

Diese Tatsache schafft Abhängigkeiten, finanzielle und emotionale. Sie wissen niemals genau, welche finanziellen Hintergründe Ihr Kollege hat. Die wenigsten werden Multimillionäre sein, sonst säßen sie nicht am Tisch neben uns oder wären an der Werkbank gegenüber.

Alle sind auf ihren Arbeitsplatz angewiesen, der eine mehr, der andere weniger. Sind wir ehrlich, es ist ein absolutes Tabuthema an unserem Arbeitsplatz. Oft genügt, wenn Sie im Umfeld des Mobbings sind, ein unbedachtes Wort an der falschen Stelle. Das kann ausreichen, um Ihnen zum Verhängnis zu werden. Im Aufzug oder im Waschraum hört zufällig ein Kollege, der auch Helfer des Täters ist, mit, dass Sie beispielsweise über Ihre Pläne sprechen.

Hört das ein Mitarbeiter, der selbstverständlich auch finanziell abhängig ist, kann er diese Tatsache in der Hoffnung eines beruflichen Vorteils an Ihren Gegner herantragen.

Ist „Ihr" Täter ein Vorgesetzter, wird er sich ein Netz aus Abhängigkeiten erschaffen

In Ihrer Situation, die auch meine eigene war, würde ich in dieser Zeit ausschließlich über vollkommen belanglose Dinge sprechen.

Seine Ohren reagieren wie Seismografen und er nutzt jede schwache Minute und jedes Wort, um daraus wieder eine Gemeinheit zu konstruieren. Er will natürlich Ihre Seelenstimmung erfahren, denn damit kann er seine abartigen Fortschritte erkennen.

„Sind bereits Auswirkungen bei meinem Opfer zu erkennen?"

„Ist mein Opfer schon angezählt wie ein Boxer im Ring? Oder muss ich meine Anstrengungen forcieren?" Das alles erfährt er, wenn Sie im Team zu viel von sich selbst erzählen. Dinge, die für andere unwichtig sind, können für Ihren Angreifer die größte Wichtigkeit haben. Jeder kleine Hinweis, auch wenn Ihnen der nebensächlich erscheint, kann ihm nutzen und Vorteile bringen.

Der Täter hört jedoch nicht nur genau zu, was Sie sagen, sondern achtet vor allem auf Ihre Gestik und Mimik.

Viele Täter können daraus sehr gut Informationen ziehen. Besser als aus Ihren gesprochenen Worten. Deswegen sprach ich vorhin und werde das auch noch ausführen, davon, dass Sie in eine Rolle schlüpfen müssen. Der beste Schauspieler ist der, der die Rolle nicht spielt, sondern zu dessen Charakter wird.

Die Körpersprache ist ein sehr beliebtes Mittel bei Vorgesetzten dieser Art, um die Verfassung ihrer Mitarbeiter zu erfahren. Es gibt Reaktionen unseres Körpers, die wir nicht bewusst steuern können. Es ist ein Automatismus auf bestimmte Vorgänge. Wer diese kennt, kann sehr viel von dem Gegenüber erfahren, ob derjenige das möchte oder nicht.

Muskelkontraktionen unserer Gesichtszüge oder Ähnliches. Zum Beispiel, wenn wir erschrecken, können wir in dieser Millisekunde unsere Reaktion und den Gesichtsausdruck nicht bewusst verstellen. Es passiert einfach, unser Gehirn reagiert nach einem festgelegten Code, den wir nicht steuern können. Muskeln in unseren Gesichtern werden gesteuert und lassen uns reagieren. In diesem Moment sind wir für unseren Gegner ein offenes Buch.

Dasselbe gilt, wenn wir überrascht werden. Ebenso ist es, wenn wir auf Menschen treffen, die uns sehr sympathisch sind, die wir attraktiv finden.

Wir können nicht kontrollieren, dass sich unsere Pupillen weiten, um mehr von diesem Menschen und seiner Attraktivität oder Stärke aufzunehmen, die wir sofort spüren. Weiter spielt Ihr nonverbales Verhalten eine entscheidende Rolle für unseren Gegner, denn es ist sehr schwer zu kontrollieren. Wir senden ganztags Signale aus, auch wenn wir das nicht wollen oder es uns nicht bewusst ist.

Gerade am Anfang, wenn Sie noch nicht in „Ihre Rolle" hineingewachsen sind, ist es schwer, die eigene, bewusste Gestik zu beeinflussen, um den Täter auf eine falsche Fährte zu locken.

Das ist aber nicht sehr schwer.

Sie können nebenbei erwähnen – das streuen Sie gezielt –, Sie hätten sich mit dem Kollegen X über dieses Thema unterhalten. Ihr Gegner wird, kaum, dass Sie das Zimmer verlassen haben, diesen Kollegen aus irgendeinem Vorwand aufsuchen und versuchen, herauszufinden, was besprochen wurde. Er rennt wie ein junger Hund jedem Stöckchen hinterher.

Kein Zeitaufwand ist zu groß für sein Opfer, denn schließlich sind Sie seine größte Aufgabe und Herausforderung, sein persönliches Ziel.

Wenn Sie denken, dass ein Kollege kein Informant oder Helfer ist, bedenken Sie immer, dass Sie niemals wissen können, mit welchen Druckmitteln der Täter arbeitet.

Es ist nahezu nichts unmöglich, weil Ihr Angreifer kein Gewissen hat und keine moralischen Grenzen kennt.

Verhindern Sie in dieser Zeit Aussagen, die geeignet wären, zu erkennen, wie Sie sich fühlen. Verhindern Sie Aussagen über Dinge, die Ihnen beim Angreifer aufgefallen sind. Je weniger der Täter weiß, wie es Ihnen geht, desto besser. Was Sie wissen oder planen, geht ihn nichts an, und in dieser Zeit auch niemand anderen in der Firma. Auf diesem Weg muss er improvisieren und intrigieren und das bedeutet unkoordiniertes Verhalten.

Somit wird es für ihn immer schwerer, Sie richtig einzuschätzen. Es fehlen ihm die Fakten, auf die er dringend angewiesen ist. Und von Kollegen bekommt er auch nichts, weil Sie denen ja nichts sagen.

Sie müssen für Ihren Gegner zum Mysterium werden, zu etwas völlig Unvorhersehbaren, Ungreifbaren.

Aus dieser Position startet dann Ihr Angriff aus dem Dunkeln.

Sprechen Sie mit niemandem aus dem Unternehmen über Ihr aktuelles Problem, denn Sie werden nie alle Beteiligten kennen.

Diese Unkenntnis über Sie wird ihn nervös machen und ihm schwerfallen, seine Taktik anzupassen oder neu zu organisieren. Er weiß nicht, wenn Sie es ihm nicht zeigen oder anderen erzählen, wie es Ihnen gerade geht und ob seine Aktionen überhaupt Wirkung haben.

Sorgen Sie dafür und das ist einfach – durch Nichterzählen –, dass er seine Angriffsmittel selbst suchen muss und nicht durch unachtsame Aussagen ohne großen Aufwand zu geschenkten Hinweisen kommt. Diese würde er gnadenlos gegen Sie nutzen.

Durch diese Taktik der Nichtinformation bauen Sie eine undurchdringliche Nebelwand zu Ihrem Schutz auf. Er muss sich fühlen wie ein Spaziergänger in einem nebelverhangenen Wald in der Morgendämmerung, in dem die Sichtweite nur zwei Meter beträgt. Nahezu blind muss er seinen Weg finden und es ist kein koordiniertes zügiges Vorankommen möglich. Gut für Sie.

Halten Sie sich bedeckt, sehr bedeckt.

Er weiß zwar, dass Sie sich verteidigen wollen, doch er kennt Ihre Verteidigungsmittel nicht. Sie haben passive – die gerade besprochene Nichtinformation – und aktive Mittel der Informationsstreuung. Der Gegner weiß weder, welcher Art diese sind, noch wo und wie Sie diese ausspielen. Sicher soll er Informationen bekommen, doch nur solche, die wir ihm aus taktischen Überlegungen auch geben.

Wir sind jetzt bei der zweiten Seite der Medaille der Informationsstreuung. Die Nichtinformation ist nur eine Seite. Die andere ist die Falschinformation. Das gezielte Streuen von dem, was wir absichtlich verbreiten möchten. Es geht darum, Ihren Gegner gezielt und bewusst falsch zu informieren. Ihn mit Fake News zu füttern, die wir für ihn präparieren und ihn damit zu falschen Handlungen bringen.

Hinweise geben, aber solche, die ihn blenden und auf eine falsche Spur locken. Wir locken ihn auf eine falsche Fährte. Sie werden jetzt denken, dass es ziemlich unehrlich ist. Genau richtig, das ist es und das soll es auch sein. Denken Sie daran, welches Spiel er gerade mit Ihnen spielt.

Der Einsatz ist Ihre Existenz und vielleicht auch die Ihrer Familie. Es geht um Ihr Leben. Bei mir war es genauso.

Spielt Ihr Gegner fair? Verhält er sich ehrenhaft? Bereits der Angriff gegen Sie war ehrlos und ohne Grenzen.

Die Antworten kennen Sie und deshalb müssen Sie kein schlechtes Gewissen haben. Wenn Sie in diesem Kampf nach moralischen Regeln spielen, offen und ehrenhaft sind, werden Sie leider verlieren. Sie müssen Waffengleichheit herstellen. Das geht nur, indem Sie seine Vorgehensweise wählen und ihn dadurch manipulieren. Gezielt und Effektiv durch Fehlinformationen.

Sie sind jetzt am Zug, ohne Nachsicht.

Von Vorteil ist es, wenn Sie schon einen seiner Helfer kennen, egal welcher Kategorie, oder einfach einen Kollegen, mit dem er guten und regelmäßigen Kontakt hat.

Wir sind jetzt wieder bei dem wichtigen Punkt, der sich durch das gesamte Buch zieht: das genaue Beobachten Ihres Umfelds. Sicher haben Sie das inzwischen etwas verinnerlicht und es fällt Ihnen nicht mehr schwer. Vielleicht haben Sie auch schon ein paar Informationen sammeln können oder kennen einen Helfer. Nur wenn Sie Augen und Ohren weit offen haben, schaffen Sie die Voraussetzungen für das Folgende, die Grundlage für Ihre Informationskampagne.

Es bringt Ihnen den Vorteil, dass Sie die Personen, die Sie ausfindig gemacht haben, jetzt gezielt mit Informationen füttern können. Manchmal direkt, manchmal beiläufig. Die Helfer und Freunde des Täters werden jetzt als Boten für Ihre Zwecke genutzt. Warum dieser Umweg? Wieso nicht direkt an den Täter selbst?

Selbstverständlich, weil es nicht glaubwürdig ist. Das macht ihn misstrauisch und verfehlt die Wirkung. Seine Aufmerksamkeit würde stattdessen wieder wachsen, aber genau das Gegenteil möchten wir erreichen. Er soll zu einer bestimmten Reaktion provoziert werden.

Er misstraut Ihnen natürlich, genauso wie Sie ihm.

Die Überbringung von Informationen muss deshalb unauffällig und gezielt funktionieren.

Sie können eine Nachricht in einem beiläufigen Gespräch auf dem Flur, im Büro, beim Anstehen in der Cafeteria oder an einem anderen Ort, bei einem Telefonat oder wo immer Sie wollen einsetzen. In einem offiziellen Gespräch oder privat. Sie dürfen nie den Eindruck hinterlassen, dass Sie diese Nachricht unbedingt loswerden wollen. Das wäre auffällig und wohl unwahrscheinlich.

Wenn Sie es bewusst erwähnen und es aufgezwungen klingt, verfehlt es seine Wirkung. Die beste Fehlinformation wird auf diesem Weg zunichtegemacht. Die Nachricht muss für alle glaubwürdig sein, nur dann ist es effektiv. Ihr Gegner wird diese Nachricht bekommen, dafür wird Ihr gewählter Gesprächspartner schon sorgen. Er erhofft sich ja auch Vorteile für diesen Verrat.

Um diese Information zu verbreiten, müssen Sie manchmal nicht einmal mit einem Helfer sprechen. Sie können auch zufällig eine Notiz auf einem Post-it auf Ihrem Schreibtisch vergessen oder am Kopierer in einem anderen Raum.

Sie werden sich jetzt fragen, welche Nachricht soll denn das sein? Welche Infos soll ich dem Täter zukommen lassen?

Überlegen Sie sich Folgendes: Sie sprechen mit einem Mitarbeiter, einem Kollegen, von dem Sie wissen, dass er sich auch mit Herrn C. sehr gut versteht. Sie sagen zu diesem jetzt beiläufig, dass Sie früher gehen müssen, weil Sie einen Termin bei einem Arzt haben, weil es Ihnen in letzter Zeit nicht gut geht. Sie schlafen schlecht, sind angespannt oder ähnliches.

Sie senden damit aus, dass Sie aktuell nicht im Besitz Ihrer Kräfte sind. Das kann viele Gründe haben, doch wird Ihr Gesprächspartner diese Nachricht weitertragen. Weshalb?

Weil wir alle in Unternehmen gerne auch über Dinge jenseits der Arbeit sprechen. Private Dinge, die uns interessant erscheinen. Besonders interessant sind Themen auf der persönlichen Ebene. Sie befriedigen die Neugier, die wir alle in uns haben. Jeder in einem anderen Maß, jeder auf eine andere Art und auf anderem Weg.

Eines ist jedoch sicher. Wenn Ihr Täter jetzt erfährt, dass Sie sich angeschlagen fühlen, wird er Freudensprünge machen und glücklich sein. Genau das ist sein Ziel, Sie zu erniedrigen, Sie seelisch zu schädigen. Er hat die Hoffnung, dass Sie bald aufgeben werden, weil Sie einfach nicht mehr können. Er ist überzeugt, dass seine Angriffe Wirkung haben, da Sie Ermüdungserscheinungen zeigen. Er ist sich sicher, dass er erfolgreich ist.

Sie erreichen zwei Dinge damit. Erstens fühlt er sich stark und sicher, weil es Wirkung bei Ihnen zeigt. Zweitens wird es ihn wahrscheinlich beeinflussen, indem er einen Gang zurückschaltet, etwas weniger aktiv ist.

Er denkt aufgrund dieser Falschinformation, die er für die Wahrheit hält, dass es nicht weiter notwendig ist, größere Anstrengungen zu unternehmen. Warum sollte er sich weiter anstrengen, wenn er schon einen großen Schritt zum Erfolg gemacht hat?

Das soll nur ein kleines Beispiel sein, Ihrer Fantasie sind keine Grenzen gesetzt. Doch die Falschinformation über Ihren Beinahe-Zusammenbruch, die angeschlagene Gesundheit, ist sehr wirkungsvoll.

Die zeigt dem Täter am deutlichsten, dass er auf seinem Weg zum Ziel schon ein großes Stück zurückgelegt hat. Glaubwürdigkeit ist das Wichtigste. Das gilt sowohl für die Information als auch für die Art der Überbringung.

Ich hatte damals verschiedene Assistentinnen gefunden, die auch zu dem Täter häufig Kontakt hatten. Einige hatte ich so eingeschätzt, dass sie als nützliche Helfer für den Angreifer tätig sind, weil sie sich Vorteile erhofften. Das stellte sich auch als richtig heraus. Obwohl ich das wusste, unterhielt ich mich mit ihnen und ließ mir nichts anmerken, welchen Verdacht ich hatte.

Denken Sie an die Szene bei dem Jubiläum zurück. Ich suchte dort auch gezielt den Kontakt. Ganz belanglos sprachen wir damals über Verschiedenes. Ich erzählte ihnen, dass ich derzeit etwas niedergeschlagen bin, unkonzentriert, und sie sollten mir bitte sagen, wenn ihnen Fehler an meiner Arbeit auffallen.

Ich saß auch nie kraftausstrahlend in deren Büros, sondern war gebückt, etwas in mich gefallen und strahlte äußerlich nicht gerade Power aus. Aber nicht übertreiben, sonst wird es unglaubwürdig. Dazu erwähnte ich, dass mir die dummen Sprüche des Chefs, meines Täters, langsam reichen.

Weiter sagte ich, dass ich mich bei ihm beim Betriebsrat beschweren werde. Das war aber nie mein Plan, weil ich dort sicher auch nicht vorangekommen wäre. Diese Gelegenheiten nutzte ich, um meine Informationen auszusenden, gezielte Fake News. Ich konnte später feststellen, dass diese Informationen tatsächlich weitergetragen wurden an den Täter.

Einmal habe ich das selbst nachgewiesen. Als ich nach der Streuung der Fehlinformation wieder in meinem Büro zurück war, habe ich kurz gewartet und dann die Assistentin angerufen. Es war belegt. Dann habe ich sofort Herrn C. angerufen, auch belegt. Natürlich nicht von meinem Diensttelefon. Raten Sie, welcher der beiden Apparate zur gleichen Zeit belegt und dann wieder frei war. Welch ein Zufall.

Der Informationsweg funktionierte.

Ich weiß, es ist nicht die feine Art, es ist manipulativ und unehrlich.

Das ist mir bewusst, doch halten Sie sich immer vor Augen, welcher Einsatz hier auf dem Spiel steht. Es ist Ihre Existenz, Ihre eigene und die Ihres Partners, der Kinder – Ihrer Familie. Dafür müssen Sie kein schlechtes Gewissen haben. Ihre Gegner kennen das auch nicht und deswegen müssen wir uns auch anpassen.

Waffengleichheit ist der Punkt, der Ihnen den Sieg bringen wird. Bleiben Sie freundlich, ehrlich oder scheuen Sie sich vor bestimmten Schritten, verlieren Sie. Ich habe diese Erfahrung bereits gemacht und durch manches Zögern meinen Kampf unnötig verlängert. Das sollte Ihnen nicht passieren.

Sie geben aufgrund der verbreiteten Fehlinformationen dem Täter Stärke, die er in Wirklichkeit nicht hat. Er fühlt ein Gefühl des Triumphes. Der Täter ist jetzt in einer trügerischen Sicherheit und dem Glauben, dass er sein Opfer bald erledigt hat. Das Gegenteil ist der Fall.

Mein Täter war in Folge weniger aktiv, stets guter Stimmung, wenn er mich sah, und verkannte die Situation durch dieses Vorgehen vollkommen. Auf diesem Weg halten Sie den Täter davon ab, noch aggressiver gegen Sie vorzugehen, Sie nehmen ihm Wind aus den Segeln. Seine Lust auf noch mehr listige Attacken schwindet.

Er glaubt, dass keine weiteren Zeitaufwendungen nötig sind. Sie sollten nur vorsichtig sein, diese Köder nicht zu auffällig auszulegen, denn die meisten sind nicht dumm und würden dann misstrauisch werden.

Es ist ein riesiger Vorteil für Sie, wenn es Ihnen gelingt, glaubwürdige Falschinformationen zu streuen. Ein Meilenstein auf dem Weg zu Ihrem Sieg. Es verschafft Ihnen Zeit, durchzuatmen, und nimmt Druck von Ihnen weg. Sie gewinnen dadurch Zeit, die Sie für eigene Vorbereitungen benötigen.

Haben Sie niemals Mitleid mit dem Gegner. Er hat keines verdient, weil er auch gnadenlos gegen Sie vorgeht. Sie haben das nicht begonnen, doch es bleibt keine andere Wahl, als anzugreifen, wenn Sie Ihren Job behalten wollen.

Selbst wenn Sie aufgeben und kündigen würden, sind Sie in Gefahr, dass Sie von diesem Herrn, wenn er Ihr Vorgesetzter ist, ein schlechtes Arbeitszeugnis bekommen. Nur wenn Sie sich Respekt verschaffen, sind Sie vor ihm sicher. Bei mir war es genauso und nicht nur der Täter hatte danach Respekt. Sie werden ernstgenommen und Kollegen haben Achtung vor Ihnen, weil Sie sich gewehrt haben.

Da Sie auch sonst zu Kollegen in dieser Phase sehr zurückhaltend mit wirklichen Tatsachen aus Ihrem Leben sind, bekommt der Gegenspieler keine greifbaren, der Realität entsprechenden Fakten.

Sie werden denken, dass es ein schmutziges Spiel und Ihnen zuwider ist.

Das war es mir selbst auch.

Doch es gibt extreme, unverschuldete Situationen im Leben, in denen Sie keine andere Wahl haben. Mobbing ist eine davon.

Es wird immer willige Helfer geben, die diese Jobs erledigen. Davon müssen Sie ausgehen. Sie haben eine Art Nibelungentreue zu dem Täter, aus welchen Gründen auch immer.

Darüber sprechen hilft – aber mit den Richtigen

Das Tückische an der Situation als Betroffener ist, dass Sie mit Menschen, die noch nicht in dieser Rolle waren, kaum darüber sprechen können. Ich hätte niemals ein authentisches Buch schreiben können, hätte ich diese Phase meines Lebens nicht erfolgreich überstanden.

Wenn Menschen das noch nicht erlebt haben, können sie sich die menschlichen Abgründe, die Sie hier sehen, und den widerwärtigen Charakter des Täters niemals vorstellen. Es ist den meisten Menschen völlig fremd.

Die Menschen, mit denen Sie darüber sprechen, können das niemals in dem ganzen Umfang erfassen. In Folge können die Ihnen zwar wenig Rat geben, womöglich aber etwas seelischen Beistand oder Verständnis, Ihnen einfach zuhören. Das hilft auch schon.

Gerade ist es wichtig, dass Sie nicht alles in Ihrem eigenen Kopf lassen. Sie brauchen jemanden, der Sie in dieser schwierigen Situation unterstützt. Ihr Partner oder Eltern, Verwandte oder Freunde können Sie vielleicht verstehen, doch sie wissen vielleicht nicht, wie Sie Ihnen konkret helfen können. Diese Personen sind aber jetzt dennoch sehr wichtig für Sie.

Ich hatte es bereits gesagt, Sie sollten jetzt bei Kollegen sehr vorsichtig sein, auch wenn Ihnen das schwerfällt. Denn Sie wissen nicht alles über Ihre Kollegen, auch wenn Sie diese schon Jahre lang kennen.

Niemand gibt in der Arbeit alles von sich preis, niemand erzählt Ihnen alles – zumindest keine Arbeitskollegen. Meine Erfahrung ist, dass es in der eigenen Company sehr wenige gibt, denen Sie vertrauen können. Eine Firma ist ein Platz von finanzieller

Abhängigkeit und wenn es darauf ankommt, ist sich jeder der Nächste.

Sie aktiv bei Ihrem Kampf zu unterstützen, dazu gehört Mut, sehr viel Mut, denn es wird für denjenigen Konsequenzen geben und keine guten.

Small Talk, Schönwetterfreundschaften oder gelegentliche Kantinentreffs bringen Sie nicht weiter. Darauf können und sollten Sie sich niemals verlassen. Beobachten Sie die Menschen um sich herum. Wie verhält sich Kollege A zu dem Vorgesetzten, wie zu anderen Vorgesetzten allgemein? Äußert er auch seine eigene Meinung in Besprechungen oder in der Kantine? Oder schließt er sich gerne anderen an oder sagt nichts?

Haben Sie schon erlebt, dass ein Kollege einem Vorgesetzten widersprach? Dann könnte das jemand sein, der vielleicht ein Ansprechpartner wird. Doch nicht über Ihr Vorhaben.

Sie sehen also, im Unternehmen finden Sie kaum jemanden. Die Gefahr, an den Falschen zu geraten, ist einfach zu groß.

Eines beachten Sie immer: Je karrierebestrebter Ihr eventueller Ansprechpartner ist, desto vorsichtiger müssen Sie sein. Finger weg! Diese Menschen werden nie etwas riskieren, das ihre Karriere unterbrechen kann. Sie werden sich niemals für Sie einsetzen, sondern schneller an Ihren Gegner berichten, um eine Belohnung zu bekommen. Verrat ist diesen Menschen nicht fremd, denn sie lieben nur sich selbst.

Manchmal hilft Ihnen aber auch keine Person, sondern – jetzt wissen Sie schon, was ich sagen werde – Sport oder andere Freizeitaktivitäten. Sie brauchen jetzt verlässliche Partner, die auch zu Ihnen halten, wenn es stürmisch wird. Loyalität und Mut sind oberstes Gebot.

Sind Sie ehrlich zu sich selbst, wenn ich Ihnen jetzt drei Sekunden Zeit gebe und Sie frage, ob Sie drei Personen in der Firma nennen können, denen Sie hundertprozentig vertrauen. Ich denke, ich kenne die Antwort und Sie auch.

Oftmals versucht der Täter gerade, die zu Helfern zu machen, die Ihre guten Kontakte in der Company sind. Denn er beobachtet auch sehr genau.

Wahrscheinlich werden Sie schneller außerhalb der Firma Unterstützung bekommen. Und das ist auch gut. Es kann auch eine gute Nachbarin oder Verwandte sein. Die sind nicht abhängig von dem gleichen Arbeitgeber und können frei sprechen. Egal, mit wem Sie reden, erwarten Sie keine Wunder. Vielleicht erhalten Sie Denkanstöße oder kleine Hinweise, die Sie einbauen können oder die Ihnen den Alltag etwas erleichtern. Die Hauptarbeit bleibt bei Ihnen.

Ein Gespräch gibt Ihnen etwas Hoffnung oder Mut, doch die taktischen Züge müssen von Ihnen alleine kommen. Nur Sie selbst können die Situation am besten einschätzen.

Ich hatte das große Glück, einen älteren Kollegen zu haben, der seine Meinung überall vertrat. Egal, mit wem er sich unterhielt. Er fürchtete keine Konsequenzen, wenn er wieder mal mit meinem Täter eine Auseinandersetzung hatte. Mein Kollege ertappte Herrn C einmal in flagranti in meinem Büro, als dieser – ohne mein Beisein – in meinem Schreibtisch nach „Auffälligkeiten" suchte. Er kannte wirklich keine Grenzen, doch ich war immer vorbereitet.

Herr C. hatte natürlich nichts entgegenzubringen und trat betreten aus dem Zimmer. Wie peinlich für einen Vorgesetzten. Mit diesem erfahrenen Kollegen hatte ich mich auch ausgetauscht und er kannte meine Arbeitsweise sehr genau. Ich habe ihm, weil ich ihn für integer hielt und er den Täter ebenfalls nicht mochte, von meiner Angelegenheit erzählt.

Er wusste, dass diese Anschuldigungen frei erfunden waren.

Dieser Kollege hat mit damals sehr geholfen und beigetragen, dass es etwas erträglicher wurde. Während des Mobbings ist Ihre Verfassung sehr instabil. Sie fragen sich natürlich immer wieder, wie lange das noch dauern soll, wie lange Sie das aushalten können.

Ihr Selbstvertrauen ist angegriffen.

Ganz allein etwas zu ertragen, das Sie so stark angreift, ist mehr als belastend. Sie müssen zusehen, zumindest ein soziales Umfeld zu haben, das Sie hierbei etwas auffangen kann. Menschen, die Sie etwas ablenken und Ihnen zuhören. Man sagt, geteilte Sorgen sind halbe Sorgen.

Das ist sehr wichtig, denn Ihre Selbstzweifel können sonst wachsen. Genau das will der Täter, Sie isolieren. Mobbing bedeutet, einen Menschen dauerhaft und wiederholt grundlos zu diffamieren.

Unvorstellbar, aber eben leider wahr.

Die ständigen Angriffe hinterlassen Spuren bei Ihnen. Sie werden misstrauischer. Die Attacken liegen wie ein Stein im Magen und greifen auch Ihre körperliche Gesundheit an. Einfach ausgedrückt, Sie sind in dieser Zeit körperlich und geistig angeschlagen.

Weil heute dieses Thema inzwischen bei den unterschiedlichsten Institutionen sehr ernst genommen wird, werden endlich die gravierenden Folgen für den Betroffenen und für das gesamte Unternehmen sowie die Gesellschaft erkannt. Mobbing kostet der Gesellschaft Milliarden, auch im Hinblick auf gesundheitliche Schäden, die die Krankenkassen zu tragen haben.

Betroffene Mitarbeiter stehen dem Unternehmen – welches häufig nicht weiß, was eigentlich geschieht – monatelang durch Krankheit nicht zur Verfügung. Neben dem unermesslichen Leid der Angegriffenen.

Ich übertreibe nicht, wenn ich schreibe, dass es um meine gesamte Existenz ging, damit meine ich auch mein Leben. Selbst das ist den Tätern egal, denn sie sind in meinen Augen einfach Individuen, die aus jedem Unternehmen in dessen eigenem Interesse sehr schnell entfernt werden müssen.

Bei Krankenkassen gibt es bereits Beratungsstellen, die sich sehr um dieses Thema kümmern, ebenso bei verschiedenen staatlichen Stellen, Selbsthilfegruppen, die mit den Betroffenen über die eigenen Erfahrungen sprechen.

Googeln Sie einfach mal, wenn Sie möchten. Gespräche werden helfen, egal ob mit einem Freund, lieben Nachbarn oder einem Psychologen, der sich mit diesem Thema beschäftigt.

Es ist für Sie sehr wichtig, in dieser Zeit nicht alleine zu sein.

Das ist genau, was der Täter möchte, Sie zu isolieren.

Alleine in dieser Situation zu sein, führt zu Einsamkeit und Selbstzweifel und das ist der größte Wunsch des Täters.

Lassen Sie das nicht zu und nehmen Sie Hilfe außerhalb der Company an. Entweder professionelle oder in Betroffenengruppen. Manche Ärzte und Psychologen haben sich inzwischen auch auf dieses Thema spezialisiert.

Es ist auch sehr gut, wenn Sie sich außerhalb der Firma mit älteren erfahrenen Arbeitnehmern unterhalten, sei es unter Nachbarn oder beim Sport. Obwohl diese Menschen nichts mit Ihrer Firma zu tun haben, können Sie aufgrund ihrer Lebens-

und Arbeitserfahrung vielleicht ein bisschen verstehen, was in Ihnen vorgeht. Täter hat es schon immer und überall gegeben. Das ist eine Tatsache. Diese haben alle den gleichen schlechten Charakter. Egal, in welchem Unternehmen oder in welcher Branche sie beschäftigt sind.

Sie brauchen in dieser Zeit unbedingt auch Ablenkung von diesem Thema. Es darf Sie nicht beherrschen. Denn auch wenn es Ihnen schwerfällt, es gibt Licht am Ende des Tunnels. Wir sehen es nur manchmal noch nicht.

Den Kreislauf des Grübelns zu unterbrechen, ist Ihre Aufgabe. Denn Sie brauchen die Kraft für das vor Ihnen Liegende. Die haben Sie nur, wenn Sie auch zwischendurch zur Ruhe kommen und Ablenkung finden. Ihr Geist muss auch entspannen, weil er noch viel leisten muss. Jeder Motor braucht irgendwann dringend eine Pause.

Vielleicht unterhalten Sie sich ganz nebenbei mit einem Menschen, mit dem Sie gerne Ihre Freizeit verbringen, und plötzlich bekommen Sie einen neuen Gedanken oder Zuversicht. Das ist sehr wichtig. Auf das wären Sie alleine nie gekommen. Sie brauchen Input von außen, von jemandem außerhalb Ihrer Firma.

Häufig hilft der Abstand desjenigen, mit dem Sie sich unterhalten, die Situation aus einer ganz anderen Perspektive zu sehen. Die Perspektive des unbeteiligten Dritten. Wie gesagt, das Verhalten des Täters wird ein Außenstehender, der noch nie in dieser Situation war, nicht verstehen, doch kann dieser Ihnen helfen, indem er Ihnen einfach zuhört.

Geben Sie innerhalb Ihrer Firma Acht, wem Sie etwas Wichtiges erzählen. Ein falscher Freund in dieser Situation schadet Ihnen mehr als Ihr größter Feind.

Beobachten, denken und handeln

Für das Beenden des Mobbings ist entscheidend, dass wir bei allen Aktivitäten zuerst beobachten und dann denken, bevor wir handeln. Haben Sie immer im Hinterkopf, dass Sie den Täter am besten mit seinen eigenen Waffen schlagen können.

Das ist das „Angenehme" daran. Er weiß nämlich nicht, dass das geschehen wird. Voraussetzung für das Handeln ist jedoch, dass Sie ihn genau beobachtet haben. Das haben wir schon besprochen. Wir müssen seine Aktionen und Verhaltensweisen analysieren. Durch diese Beobachtungen werden Sie in Kürze Ihre Trumpfkarte an der richtigen Stelle ziehen.

Grundlage ist wie beschrieben das Beobachten. Wie sollen Sie das Verhalten eines Menschen verstehen und schlussfolgern, was er als Nächstes unternimmt, wenn Sie ihn nicht kennen? Wie wollen Sie jemandem ein Geschenk kaufen, das ihm oder ihr gefällt, wenn Sie die Interessen des Beschenkten nicht kennen?

Hier ist der gleiche Sachverhalt. Wir werden dem Täter ein Geschenk machen, das er in seinem gesamten Leben nie wieder vergessen wird.

Ich habe das auch getan und er wird bis zu seinem letzten Lebenstag an mich denken, doch nicht im Guten. Unter Beobachten meine ich nicht nur das persönliche visuelle Beobachten des Gegners. Genauso wichtig ist sein Verhalten zu sämtlichen anderen Personen, mit denen er in der Firma Umgang hat. Deswegen war auch nur logisch, zu dem Firmenjubiläum zu gehen. Dort konnte ich sehr viel Interessantes erkennen und nutzen.

Es ist auch wichtig, wie der Täter bestimmte Aufgaben angeht und erledigt. Wird er seinem Job gerecht? In welchem Stil behandelt er Sie, wenn Kollegen anwesend sind, welche Bemerkungen macht er, überschreitet er Grenzen? Sicherlich tut er das. Das sind unvorstellbar wichtige Beobachtungen, die Sie unbedingt notieren müssen.

Arbeitet er exakt oder oberflächlich? Behandelt er Sie sichtbar anders als Kollegen? Hat er bewusst Entscheidungen getroffen, die nur Sie belasten? Gab es für diese Entscheidungen überhaupt einen sachlichen Grund? Hat er Bemerkungen zu Ihrem Aussehen oder zu Ihrer Einstellung verschiedener Themen gemacht?

Das sind alles sehr bedeutende Erkenntnisse, die Ihnen später helfen und das Licht für Sie heller werden lassen.

Beim Boxsport sieht der Trainer auch den Kampf des Gegners gegen andere Gegner an, denn bestimmte Verhaltensweisen werden sich bei dem wiederholen. Es sind eingeübte Muster, die wir nur sehr schwer ablegen können und die Sie erkennen und nutzen werden.

Wiederkehrendes Verhalten ist eine der wichtigsten Schwachstellen, die Ihr Gegner hat. Das werden Sie für sich nutzen. Das ist seine persönliche Achillesferse, genau wie bei meinem Täter damals. Ich habe es erkannt und seine Achillesferse gezielt anvisiert und getroffen. Entscheidend, wann wir zuschlagen können, ist, wann wir nachweisen können, dass er zum großen Schaden der eigenen Company agiert. Er verwendet für seinen Feldzug gegen Sie größeren Zeitaufwand und Energie als für seine eigentlichen Aufgaben.

Erinnern Sie sich, als ich in seinem Büro mit der Kollegin D. war?

Natürlich habe ich mir seine Worte genau gemerkt und Buchstaben für Buchstaben mit Datum notiert, ebenso als ich das Gebäude auf meinem Heimweg verließ und er mich „höflich" begleitete.

In diesen zwei Momenten hat er so viele Fehler gemacht zum Schaden der Firma, die ich für mich, säuberlich aufbereitet, nutzte. Unterstellungen, ohne Beweise zu haben. Für einen jungen Angestellten ein demotivierendes Verhalten, das nicht schlimmer sein kann. Das Ausnutzen von Kolleginnen und Ressourcen der Firma für eigene Zwecke usw.

Notieren Sie sich alles. Ich kann es nicht oft genug wiederholen.

Sie benötigen Fakten und je genauer die sind, Datum, Uhrzeit, wörtliche Aussagen, desto wirkungsvoller werden Ihre Treffer sein.

Nur allgemeine Floskeln, vage Andeutungen, wann er was gesagt hat, wer ihn unterstützt, nutzen nichts. Das ist alles zu ungenau, unpräzise und zeigt nur eines: Sie arbeiten wirklich oberflächlich. Das wäre ein Punkt für Ihren Gegner. Also seien Sie so exakt wie möglich.

Sie müssen detailverliebt sein. Das wird Ihr stärkster Partner sein, Exaktheit Ihr wichtigster Freund und die Anzahl der Aufzeichnungen Ihr größter Trumpf. Das belegt eines: Der Täter schädigt die Firma, weil er sich ausschließlich um sein eigenes Ziel kümmert.

Er sammelt. Also machen Sie das auch, nur besser. Im Gegensatz zu ihm nutzen Sie in Ihrer Sammlung für den obersten Chef, dem Vorstand, nur Fakten und keine Fake News. Sammeln, sammeln und nochmals sammeln, alles, was wichtig und auch unwichtig erscheint. Ich habe damals einen Ordner angelegt, sortiert und chronologisch aufbereitet. Selbst die Uhrzeiten habe ich dazu vermerkt. Nein, es ist nicht übertrieben. Denn solche genauen Daten weisen beim Vorstand eindeutig auf eines hin: dass es sich um die Wahrheit handelt. Aber vernachlässigen Sie dabei keinesfalls Ihre eigentliche Arbeit!

Fakten kann niemand leugnen, sie wirken immer effektiv.

Schalten Sie Ihre Sinne, auch den Sinn des Bauchgefühls, auf Höchststufe. Es wird Ihnen sehr von Nutzen sein. Wie geht er gegen Sie weiter vor? Kritisiert er Sie direkt im Beisein von Mitarbeitern oder alleine? Schreibt er vielleicht sogar E-Mails, deren Inhalt ihn belasten? Denunziert er Sie bei gezielten Personen? Behandelt er Sie zu verschiedenen Anlässen auffallend anders? Durch welche Worte versucht er, Sie in Misskredit zu bringen?

Diese Kleinigkeiten mögen Ihnen übertrieben vorkommen, doch denken Sie an ein aus tausend Teilen bestehendes Puzzle. Sobald ein Teil fehlt, ist es nicht vollständig.

Fakten haben bei den höchsten Vorgesetzten noch einen anderen entscheidenden Vorteil. Je genauer die Tatsachen sind, desto unwahrscheinlich ist es, dass diese erfunden sind.

Ich hatte am Anfang den Fehler gemacht, nicht alles ernst zu nehmen. Später, als ich es brauchen konnte, wusste ich es nicht mehr genau und musste darauf verzichten. Doch es hat trotzdem gereicht.

Mein Täter hat im Laufe des Kampfes nachgelassen, dank meiner gestreuten Falschinformationen. Als er sich bei mir selbst das erste Mal grob unternehmensschädlich verhielt, konnte ich mir nicht vorstellen, dass dieser Moment einer der wichtigsten in meiner Verteidigung wird. Es war ihm ein entscheidender Fehler unterlaufen. Zum Glück hatte ich das genau registriert und aufgeschrieben. Doch denken Sie daran, die Notizen niemals offen liegen zu lassen.

Wir hatten schon besprochen, dass es wichtig ist, diejenigen herauszufinden, die ihn bei seinem Vorhaben unterstützen. Die Helfer der Kategorien A-C.

Wenn Sie inzwischen den einen oder anderen aufgespürt haben, behalten Sie das für sich. Es ist ihr Geheimnis und soll es auch bleiben. Auch wenn Sie enttäuscht sind, weil es vielleicht ein Kollege ist, den Sie sympathisch finden, lassen Sie es sich niemals anmerken.

Das gehört zum Punkt: denken.

Damit meine ich das Vorausdenken, um die nächste Ecke blicken. Was nützt es Ihnen, wenn Sie eine Person gefunden haben, bei der Sie gezielt Falschinformationen streuen könnten und Sie sie öffentlich enttarnen? Um in der Geheimdienstsprache zu sprechen, wäre diese Person für Sie „verbrannt", durch Ihr eigenes falsches, übereiltes und unbedachtes Handeln. Dieser Kollege ist dann für Sie nutzlos. Obwohl er für Ihre Desinformationskampagne wertvoll gewesen wäre.

Beachten Sie, dass Sie sich gerne darüber ärgern dürfen, dass es gerade „DER" Kollege ist, doch erst auf dem Nachhauseweg. Sie benötigen Disziplin, sehr viel Selbstdisziplin.

Sie behalten Ihren Gegner nicht in der Ferne im Visier, sondern als den „Freund des Feindes" in der Nähe. Denn nur in diesem Umfeld erfahren Sie auch Wissenswertes und können gezielt falsche Informationen hinterlassen. Er zieht dadurch falsche Schlüsse.

Ja, es ist nicht ehrlich. Es ist ein falsches Spiel. Doch spielen Ihre Gegner ehrlich? Sie passen sich nur deren Umfeld und an deren Spielregeln an.

Haben Sie Ihre Beobachtungen gemacht, die übrigens nie enden, beginnt das Denken darüber. Wie nutze ich diese Erkenntnisse? Hier sind wir bei dem Punkt der Informationsverbreitung und Informationsbeschaffung. Wenn Sie wissen, dass Ihr guter Kollege X ein gutes Verhältnis zum Gegner hat, sagen Sie zum Beispiel beiläufig, dass Sie den Chef gar nicht so schlecht finden, streng und manchmal direkt, doch fachlich eine Bereicherung.

Sie bauen dadurch Vertrauen zum Kollegen X auf, weil Sie die gleiche Meinung über den Chef haben. Gemeinsamkeiten und gemeinsame Ansichten über Dritte sind Grundlage für Vertrauen und Meinungsaustausch. Sie überwinden damit eine vielleicht vorhandene Skepsis bei X, die der Täter vorher versucht hat, bei ihm zu verankern. X wird nun nachdenken und sich sagen, dass der Kollege doch gar nicht so schlimm sei, die gleiche Meinung haben.

Er wird über die Worte und Einschätzungen seines Chefs nachdenken und etwas verwirrt sein. Denn von dem Chef bekam er andere Informationen über Sie, nämlich schlechte. Gemeinsam die gleiche Meinung über eine dritte Person, den Täter, zu haben, eröffnet Ihnen neue Wege bei X.

Seine Abneigung Ihnen gegenüber wird weniger. Sie haben jetzt die Zugbrücke zu seiner Burg aus Falschinfos über Sie heruntergelassen und können in seinen Geist eindringen.

Ähnlich eines Trojanischen Pferdes. Ein Geschenk, das sich als folgenschwer und zerstörerisch erweisen wird. Jetzt können Sie jede x-beliebige Information beim Kollegen X hinterlassen oder eine tiefere Grundlage für Vertrauen zu ihm schaffen. Auf diesem Weg können Sie den Kollegen X vielleicht davon abbringen, weiter der Helfer des Täters zu sein.

Merken Sie etwas? Es ist genau dasselbe, wie der Täter vorgeht. Manipulieren und Dritte für seine Interessen nutzen. Wenn alles vorüber ist, wird man eines vor Ihnen haben, Respekt, denn Sie haben sich als wehrhaft, klug und stark bewiesen und das auch gezeigt.

Ihr Ziel ist, an Informationen zu kommen, die Sie nutzen können, um eigene Informationen zu streuen. Möglichst unauffällig, das kann bei einem belanglosen Mittagsplausch oder auf dem Flur sein. Irgendwo, wo sich die Gelegenheit ergibt.

Sie brauchen hier etwas Fingerspitzengefühl.

Achten Sie auf die Worte des Kollegen, auch wie er sie sagt. Denn wir wissen, es kann auch genau anders gemeint sein, als es klingt. Erkunden Sie die Einstellung zu ganz allgemeinen Dingen und lassen Sie solche Floskeln wie: „In letzter Zeit wird die Arbeit auch ständig mehr", fallen. Die meisten Gesprächspartner reagieren darauf, in die eine oder andere Richtung. Auch aus dieser Antwort können Sie viel schließen.

Achten Sie vor allem auch auf die Gestik.

Ich habe mir ein Buch über nonverbales Verhalten gekauft, um auf diesem Gebiet etwas mehr zu erfahren. Ich hatte das mit den unbewussten Reaktionen bereits beschrieben.

Gerade wenn Ihr Kontrahent Ihr Chef ist, ist es ein Leichtes, zu erkunden, wie Ihr Kollege dazu steht. Sagen Sie niemals Negatives über den Täter. Damit schließen Sie jede Türe des Vertrauens. Ihr Gesprächspartner wird vorsichtig und sich zurückziehen. Sagen Sie stattdessen etwas ganz Oberflächliches wie: „Der neue Chef hat sich jetzt auch gut eingelebt", oder Ähnliches.

Eine allgemeine Äußerung, die aufgebaut ist, um eine Reaktion hervorzurufen. Der Kollege will seine Meinung sicher auch dazu kundtun. Menschen sind meist mitteilungsbedürftig, weil Sie dadurch wichtig erscheinen und sich selbst größer fühlen.

Achten Sie aber darauf, dass Sie nicht selbst zum Befragten werden und sich zu Aussagen verleiten lassen.

Wenn Ihr Gegenüber bereits ein guter Informant des Täters ist, wird er eine solch gute Gelegenheit, mit Ihnen zu sprechen, nutzen, um selbst etwas zu erfahren, was er dann zu seinem Auftraggeber bringen kann.

„Handeln" ist kein leichter Punkt, aber der Entscheidende. Weil Sie damit aus der Verteidigung, aus der Passivität treten und in den Angriff kommen. Den können Sie gezielt steuern. Das Wichtigste noch einmal: Lassen Sie sich nie Ihre wahre Meinung über den Täter anmerken.

Das wäre der größte Fehler. Somit hat Ihr Gegenüber es schwer, Sie einzuschätzen. Denken Sie an die Nebelwand, die Sie sein müssen. Undurchsichtig und verschwommen.

Das ist für Sie ein Vorteil. Es ist ein Irrglaube vieler Menschen, dass Menschen, die sich nicht verteidigungswillig und fähig zeigen, auch nicht fähig dazu sind. Wüsste der Täter von Ihrem Vorhaben und dass Sie eben doch um Ihren Arbeitsplatz und Ihre Existenz in so beeindruckender Weise kämpfen, stellt auch er sich darauf ein. Das macht das Leben für Sie noch schwerer. Doch auf Ihrem „Nebelwandweg" lenken Sie von Ihren Fähigkeiten und Möglichkeiten ab. Sie brauchen Zeit und Spielraum für Ihre Verteidigung. Die verschaffen Sie sich mit dem klugen Beobachten, Denken und Handeln.

Den Angreifer so weit zu bringen, dass er sich in Sicherheit und auf dem Weg zu seinem Ziel sieht, wird ihn unvorsichtig und überheblich werden lassen. Also, absolute Voraussetzung für eine Erfolg versprechende Taktik ist genaues Beobachten, darüber nachdenken und dann gezielt und bedacht handeln. Verhindern Sie, aus Ihren Emotionen heraus zu handeln, das würde alles vernichten.

Unbedachte oder unkontrollierte Äußerungen können Sie sich denken, sprechen diese aber niemals aus. Nicht in der Company.

Es ist eine Tatsache, dass es immer Kollegen geben wird, bei denen alle Versuche, zu überzeugen, nicht funktionieren. Es sind Mitläufer des Täters, sie folgen ihm bis in den Untergang und glauben ihm alles.

Die Maus

***

„Guten Tag, Herr Wegner, schön, dass Sie kommen konnten", begrüßte mich Herr J. in seinem vollständig in Ocker gehaltenem großzügigen Büro. „Es ist gut, dass wir uns alle einmal zusammensetzen und über alles sprechen. Es hat sich ja ein bisschen was angesammelt." „Aber gerne", antwortete ich kurz. „Nehmen Sie doch bitte Platz hier!" Ich ging zu dem großen runden Besprechungstisch aus grünlichem Milchglas und konnte, als ich mich kurz zurück zur Türe drehte, sehen, wie jetzt auch Herr C. hereinkam. „Na prima", dachte ich, „mal was ganz anderes." Wir nahmen alle drei an dem Tisch Platz. Darauf befanden sich Unterlagen in weißen Klarsichthüllen, in denen Arbeitsabläufe säuberlich eingeheftet waren. „Wenn du mal anfangen willst, bitte", sagte er zu Herrn C. So weit war es also schon, Herr J. hatte sich mit Herrn C. so angefreundet, dass sie beste Freunde waren, die sich mit Vornamen ansprachen, was sonst nicht üblich war. Ich wusste, das bedeutete nichts Gutes für mich.

„Sehen Sie, Herr Wegner, das sind Ihre Ergebnisse der letzten 3 Wochen. Hier sind Ihre gesammelten Arbeitsergebnisse. Sowohl Ihre eigenen als auch Ihre Leistungen für das Vertretungsreferat, die Sie für Ihre Kollegin erzielt haben.

Die wird sich freuen, wenn sie wieder kommt", schob er in einem abfälligen Ton hinterher. „Was sagen Sie dazu?" „Darf ich das bitte sehen?", fragte ich und wandte mich an beide. Ich bekam die Klarsichthüllen hingeschmissen und wollte mir diese gerade ansehen, als Herr J. auf den Plan trat. „So geht das nicht weiter mit Ihnen! Sie sind jetzt lange genug hier, die Schonzeit ist vorbei!"

Der Ton der beiden war scharf und bestimmend. Konsequent und nicht zögerlich. Ich war noch nicht dazugekommen, die Unterlagen genauer anzusehen, als es weiterging. „Wenn Sie das nicht schaffen, müssen wir die Personalabteilung informieren, dann werden wir weitersehen." Beide nickten sich zustimmend zu und bestärkten sich in ihren Worten.

War Herr J. nicht der grau melierte Herr, der mich vor wenigen Wochen in sein Büro bestellt hatte, mir Espresso anbot und sagte, dass seine Türe immer offen steht?

Plötzlich gab es keinen Espresso mehr, sondern nur noch Vorwürfe. „Entschuldigen Sie bitte", versuchte ich deren Wortbombardement zu unterbrechen. „Diese Abläufe stammen aus der Zeit, als ich erkrankt war. Ich war während des besagten Zeitraums zwei Wochen an Grippe erkrankt und durch den Arzt krankgeschrieben. Es ist klar, dass ich, wenn ich gar nicht im Büro war, auch in dieser Zeit keine Ergebnisse abliefern konnte." „Immer wieder das Gleiche, unser Herr Wegner", sagte nun Herr J. und zog meine Worte ins Lächerliche.

Die beiden waren sich also einig. Wieder wurden mir keinerlei Fehler als Nachweise gebracht, sondern diesmal Vorhaltungen, dass ich während meiner Grippe zu wenig Arbeitsleistung erbracht hatte. Es war vollkommen ausgeufert. Bemerken Sie die Wortwahl der beiden: „Die Schonzeit ist vorbei." Das ist Sprache aus dem Jägermilieu, wenn nach der Schonzeit die Rehe und Hasen wieder durch die Jäger abgeschossen werden dürfen. Das passte ja treffend auf mich zu.

Ich merkte, dass diese Vorstellung nur einem Ziel diente, mich in die Enge zu treiben, sie hatten ja die Treibjagd wörtlich eröffnet und mich zum „Abschuss" freigegeben.

Ich hatte hier keine Chance. Das Ergebnis stand fest. Durch ihre gemeinsamen Intrigen, die sie sicherlich auch der Personalabteilung irgendwie verkaufen konnten, bestand für mich die Gefahr, die Kontrolle zu verlieren.

„Entschuldigen Sie bitte, könnte ich ein Glas Wasser bekommen?", bat ich im niedergeschlagenen Ton. „Ich habe heute noch fast nichts gegessen und getrunken." Herr J. ging zu seinem Schreibtisch, drückte auf die Kurzwahltaste und bat seine Sekretärin, ein Glas Wasser zu bringen.

„Bitte sehr, Herr Wegner, wir wollen Sie doch nicht verdursten lassen." „Vielen Dank." Ich nahm dankend das Glas, führte es zu meinem Mund und nippte vorsichtig, immer kleine Schlucke. Dabei hatte ich den Kopf gesenkt und etwas schwächelnd geschaut. „Geht's denn wieder?", fuhr Herr J., der jetzt das Kommando übernommen hatte, fort. „Ja, etwas besser. Aber ich habe einfach zu wenig gegessen und das merke ich, wenn ich aufgeregt bin umso mehr." „Das brauchen Sie doch nicht, wir unterhalten uns doch nur." „Ich möchte nur sagen, dass ich jetzt die Vorgänge der Kollegin erst einmal vor meinen bearbeite, damit sie nicht überrannt wird, wenn sie wiederkommt. Ist das in Ordnung für Sie?", fragte ich, während ich mit beiden Händen meine Knie rieb und etwas ängstlich schaute. „Was sagst du dazu?", fragte er seinen Kumpel und Jagdgenossen.

„Wenn sich Herr Wegner Mühe gibt, soll er es versuchen. Schauen wir, ob es diesmal klappt." Ich trank noch einmal vorsichtig und sah die beiden dankend an für diese Chance. „Gut", sagte Herr J., „machen wir es so. Geben Sie sich Mühe. Wir werden dann weitersehen." „Danke für Ihr Verständnis", bedankte ich mich bei beiden mit etwas gesenktem Kopf. „Das Wasser hat gutgetan." „Gut, dann, Herr Wegner, noch einen schönen Tag." Ich stand vorsichtig auf, stützte mich etwas am Tisch und ging zur Tür. Herr J. kam hinterher und öffnete mir diese.

Er hatte einen sehr zufriedenen Gesichtsausdruck, während er sagte: „Ich weiß schon, Herr Wegner, Sie fühlen sich als Mobbingopfer, doch das ist kein Mobbing!"

Dieser Satz wurde zu meinem besten Trumpf für meinen späteren Sieg.

Ich verließ das Büro der beiden, die gerade überhaupt nicht mitbekommen hatten, dass ich eine Rolle im Stück „Die Maus spielt mit den Katzen" gegeben hatte.

Am Flur nahm ich wieder meine normale Haltung ein und ging selbstbewusst, wie lange nicht, zu meinem Zimmer.

Dort stieß ich erst einmal einen leisen Freudenschrei aus, denn ich hatte die beiden Vorgesetzten nach Drehbuch vorgeführt. Doch diesmal nach meinem eigenen Drehbuch.

***

Man muss manchmal in eine Rolle schlüpfen. Hier war es das geschwächte, am Boden liegende und einsichtige Wesen. Die kleine wehrlose Maus, die sich vor den beiden mächtigen Katzen ergibt. Ich habe den Bossen das Gefühl gegeben, dass sie mich nun fast besiegt hatten.

Das Gegenteil war der Fall. Die beiden haben es nur nicht gemerkt.

Die nächsten Wochen waren etwas entspannter. Ich konnte meine Fallsammlung in Ruhe zu Ende bringen, denn die beiden feierten überschwänglich und gaben sich wenig Mühe, mich weiter unter Druck zu setzen. Ich hatte in meiner Rolle voll überzeugt und die beiden Jäger hatten nicht gemerkt, dass ich mich genau vor das Mäuseloch gesetzt hatte, das ich mir selbst ausgesucht hatte. Sie sollten bald darin stecken bleiben.

Wir haben besprochen, dass Sie den Angreifer niemals unterschätzen dürfen. Das ist sehr wichtig. Wenn Sie irgendwann merken, dass sich das Blatt zu Ihren Gunsten wendet, bleiben Sie dabei.

Das ist ein wichtiger Leitsatz.

Aus Hochmut wird sehr schnell Unachtsamkeit, die zu Fehlern führt.

Hochmut bringt Ihnen sehr schnell einen großen Nachteil. Für Ihren Widersacher gilt das Gleiche. Denkt er nämlich, dass er Ihnen weit überlegen ist und fühlt sich in Siegerlaune, wird auch für ihn sein eigener Hochmut zum großen Nachteil.

Gelingt es Ihnen, durch geeignetes Verhalten, dass Sie der Täter falsch einschätzt und hochmütig wird, wird ihm das schnell zum Verhängnis. Seine gesamte Taktik wird nicht aufgehen. Für Sie bedeutet das einen unschätzbaren Vorteil.

Wenn er diesen Fehler, Sie zu unterschätzen, nicht „freiwillig" und von selbst macht, müssen wir etwas nachhelfen, ihn dazu bringen. Wir müssen ihn verleiten. Das ist Ihr ureigenstes Interesse. Sie haben jetzt die Aufgabe, dafür zu sorgen, dass er Sie unterschätzt. Dass er Ihr Wesen und Ihre Stärke vollkommen falsch einordnet. Wir erzeugen bei ihm ein komplett falsches Bild. Danach wird er als Folge falsch handeln. Lassen wir ihn in dem Glauben, dass Sie schwach sind und nicht in der Lage, sich zu verteidigen.

Dieses Vorgehen, dieser Trick, hat auch in meinem Fall dazu beigetragen, dass ich siegte. Durch die irrtümliche Einschätzung meines Verhaltens hat er die falschen Schlüsse gezogen und ist in meine Falle gestiegen. Er unterlag einem Irrtum, den ich beabsichtigt, provoziert hatte.

Denken Sie immer daran: Mobbing wurde vom Täter, einem abgrundtief hassenden Menschen, begonnen. Haben Sie niemals irgendeine Art von Verständnis oder Mitleid mit dem Gegner. Er ist Ihr Widersacher, der Ihre Existenz vernichten will. Sonst nichts. Er hat sich diese Rolle selbst ausgesucht und wird nun auch so behandelt.

Mobbing ist sein „Spiel“, also nehmen wir seine eigenen Regeln an, um ihn zu besiegen.

Jeder hat seine Rolle, doch wir sorgen nun für einen Rollentausch. Sie wurden durch ihn zu Beginn in die Rolle des Gejagten gezwungen. Die Hauptdarsteller sind wie Katz und Maus. Doch dass die Maus auch gewinnen kann, ist aus einer bekannten Trickfilmserie bekannt.

Nicht immer kommt die Katze zum Ziel, wenn die Maus zu schlau ist.

Haben Sie das Ziel des Täters im Auge. Er diffamiert Sie gezielt im Unternehmen, schikaniert Sie. Er will Sie „klein“ wie eine Maus sehen.

Geben wir ihm doch das Glücksgefühl, geben wir ihm sein „Opfer“. Geben wir die Rolle der Maus. Doch nicht, wie er sich das vorstellt, sondern es läuft nach unseren Regeln. Beachten Sie die Wortwahl. Geben Sie sich „klein“, bedeutet das nicht, dass Sie auch klein sind. Bleiben Sie innerlich groß. Wir sind jetzt im Angriffsmodus.

Es beginnt ein Rollenspiel der besonderen Art und es ist unbedingt notwendig als Teil unserer Strategie. Das eine ist der vordergründige Schein – den sollen Sie beim Täter erzeugen – das andere ist die Realität – so sind Sie wirklich.

Gleich wird es an einem Beispiel klar, worum es geht und welche Wirkung das hat. Sie geben sich kleiner, als Sie wirklich sind, doch nur zu bestimmten Zeiten und in gewählten Situationen. Und nur dann, wenn Sie selbst es für nötig halten. Verhalten Sie sich wie ein Chamäleon, von der Umwelt nicht genau einzuschätzen, nicht einzuordnen und zu lokalisieren. Sie sorgen damit sehr für große Verwirrung und verleiten den Gegner zu großen Irrtümern und Fehlern.

Sie treten als Schaf auf und werden sich im Schlussakt als Wolf entpuppen, als wehrhaftes Raubtier. Nicht Sie haben dieses Spiel begonnen! Denken Sie immer daran, wenn sich von Zeit zu Zeit Ihr Gewissen meldet. Das können Sie wieder haben, wenn alles vorüber ist.

Verwirren Sie ihn und spielen Sie mit, nach Ihren Regeln. Wenn Sie sich in bestimmten Situationen stark geben, ist Ihr Gegner aufmerksam und versucht, jede Schwäche seinerseits zu verhindern. Denkt er jedoch, dass Sie sowieso schwach sind und er keinen Aufwand mehr betreiben muss, wird er die Situationen falsch interpretieren.

Er versucht zwar, das Regiebuch zu schreiben und Regisseur zu sein, doch Sie werden sich nicht daran halten. Sie können Mobbing nur erfolgreich beenden, wenn Sie dem Gegner nicht aus dem Weg gehen, sondern sich gezielt wehren und dann selbst angreifen.

Mein Täter kam sich unverwundbar vor, überlegen, und hat nie daran gedacht, auch verlieren zu können. Er hatte in der Zwischenzeit Teile der Belegschaft mit Geschick und Taktik hinter sich gebracht und von meiner „Unfähigkeit" überzeugt.

Ein schlechter Ausgangspunkt für mich. Ich war bereits im Bodenkampf, auf den Brettern. Aus einem mir nicht bekannten Grund hatten Sie vor ihm Respekt, ja fast schon Furcht.

Es ging von ihm eine Kälte und Gefühllosigkeit aus, die er auch gekonnt einsetzte. Mit keinem Gedanken dachte er daran, dass nicht alle Menschen sich beeindruckt zeigten und auch in dieser Art auftraten. Ich gehörte dazu, trug passenden Anzug und

Krawatte, was ihm nicht gefiel. Er fühlte sich allein dadurch provoziert, in seinen schlecht sitzenden, abgetragenen Hemden und viel zu weiten Sakkos. Kein normal denkender Mensch kann dieses Verhalten nachvollziehen und verstehen.

Ich war selbstbewusst und vielleicht strahlte ich das auch in seinen Augen aus. Das mochte er nicht. Wahrscheinlich bin ich auch deswegen von ihm bekämpft worden, weil er damit nicht umgehen konnte. Die Wirklichkeit ist, dass innerlich schwache, unsichere Vorgesetzte, die Täter sind, keine Mitarbeiter dulden, die Stärke, Stil oder Selbstvertrauen ausstrahlen. Ich war automatisch zu seinem Feind geworden, ohne dass er mich vorher in irgendeiner Weise kennengelernt hatte.

Dass ich ordentlich und zügig meiner Arbeit nachging, gute Arbeitsergebnisse ablieferte und mit den Kollegen gut auskam und zusammenarbeitete, interessierte ihn nicht. Wichtig in seinen Augen war meine Kleidung. Es war abgrundtiefer Hass von seiner Seite auf dem ersten Blick. Auch wenn ich bin, wie ich beschrieb, musste ich, um mein Ziel zu erreichen, von Zeit zu Zeit in die Rolle des Schwachen schlüpfen, doch nicht auffällig.

Das bedeutet nicht, dass Sie Ihr Wesen ändern müssen und Ihr unabhängiges, selbstbewusstes Leben aufgeben.

Es bedeutet einfach, dass Sie für wenige Augenblicke und einige Situationen den Anschein erwecken müssen, sich ebenfalls, wie viele andere, zu unterwerfen. Dadurch geben Sie Ihrem Gegner ein Gefühl von Stärke und Überlegenheit.

Diese Stärke besitzt er in Wirklichkeit nicht, Sie geben ihm nur diese Illusion, so wie ein Magier sein Publikum „täuscht".

Sie schlüpfen für einige Momente in die Rolle der Maus, des hilflosen einsichtigen Wesens. Der Angreifer wird glauben,

Sie fast besiegt zu haben. Ich hatte erwähnt, dass die Täter an Selbstüberschätzung leiden und das nutzen wir jetzt gezielt aus. Ihre Unterwürfigkeit, kombiniert mit der Hoffnung auf seinen naheliegenden Sieg, nimmt ihm einen Teil seines Antriebs, Aufmerksamkeit und seiner Motivation.

Doch die Katze – Ihr Täter – erkennt nicht, dass die Maus sich genau diese Stelle ausgesucht hat. In diesem Fall war es das Büro des Herrn J. und beim Verlassen dieses Raumes schnappte die Falle zu. Genau hier will sich die Maus ergeben, doch nur zum Schein. Hinter der Maus befindet sich nämlich ein Schlupfloch, ein Ausweg. Ein Weg, der so klein und unscheinbar ist, dass die Katze beim Verfolgen darin stecken bleibt.

Es ist keine Mausefalle, sondern eine Katzenfalle. Und ich sollte mit diesem Trick gleich zwei Katzen in diese Falle locken, aus der sie nicht mehr entkamen. Ja, es ist unglaublich schwer, einen Menschen vorzugeben, zu spielen, der man in Wirklichkeit nicht ist.

Vergessen Sie für diesen Augenblick Ihr Rückgrat, Ihren Stolz und Kampfeswillen. Den Gegnern hat meine Niedergeschlagenheit gefallen, glaubten sie doch, ihre Taktik des Provozierens und Erniedrigens ginge auf.

Vermeiden Sie, Wut oder Verärgerung zu zeigen.

Vermitteln Sie den Eindruck von Resignation, doch nicht übertreiben. Schlagen Sie eine Lösung vor, wie ich hinsichtlich der Vertretung, dass ich diese zuerst bearbeite. Das hat die beiden beruhigt. Ich habe selbstverständlich nie vorgehabt, zuerst die Arbeit von anderen zu erledigen, weil sie sonst irgendwann behauptet hätten, dass ich meine eigenen Arbeiten vernachlässige. Sie können ohnehin in deren Augen nichts richtig machen. Sie werden weiter kritisiert.

Das Wichtigste bei diesem Spiel ist ein Schauspiel. Sie verändern sich nicht wirklich zu dem, den Sie gerade vorgeben zu sein.

Sie benötigen während Ihrer Rolle auch Aufmerksamkeit, um die Reaktionen Ihres Gegenübers genau zu erkennen, zu begreifen und später zu verarbeiten. Ich konnte erkennen, wie sich die beiden ansahen. In beiden Augenpaaren war ein Gefühl des Sieges und zugleich der Überheblichkeit. Das beruhigte mich sehr, mir wurde klar, ich hatte Talent zur Schauspielerei. Wieder eine neue Erkenntnis.

Was ich Ihnen mit all diesen Situationen beschreiben will und Ihnen aufzeige, ist, dass Sie manchmal mit Demut Ihr Ziel schneller erreichen als mit Stärke. Dieser Besuch im Büro des Herrn J. sollte mir noch sehr nützlich werden. Beide dachten, ich sei ein Lamm auf seinem allerletzten Weg.

Geben Sie sich Mühe, wenn Sie die Rolle der Maus spielen. Davon hängt ab, ob Sie Ihre Gegner in die Irre führen können oder nicht. Das ist ein sehr entscheidender Punkt des gesamten Mobbings. Stellen Sie nie ein festes Ziel dar, bleiben Sie flexibel, unvorhersehbar, anpassungsfähig.

Seien Sie die berühmte"Nebelwand".

An diesem Tag waren sich meine Täter sicher, Ihr Ziel vor sich zu haben, und erblickten doch nur eine Fata Morgana. Nicht nur Ihnen als Betroffenen verlangt diese Zeit sehr viel Kraft ab. Auch dem Angreifer. Er muss sich immer wieder neue Wege der Intrigen suchen und Helfer anstellen. Es belastet ihn nur weniger, weil er in der aktiven Rolle ist und das auch will. Zudem hat er kein Gewissen und ist eiskalt. Das dürfen Sie niemals vergessen.

Sie haben durch Ihr gekonntes Rollenspiel auf diesem Weg für eine Verschnaufpause gesorgt. Das können Sie jedoch nur kurz genießen. Diesen zeitlichen Vorsprung müssen wir zu unseren Gunsten nutzen.

Ich hatte die beiden Herren in eine Art Tiefschlaf versetzt und wurde bestätigt, dass ich dieses Spiel wirklich gewinnen konnte.

Ich musste meine Taktik nur durchhalten und von Zeit zu Zeit etwas anpassen. Es ist ein Abwechseln von Passivität und den Gegner gezielt täuschen. Dazu die Zeit seiner Schwäche – da er jetzt in einer Art von Tiefschlaf war – gewissenlos ausnutzen.

Durch einen ganz einfachen Trick haben Sie dem Gegner auf diesem Weg den Wind aus den Segeln genommen. Zusammenfassend lässt sich sagen, dass Sie sich während des gesamten Dramas, des Mobbings, nicht verändern sollen. Sie und Ihr Charakter bleiben gleich.

Es gibt jedoch Situationen, in denen Sie sich anpassen müssen. Eben die kleine Maus spielen, um die Angriffe umzulenken, die den Widersacher auf eine falsche Fährte locken. Er wird in einer Illusion gefangen, die niemals existierte.

Dabei dürfen Sie keinesfalls unglaubwürdig sein oder übertreiben. Mein Glas Wasser, um das ich bat, hatte symbolischen Charakter. Ich wollte zeigen, dass ich körperlich geschwächt war. Deswegen hatte ich auch gesagt, dass ich bis dahin sehr wenig gegessen hatte.

Es hat funktioniert.

Sie erreichen damit, dass die Angriffe abgemildert werden, vielleicht sogar für gewisse Zeit zum Stillstand kommen.

Die Maus hatte sich als sehr klug erwiesen.

Das Verhindern von Provokation

Ich hatte bereits gesagt, dass es entscheidend ist, einen kühlen Kopf zu bewahren, auch wenn es schwierig ist. Ich weiß, dass das sehr viel Anstrengung erfordert. Bei mir was es das Gleiche. Verhindern Sie, wenn sich der Täter oder einer seiner Helfer provozierend verhält, darauf einzusteigen. Denn aus Ihrer Wut entstehen Fehler. Genau das bezweckt der Angreifer.

Es kann katastrophale Folgen haben, wenn Sie während der Attacken in Wut und Frustration geraten. Die Folge ist immer die Gleiche. Sie verlieren die Kontrolle über Ihr Verhalten und das führt zu ernsten Konsequenzen.

Wir hatten besprochen, dass Sie in Gefahr sind, Hass gegen den Gegner zu entwickeln. Die dringend erforderlichen klaren Gedanken, die Sie unbedingt brauchen, sind in diesem Streitklima schwer möglich.

Ähnlich verhält es sich mit den Provokationen.

Der Täter beabsichtigt durch aggressives Verhalten, Sie aus der Ruhe zu bringen. Er will Sie zu Fehlern und vor allem zu Fehlverhalten verleiten. Geraten Sie in Wut, denken Sie nicht mehr logisch und nicht mehr rational.

Haben Sie immer die Abfolge im Kopf: beobachten, denken und handeln. Wenn sich dazwischen die Wut einschleicht, sind Ihre Anstrengungen in Gefahr.

Entscheidungen, die durch Emotionen hervorgerufen werden, sind meistens nicht tauglich, weil Sie eben nicht vom Verstand geleitet werden.

Erinnern Sie sich an all meine Gespräche mit den beiden Herren, ob im Büro oder Flur. Ich sollte immer dazu gebracht werden, meine Nerven zu verlieren. Diese Taktik nutzen alle Mobbingtäter, denn die funktioniert leider sehr oft. Ich sollte jedes Mal durch ein Höchstmaß an Unterstellungen, Behauptungen und Unwahrheiten zu irrationalem Verhalten gedrängt werden. Das machen alle Täter gleich.

Es wurden mir Trägheit, unkollegiales Verhalten, Unfähigkeit und mangelnde Qualifikation vorgeworfen. Alle schweren Geschütze. Sie werden zugeben, dass diese Worte geeignet sind, die Fassung zu verlieren. Umso mehr, wenn sich das ständig wiederholt und noch dazu im aggressiven Ton.

Doch es misslang beiden Herren und anderen auch. Zwar hatte ich so manches Mal meine Fäuste vor Wut unter dem Tisch geballt, doch ließ ich es mir nie anmerken. Niemals und das war das einzig Richtige.

Doch glauben Sie mir und beherzigen: Menschen mit der Täter-DNA, die grundlos und mit Absicht anderen nur Schaden zufügen wollen, sind es nicht wert, dass Sie sich wegen deren Verhalten in noch größere Probleme bringen lassen.

Mein Gegner nannte mich einmal eine „tickende Zeitbombe, was schon eine Beleidigung darstellt.

Das habe ich natürlich in meinem Büro sofort notiert und es trug später zur Demontage dieses Herrn bei.

Sollten Sie selbst jemals in eine solche Situation kommen, in der Sie kurz vor dem „Explodieren" sind, behalten Sie einen kühlen Kopf. Nur das wird Ihnen helfen. Verlassen Sie das Zimmer mit der Begründung, es gehe Ihnen gerade nicht gut.

Nehmen Sie kaltes Wasser und kühlen Sie sich im wahrsten Sinne des Wortes.

Danach stellen Sie sich vor den Spiegel und sagen zu sich selbst: **„Du bekommst mich nicht!"**

Sie haben dadurch keinen Nachteil und bringen sich aus der Gefahrenzone. Ich muss zugeben, Sie brauchen sehr viel Selbstbeherrschung in diesen Momenten. Damit umzugehen, müssen Sie lernen, und das gelingt am besten, wenn Sie sich Ihr Ziel, das Beenden des Mobbings, immer vor Augen halten.

Die gesamte Taktik des Gegners basiert auf der Hoffnung, dass Sie große Fehler begehen.

Alles, was Sie sich vielleicht aufgebaut haben, die Erfolge, die Sie durch Ihre Beobachtungen schon haben, würden dadurch vernichtet. Das wollen Sie nicht und ich auch nicht. Mit der Zeit lernen Sie den Täter besser kennen. Seine Charakterzüge sind Ihnen bereits geläufig und da gehört die Provokation einfach dazu.

Deshalb hilft es ein wenig, auf bestimmte Situationen oder Treffen vorbereitet zu sein. Ich selbst rechnete bei jedem weiteren Mal, wenn ich ihn sah, dass er wieder mit einer neuen Unterstellung in aggressivem Ton ankommt.

Das konnte mich zum Schluss nicht mehr schockieren. Ich wusste, egal, was du sagst, du bringst mich nicht dazu, zu tun, was du willst. Wegen dieses Überraschungsfaktors wurde ich auch nie vorher informiert, wenn ein Treffen war. Ich wurde angerufen und in sein Büro bestellt, sofort.

Ich ließ den Angreifer, Herrn C., in Folge des Öfteren mitten auf dem Flur stehen und merkte, wie er vor Wut schäumte. Er war näher vor einem Ausrasten als ich. Das war ein Sieg. Auch Sie müssen sich von keinem Menschen auf dieser Welt beleidigen lassen.

Einer seiner der schönsten Sätze war: „Sie sind jetzt nicht mal dreißig, wie langsam sind Sie denn, wenn Sie sechzig sind?"

Das war ein Highlight meines Täters, des Vorgesetzten, Herrn C. Er hatte wirklich Führungsstärke und Vorgesetztenqualität bewiesen. Ich denke, Sie verstehen, dass ich genau das Gegenteil meine.

Nicht ich verlor die Fassung, sondern der Täter. Doch warum verlor er die Fassung? Es ist sehr einfach. Er merkte immer deutlicher, dass seine Angriffe bei mir nutzlos und vergebens waren. Ihm wurde klar, dass ich der Stärkere und Klügere bin. Das machte meine Gegner wütend und in Folge unterliefen ihnen schwere Fehler.

Bedenken Sie, Mobbing beruht auf tiefster persönlicher Abneigung. Das sind maximale emotionale Verhaltensweisen.

Geboren aus krankhaftem Hass und Neid oder sonstigem unerklärlichen Gründen. In den seltensten Fällen würde es dem Täter gelingen, große Schäden anzurichten, wenn er seine Intrigen auf tatsächliche Fehler stützen müsste. Er provoziert Emotionen und ist dabei auf Ihre „Mithilfe" angewiesen. Die werden wir ihm aber nicht geben.

Alle Täter sind darauf angewiesen, dass die Opfer „mithelfen". Ohne das kommen sie nicht weiter. Es liegt demnach leider an den Angegriffenen selbst, wenn die Täter mit dieser Taktik erfolgreich sind.

Je länger Sie die Nerven behalten, desto schwerer wird es für den Feind, voranzukommen. Je schneller Sie sich daran gewöhnen, aus der Reserve gelockt zu werden, desto schneller wird er selbst die Fassung verlieren.

Es ist wieder das Gleiche. Sie schlagen ihn mit seinen eigenen Waffen. Deswegen spreche ich von Waffengleichheit. Seine Züge sind vorhersehbar, weil sich seine Taktik wiederholt und er unflexibel ist.

Wie gesagt, unsere Angreifer sind häufig nicht die Klügsten, sondern nur die Hinterlistigsten. Deswegen sind sie häufig in den Angriffsmitteln und ihrer Kreativität sehr eingeschränkt.

Sie wissen nun, worauf es ankommt: Cool bleiben! Denn es gewinnt nicht automatisch der Angreifer mit dem schäbigsten Charakter, sondern derjenige, der die genauere Beobachtungsgabe und das taktische Vorgehen hat.

Es gewinnt derjenige, der zur richtigen Zeit am richtigen Ort mit tatsächlichen Fakten glänzt.

„Nobody is perfect"

Ich habe bereits beschrieben, worauf es dem Täter ankommt: Sie als unfähigen Mitarbeiter darzustellen. Er will Sie durch ständige Schikanen diffamieren. Dadurch sollen Sie geschwächt werden. Das hilft dem Täter, schnell und ohne große Hindernisse voranzukommen und sein Ziel, Ihre Entlassung, zu erreichen. Er sucht ständig nach Ihren Fehlern oder lässt andere suchen.

Ihre Fehler sind sein größtes Kapital und Ihr Fehlverhalten sein Gewinn.

Ihre Arbeit so effektiv, fehlerlos und ordentlich zu erledigen, ist sicher auch Ihr Anspruch. Jeder Verantwortungsbewusste arbeitet in diesem Sinne. Sie halten Ihre Fehler so gering wie möglich. Das ist unser Anspruch an uns selbst, an jedem einzelnen Arbeitstag.

Doch das ist dem Täter nicht von Nutzen. Er will nämlich erreichen, dass Sie so viele Fehler wie möglich machen. Je mehr, desto besser. Allein diese Vorstellung ist derart absurd und nicht nachvollziehbar, dass es nur von einem wirr denkenden Menschen kommen kann.

Es wird Ihnen wahrscheinlich nicht gelingen, gerade während der Angriffe, immer optimal zu arbeiten. Gerade jetzt sind Sie in Ihrer Konzentration eingeschränkt. Das können Sie nicht verhindern. Wie gesagt, die Gedanken kreisen in Ihrem Kopf und ermöglichen Fehler.

Unter großem Druck, der bei Mobbing immer besteht, fällt es zunehmend schwer, sich zu konzentrieren und Ihre Arbeit zu erledigen.

Versuchen Sie, sich darüber nicht zu ärgern, denn es ist nicht zu verhindern. Sie können nur so gewissenhaft wie möglich Ihrer Tätigkeit nachgehen. Sie sollten nur möglichst große Fehler vermeiden, um dem Täter nicht weitere Munition zu liefern. Gerade dann, wenn Ihre Arbeit die Basis für weitere Kollegen bildet und die auf Ihre Ergebnisse angewiesen sind.

Überprüfen Sie in dieser Zeit, die anfällig für Fehler ist, am Ende Ihrer Arbeit, Ihr Ergebnis nochmals.

Unterlaufen Ihnen jedoch kleine Nachlässigkeiten, die auch nach-zuweisen sind, geben Sie diese auch zu und streiten die nicht ab. Es wird Ihnen genau das geben, was Ihnen der Täter nehmen will: Ihre Glaubwürdigkeit und Ihre Ehrlichkeit.

Diese Glaubwürdigkeit wird ein Schlüsselelement für Ihren Er-folg. Lassen Sie sich das anhand meines Falles erklären.

Nachdem mein damaliger Gegner tagelang und wochenlang meine Arbeiten durchsuchte und Kollegen darauf angesetzt hatte, fand er natürlich einige wenige Dinge, die er kritisieren konnte. Das kann niemand ausschließen.

Man konnte es nicht einmal Fehler nennen. Doch hätte ich nicht eine permanente Doppelbelastung durch die noch zusätzliche

Vertretung gehabt, hätte ich manches auch anders bearbeiten können, noch effizienter. Durch die Eile und dem doppelten Arbeitsanfall war das aber leider nicht möglich. Die Ergebnisse waren korrekt, lediglich der Weg ein anderer.

Dennoch hatte mein Gegner etwas gefunden, das ich nicht widerlegen konnte. Es lag vor mir auf dem Tisch. Sie können das nicht verhindern. Wenn der Gegner irgendetwas finden will, wird er irgendetwas finden. Auch wenn es noch so unbedeutend und folgenlos ist.

Einige Assistentinnen hatten gesucht, wurden fündig und haben das fein säuberlich dokumentiert und für den Herrn vorbereitet. Alle in der Hoffnung auf eine kleine Belohnung. Er hat mich natürlich, als seine Sammlung komplett war, nicht direkt darauf angesprochen. Er hatte Größeres vor. Ihm ging es nicht um Arbeitsergebnisse, er suchte „Nägel" für meinen beruflichen Sarg. Wir wissen inzwischen, dass der Täter nur für seine eigenen Interessen eintritt.

Das Unternehmen ist ihm egal, dessen Erfolg ebenso. Er brauchte nur Munition für einen Privatkrieg gegen Sie.

Er freute sich still und leise in seinem Büro über die „fette" Beute, die vor ihm lag. Dass sie nicht fett war, war ihm zu diesem Zeitpunkt auch egal. Sein einziger Gedanke war nur, wie er mir damit schaden konnte. Das war seine Motivation. Mit jeder neu gebrachten Nachricht durch seine Helfer stieg seine gute Laune. Fröhlich wanderte er die Flure entlang und grinste. Er sah sein Ziel schon in greifbarer Nähe.

Seine Helfer bestanden zum großen Teil aus Assistentinnen, die meine tägliche Arbeit immer vor Augen hatten und direkt mit mir zusammenarbeiteten. Dass sie durch den Täter verpflichtet worden waren, sagten mir die meisten nicht.

Selbst diejenigen, die mich gut kannten, ließen mich in das offene Messer laufen. Sie wussten, zu welchem Zweck der Täter diese Arbeitshinweise benötigte.

***

Eines Tages begegnete ich Herrn C., wobei er mir erklärte, dass er mich sofort sprechen wollte.

Der Grund blieb wie immer sein Geheimnis. Er fühlte sich immer sehr gut, wenn er mir etwas verheimlichen konnte. Angekommen in seinem Büro „schmiss" er mir einige Unterlagen auf den Tisch.

„Schauen Sie sich an, was Sie da gemacht haben!" Ich sah es mir an und konnte feststellen, dass er genau die Dinge „gefunden" hatte, von denen ich sprach. Winzige Bearbeitungsweisen, die ich vielleicht in etwas ruhigeren Zeiten anders gehandhabt hätte. Man konnte es aber nicht als Fehler bezeichnen.

„Was möchten Sie mir damit denn sagen, Herr C.?", fragte ich ihn. „Dass Sie schlampig arbeiten", warf er mir entgegen. Ich setzte noch an, etwas zu erwidern, doch er hielt die Türe auf. „Das wird ja immer besser mit Ihnen und Ihrer Arbeitsweise, auf Wiedersehen."

Ich verließ das Büro.

***

Natürlich konnte ich das Vorliegende nicht abstreiten, denn es lag auf dem Tisch. Schwarz auf weiß. Es wäre falsch gewesen, zu sagen, dass es nicht stimme, da Nachweise vorhanden waren. Das hätte genau bestätigt, was er mir sowieso vorwerfen wollte, dass ich unglaubwürdig bin. Ich bin nicht in diese Falle getreten.

Vieles bei Mobbing findet eine Wiederholung. Dazu gehört auch, dass Ihnen immer wieder kleine Winzigkeiten vorgeworfen werden, keine Fehler, die Sie aber dazu bringen sollen, falsch darauf zu reagieren. In diesem Fall wäre es nicht klug, zu sagen: „Das stimmt nicht", „Das war ich nicht". Genau auf diese Sätze hätte er gewartet. Es ging ihm schlicht um Vorwürfe, die er hier nachweisen konnte. Welche Wertigkeit diese hatten, war ihm egal.

Wichtig ist, dass Sie solche Vorhaltungen, auch wenn es nicht einmal richtige Fehler sind, nicht bestreiten, wenn sie nachzuweisen sind. Sie sind nicht fehlerlos, deswegen streiten Sie das auch nicht ab.

Mit Ehrlichkeit kommen Sie bei der Unternehmensführung wesentlich weiter.

Machen Sie niemals den Fehler, solche Vorwürfe, die auf dem Tisch liegen, zu bestreiten oder darüber zu diskutieren. Es sind meistens winzige Dinge, die ohnehin nicht geeignet sind, Sie zu schädigen.

Genau auf diese Reaktion warten Ihre Gegner. Diese provozieren Sie absichtlich. Behalten Sie Ihre Glaubwürdigkeit vor denen, die wirklich etwas im Unternehmen zu sagen haben.

Erinnerungslücken

Es ist immer schwierig, mit Vorwürfen konfrontiert zu werden, überall. Gerade wenn Sie das erste Mal in dieser Situation sind.

Sie fühlen in diesem Moment Hilflosigkeit und sind natürlich überrascht. Aber das ist ja auch das Ziel des Täters: Sie zu überrumpeln. Sie müssten in dieser Situation eigentlich klar und logisch denken, doch das fällt hier gerade sehr schwer. Die Emotionen übernehmen die Führung und verdrängen den Verstand. Das möchten Sie nicht, doch ist es unausweichlich, bei fast jedem Menschen.

Erinnern Sie sich an meine Situation im Büro des Chefs meines Vorgesetzten, Herrn J.? Sie überzogen mich mit falschen Behauptungen, Unwahrheiten und beinahe Beleidigungen.

Sie sind derzeit in der Lage des Opfers und es ist nur menschlich und verständlich, wenn Sie emotional reagieren. Doch es ist leider ein Fehler. Sie sind gewillt, sofort zu allem etwas zu sagen. Sie möchten am liebsten aus sich „herausplatzen" und mit allem verteidigen, was Sie haben.

Das ist nachvollziehbar. Aber falsch. Sie handeln somit genau, wie es Ihr Gegner erreichen (provozieren) will. Sie wollen sich unbedingt erklären, sich rechtfertigen. Nur aus dem Grund, alles schnell vom Tisch zu bekommen und gehen zu können.

Leider ist das der vollkommen falsche Weg und führt zu Problemen.

Es ist in dieser Situation vollkommen egal, was Sie sagen, denn es will niemand hören und auch niemand glauben. Das Einzige, was Sie damit für den Gegner erreichen, ist, dass er Ihre Nervosität erhöht, und irgendwann sagen Sie in dieser hektischen Situation genau das, was Ihnen großen Schaden bringt.

Ja, Sie wollen sich verteidigen. Gerade wenn man Ihnen Ungerechtigkeiten an den Kopf wirft. Das verstehe ich gut, das wollte ich damals auch, genau wie Sie.

Wir möchten schnell eine Antwort geben, egal welche. Wir möchten unbedingt etwas zu den Haltlosigkeiten sagen, damit wir den anderen von uns überzeugen. Doch ich musste auch erst lernen, dass wir unser Gegenüber überhaupt nicht überzeugen können, denn das will er nicht. Der Gegner will auch nichts hören. Er will Sie nur, wie immer, provozieren und zu großen Fehlern verleiten.

Auf diesem Weg bringen Sie sich oftmals schnell in eine Sackgasse, aus der Sie nicht zurückfinden. Ihr Widersacher hat tausend Kilometer Vorsprung in Intrigen und Sie können ihn nicht von sich überzeugen, weil Sie in keiner objektiven und sachlichen Umgebung sind.

Es ist Mobbing und das ist zutiefst subjektiv und verletzend.

Deswegen will Sie Ihr Widersacher auch in eine Sackgasse locken. Danach sperrt er die Türe von hinten zu und Sie sitzen in der Falle. Vielleicht geben Sie in diesem Stress etwas zu, was Sie überhaupt nicht getan haben.

Sehen Sie manchmal amerikanische Filme über Gerichtsverfahren? Es finden darin häufig Kreuzverhöre statt.

Erkennen Sie, wie oft sich dort die Befragten in Widersprüche verwickeln und kein Zurück mehr finden? Sie belasten sich selbst, nur weil Sie der künstlich erzeugten Stresssituation des Fragestellers schnell entkommen wollen. Dann reden Sie und reden noch mehr und ... die Falle schnappt zu.

Genau das wollten auch meine beiden Gegner, bei jedem einzelnen Treffen. Das war ihr Ziel.

Das will der Angreifer erreichen, Sie in eine Falle locken, deshalb die massiven Unterstellungen und Behauptungen. Er will kein Gespräch führen und Lösungen finden. Es ist alles darauf ausgelegt, Sie emotional zu überfordern und zu Fehlern zu bewegen, weil Sie einfach zu viel reden.

Nein, das werden wir nicht zulassen. Sie wollen sich schnell aus dieser Situation herausbringen. Sie sprechen dann immer schneller, schwitzen, werden noch unsicherer, schwitzen noch mehr, werden durstig und dann passiert es.

Sie tappen in die Falle der emotionalen Überforderung.

Das passiert vielen. Ich war auch in Gefahr, doch konnte mich an eine Lektion meines ehemaligen Ausbilders bei der Marine erinnern.

Er forderte uns bis zum Letzten, bis zur völligen Erschöpfung. Egal bei welchem Wetter und unter welchen Bedingungen. Ob es uns gut oder schlecht ging, ob es dunkel oder hell war, kalt oder heiß. Er forderte uns, trieb uns immer wieder über den Parcours oder anderer Orts.

Zum Glück, denn ich profitiere heute nach davon

Er sagte immer zu mir:

„Egal, wie schlecht es dir gerade geht, wie stark du angegriffen wirst, wie nahe und aggressiv der Gegner ist oder überlegen erscheint. Du musst deine Waffen auch unter größtem emotionalen Stress im Griff haben und zusammensetzen und wieder zerlegen können. Die können immer mal klemmen. Bleib immer konzentriert. Es muss dir egal sein, finde deinen Ruhepuls, denk an Deine Atmung, finde deine Mitte und vertraue auf deine Stärken, dein Können, deinen Kampfeswillen und deine Kampfkraft. Dafür bist du hier, dafür wirst du ausgebildet, schwierigste Situationen zu meistern".

Lass deine Gefühle vor der Türe, die haben hier nichts verloren. Wenn du die Stresssituationen zulässt, verlierst du. Denke nur an dich und lass dich nicht aus der Ruhe bringen. Dann kannst du jede Situation meistern."

Ich weiß nicht, in wie vielen Situationen im Leben ich war, die mich sehr belasteten. Doch das half mir immer.

Warum sage ich Ihnen dieses Beispiel?

Ihre „Waffen" beim Mobbing sind Ihre eigenen Worte, Ihre Beobachtungen und Handlungen. Diese müssen Sie beherrschen, in jeder Situation. Egal, wie viele Menschen um Sie sitzen und Sie provozieren. Lassen Sie das nicht zu.

Erkennen Sie die Parallelen? Ja, auch Sie führen einen Kampf, um ihre Existenz.

Es wirkt, egal, in welcher Situation Sie sind. Blenden Sie die Umgebung für Millisekunden aus und besinnen Sie sich, dass Sie ein Fels sein müssen. Vollkommen emotionslos. Wenn Sie etwas unbedingt und schnell erledigen wollen, sagen wollen oder handeln, handeln nicht Sie, sondern Ihre Emotionen, Ihre Gefühle.

Ihre Gefühlslage ist ein Gemisch aus Wut, Verzweiflung, Ärger und Überforderung. Sie sind auf sich alleine gestellt. Natürlich geht es Ihrem Widersacher nicht um Fakten. Er will Sie in künstlichen Stress versetzen.

Halten Sie sich bei Vorhaltungen vollkommen zurück. Reagieren Sie überhaupt nicht. Sagen Sie nichts. Wenn Ihnen etwas vorgelegt wird, schauen Sie sich das in Ruhe an und nur, wenn Sie sachlich genau wissen, was Sie antworten, sagen Sie auch etwas. In aller Ruhe, langsam und überlegt. Lassen Sie hinter jedem Satz eine kleine Pause. Der Nebeneffekt ist, dass Ihr Gegenüber dadurch sehr ungeduldig wird und vielleicht auch los plappert, wie meine beiden Mobbing-Freunde es des Öfteren taten.

Fragen Sie in aller Ruhe nach Belegen, nach Beweisen zum Mitnehmen. Fordern Sie Kopien hierüber. Sie unterschreiben ja auch an der Haustüre keinen Versicherungsvertrag.

Kann Ihr Gegner diese Nachweise nicht vorlegen, sagen Sie überhaupt nichts mehr, kein Wort. Denn dann ist es eine Falle und Provokation. Warum sollten Sie sich die Mühe machen, sich zu verteidigen, wenn der andere mit Platzpatronen schießt? Sie laufen Gefahr, sich selbst zu belasten, wenn der andere Ihnen Belege schuldig bleibt.

Niemals werden Sie diesen Fehler machen, denken Sie an meinen Marine-Ausbilder!

Er hatte völlig recht, zur Ruhe kommen und den Gegner kommen lassen. Sie schlagen dann zurück, wenn die Situation für Sie ideal ist, nicht für den Angreifer. Wird Ihnen etwas untergeschoben, für das es keine Beweise gibt, bleiben Sie gelassen und sagen Sie ruhig:

„Daran kann ich mich nicht erinnern."

Das ist immer ein sehr gutes Mittel.

Sie sagen damit nicht die Unwahrheit. Sie sagen nur, dass Sie sich nicht erinnern können.

Fragt er nochmals nach, sagen Sie: *„Ich kann mich nicht erinnern."* Das bringt jeden Gegenüber irgendwann zur Verzweiflung.

Wenn Sie keine genaue Erklärung für etwas haben, sagen Sie einfach diesen Satz. Damit können Sie sich niemals belasten, an keinem Ort der Welt. Niemand kann Ihnen das Gegenteil nachweisen.

Nur was Sie _nicht_ sagen, kann Sie auch _nicht_ belasten und keine weiteren Aktionen beim Täter auslösen.

Sie werden ihn damit wieder verwirren, da es gegen diesen Satz keine Mittel gibt. Ihr Gegner wird irgendwann nichts mehr zu sagen haben. Sie geben ihm keine Munition in die Hände. Die muss er sich selbst beschaffen.

Das verschafft Ihnen Ruhe und Zeit. Jetzt können Sie Ihre Gedanken sammeln. Vergessen Sie niemals, er ist auf Ihre „Mithilfe" angewiesen. Doch Sie werden ihm nicht helfen.

„Ich kann mich nicht dran erinnern."

Dieser Satz muss Ihnen überall in Fleisch und Blut übergehen. Er wir Ihnen noch große Dienste erweisen.

Es ist der „goldene" Satz.

Wenden Sie ihn an, wenn Sie in die Enge gedrängt werden und keine schlüssige Erklärung haben. Sie geben damit die aktive Rolle an das Gegenüber ab und zwingen es, sich einen anderen Weg zu suchen.

Sie selbst bringen sich damit aus der Schusslinie. Sie geben mit diesem Verhalten keine Angriffspunkte und bauen Ihre Nebelwand weiter auf. Bekanntlich ist im dichten Nebel keine klare Sicht möglich, für niemanden.

Durch die sehr belastende Situation, in der Sie sich während des gesamten Mobbings befinden, besteht leicht die Möglichkeit, dass Sie in einen Redefluss kommen und unter dem Druck stehen, unüberlegte Aussagen machen, die Ihnen zum Nachteil werden. Vielleicht verwickeln Sie sich in Widersprüche. Das wäre ein Fest für den Angreifer.

Die Sammlung

Eine Waffe kann technisch noch so ausgereift sein. Sie wird trotzdem ihre volle Durchschlagskraft nicht erreichen, wenn sie an der falschen Stelle zum Einsatz kommt. Sie müssen Ihre „Waffen" einsetzen, wofür sie entwickelt wurden, und das muss zur richtigen Zeit geschehen. Das bedeutet, wenn sie fertig entwickelt sind.

Sie werden sich fragen, wie das mit Ihnen zusammenhängt.

Es ist ganz einfach: Ihre eigenen Waffen sind Ihr Verstand und Ihre Worte. Denn Sie selbst sind auch in einem Kampf, Ihrem eigenen Existenzkampf.

Es geht um Ihren Arbeitsplatz. Sie haben im Laufe der Angriffe und durch das Lesen von THRILLADVISE! ebenfalls effektive Waffen entwickelt.

Es beginnt bei Ihnen selbst. Sie wissen inzwischen, dass Sie genau beobachten müssen, überlegt sprechen und agieren. Sie sind nicht mehr klein und hilflos. Sie haben gelernt, gezielt vorzugehen und Ihre Schritte zu planen. Sie haben eine Strategie entwickelt, um Ihr Ziel zu erreichen. Sie wissen, dass Sie niemals emotional handeln dürfen.

Das alles sind Fähigkeiten, die Sie in Ihrem eigenen Kampf brauchen. Es sind bereits Fähigkeiten, die Ihnen sehr nützlich sind. Ihr Ziel, fest im Blick, ist das Beenden der Angriffe.

Deswegen mein Vergleich. Sie benötigen Waffen verschiedener Gattungen und müssen Sie gezielt und zur richtigen Zeit einsetzen. Ihre schärfste Waffe ist Ihr Verstand, der durch die Logik bestimmt werden muss. Damit lenken Sie Ihre zweite Waffengattung, Ihre Sprache und Ihre Worte.

Die sind sehr mächtig, wenn sie platziert verwendet werden. Bei mir hatten sie eine vernichtende Wirkung für meine Gegner. Sie haben weitere Angriffsmittel, nämlich Ihre Beobachtungen, Ihre gesammelten Fakten und Aufzeichnungen. Diese Gruppen werden gebündelt, kombiniert, damit sie eine durchschlagende Wirkung erzielen.

Denken Sie immer daran, nicht Sie haben diese Schlacht begonnen. Haben Sie auch niemals Zweifel oder Skrupel, den Gegner vernichtend zu schlagen. Denn er will nichts anderes mit Ihnen.

Sie wurden gezwungen, dieses Gefecht zu führen.

Sie benötigen Fakten, Fakten und nochmals Fakten. Das ist genau, was der Gegner nicht hat. Er agiert unkontrolliert, weil er Intrigen nutzt und Menschen manipuliert. Er verwendet Behauptungen oder Unterstellungen. Sie wollen und müssen Ihren obersten Vorgesetzten davon überzeugen, dass Ihr Täter das Unternehmen massiv beschädigt.

Vor Ihnen liegt die schwierige Aufgabe, Überzeugungsarbeit zu leisten. Sie müssen etwas beweisen und nachweisen. Es muss stichhaltig, klar und eindeutig sein, da Ihr Gegner versuchen wird, das zu entkräften.

Ihr Gegner ist ein Intrigant, das müssen Sie immer im Auge behalten.

Brillieren Sie mit harten Fakten, wird er eine Niederlage erleben. Sein grob schädigendes Verhalten muss belegt werden. Das ist Ihre Hauptaufgabe. Das Unternehmen zu schädigen, wird kein Vorstand hinnehmen.

Es nützt jedoch nichts, wenn Sie diese Fakten und Tatsachen haben, doch aus irgendeinem Grund an der falschen Stelle verwenden. Denn dort sind sie wirkungslos. Es kann für diese Informationen nur ein Ziel geben, den Vorstand, den obersten Chef.

Ein Beispiel aus meiner eigenen Situation zeigt das deutlich.

Ich wusste schon, dass ein Täter ein Vorgesetzter war. Das war bereits erheblich anstrengend. Dieser hatte ebenfalls einen Vorgesetzten, den er von meiner „Gefahr für das Unternehmen" überzeugen konnte. Die beiden wurden beste Freunde und hatten dann einen gemeinsamen Feind, mich.

Als mich der erste Angreifer als ineffizient bezeichnet hatte, musste ich natürlich etwas dagegen unternehmen. Ich tat das Logische und wandte mich an den Chef meines Angreifers. Das war mein größter Fehler, denn ich wusste noch nicht, wie sich die beiden verstehen. Ich hatte vor allem noch keine genauen Beobachtungen angestellt. Er war auf der Hierarchieebene der nächste und erweckte zuerst den Eindruck, ein verständnisvoller Mann zu sein. Ich hatte mich getäuscht. Er war freundlich, nett, doch durch und durch verlogen und berechnend.

Ich glaubte, an der richtigen Stelle zu sein, und bat ihn um ein Gespräch. Er kannte bereits meinen Arbeitsstil, im Gegensatz zum Hauptangreifer, Herrn C., der noch neu in der Abteilung war.

Ich erklärte Herrn J., dem Vorgesetzten meines Chefs, mein Problem. Das war ein entscheidender Fehler. Ich dachte, weil er mich schon kannte, wäre er die richtige Stelle. Ich erwartete keine Lobeshymnen, jedoch Ehrlichkeit. Wie naiv von mir, wieder ein Fehler. Es war vorher niemals zu Beanstandungen gekommen. Das hatte sich mit dem Arbeitsbeginn des Herrn C. geändert.

Als ich Herrn J. fragte, wie er meine Arbeit einschätze, sagte er mir, dass er dazu keine Aussage machen wird. Jetzt wusste ich, dass ich zwei Gegner haben würde, die mich bis zuletzt massiv unter Druck setzen würden.

Wissen Sie, was ich meine, wenn ich sage, Ihre „Waffen" müssen an die richtige Stelle?

Ich war bei Herrn J. an der vollkommen falschen Stelle.

Die beiden Chefs waren sich einig. Ich sollte das gemeinsame Ziel sein. Sehen Sie, was passiert war? Ich hatte den falschen Schluss gezogen und dachte, ich werde eine objektive Person vorfinden, die dem Unternehmenserfolg im Blick hat. Nein, das Gegenteil war der Fall. Er war nur ein weiterer Schädiger der Company.

Aus taktischen Gründen hatte er keine Meinung abgegeben, weil er mit seinem Freund angenehm zusammenarbeiten wollte.

Er hat in Kauf genommen, dass sich Mobbing weiter ausbreitet und noch größeren Schaden anrichtet. Er wollte die Zusammenarbeit mit seinem Kollegen nicht aufs Spiel setzen. Das war ihm wichtig.

Ich sollte zum gemeinsamen Feind werden. Eine große Herausforderung für mich.

Warum sage ich Ihnen das? Glauben Sie niemals, dass Ihr nächster Vorgesetzter der richtige Ansprechpartner ist. Auch er spielt nach seinen eigenen Regeln und will sein Vorwärtskommen nicht durch unnötigen Ärger mit Untergebenen aufs Spiel setzen. Er hat vor diesem Problem die Augen verschlossen und ist den Weg des geringsten Widerstands gegangen. Es war auch nicht sein Unternehmen. Viele Vorgesetzte werden den Mut nicht aufbringen, ein derart einschneidendes Problem ernsthaft zu lösen.

Dieser Vorgesetzte hatte nur ein Ziel, das Thema zu beenden, indem ich entfernt wurde. Er hatte sich aber nur einen kurzen Moment des Verschnaufens verschafft. Das Gegenteil hatte er erreicht. Mein Kampfeswille war geweckt. Das sollte den beiden noch sehr viel Arbeit bereiten. Bislang hatte ich mich noch nie so sehr in einem Menschen getäuscht. Mein Glaube, dass er als Vorgesetzter im Interesse der Firma handelte, war verschwunden.

Ich war in der realen Arbeitswelt angekommen, endgültig. Bis zu diesem Zeitpunkt hatte ich noch an Gerechtigkeit geglaubt, zumindest hatte ich das glauben wollen. Doch dieser Tag hatte meine noch jugendliche Naivität endgültig beendet.

Das war aber auch der Moment, in dem ich an meinen Kampfsportmeister dachte. Der sagt stets: *„Kämpfe, bis der letzte Gegner am Boden ist, dann kannst du dich ausruhen und den Sieg genießen."*

Seien auch Sie stolz, wenn Sie dieser Entwicklung und Ihrem Gegner entgegentreten.

Es geht um Sie und Ihren Glauben an sich selbst.

Sie brauchen für Ihre Sammlung jemanden, der den Weitblick und das Interesse hat, dass das Unternehmen weiterhin fortbesteht und erfolgreich ist. Jeder andere Weg, als zum obersten Boss zu gehen, ist nach meiner Einschätzung der Falsche.

Zum Glück bin ich noch zu dieser Einsicht gekommen, sonst hätte ich den Kampf verloren. Zu viele hatten schon an meinem Stuhl gesägt.

Nicht nur der richtige Ort ist demnach entscheidend, sondern auch Ihre Angriffsmittel. Kombinieren Sie alles. Beobachten Sie Ihr Umfeld, registrieren Sie bestimmte Verhaltensweisen.

Der Zeitpunkt muss stimmen.

Der entscheidet über Ihren Erfolg. Haben Sie noch nicht alle Fakten zusammen, fehlt Ihnen die Durchschlagskraft, denn Sie haben nur einen Versuch. Fakten, Fakten und Fakten, niemals Behauptungen oder Vermutungen. Das nützt nichts und macht Sie nur unglaubwürdig. Es muss bis ins Detail stimmen, ohne Widersprüche. Es muss schlüssig sein, nachvollziehbar, keine Bedenken auslösen.

Meine Sammlung bestand aus einer Vielzahl von Auffälligkeiten seitens des Täters, Dutzende Pflichtverletzungen im täglichen Betriebsablauf ergaben ein stimmiges Bild. Es wurde darin sehr deutlich, dass er sein gesamtes Handeln darauf aufbaute, das Unternehmen zu schädigen, bewusst und in voller Absicht. Er war der Feind im eigenen Haus.

Minutiös aufbereitet, jedes Detail seiner schmutzigen Intrigen, seiner Behauptungen, Beleidigungen. Das ergab ein eindeutiges Bild, das der Vorstand verstand. Es war eine lückenlose Beweisführung, die die unternehmensschädigenden Aktionen der beiden Täter aufdeckte.

Treiben Sie Ihren Täter auf diesem Weg in die Enge, bis er keinen Ausweg mehr findet. Seien Sie genau, exakt in Ihren Beobachtungen und nicht emotional, sondern mit kühlem Verstand.

Es liegt in Ihrem ureigensten Interesse, während des Mobbings so genau wie möglich zu arbeiten. Liefern Sie keine Fakten, die Sie belasten. Lassen Sie Ihren Verstand das Ruder übernehmen. Freuen können Sie sich nach dem Sieg.

Meine Arbeit hatte sich ebenfalls ausgezahlt, weil ich das alles beherzigte. Der Gegner hatte die Geduld verloren und war in die Emotionsfalle gestiegen. Er hatte sicher auch nicht meinen Marine-Ausbilder gehabt, sonst wäre er ein ernst zu nehmender Gegner gewesen. Das war er jedoch nicht. Denken Sie niemals, dass Sie nicht zu den obersten Chefs gehen können. Die werden es Ihnen danken, wenn Sie dadurch diese schädigenden Individuen aus dem Unternehmen entfernen können und wieder Frieden und Effektivität einkehrt.

Sie sehen, wie effektiv Ihre Waffen sind, wenn Sie diese zur richtigen Zeit am richtigen Ort einsetzen. Visieren Sie das Ziel an, dann treffen Sie auch.

V. Die Demontage des Täters

Folgen für die Unternehmen

Ich denke, man muss kein Wirtschaftswissenschaftler sein, um zu verstehen, dass die Konsequenzen, die Mobbing in Firmen auslösen, verheerend und schädlich sind. Es gibt dabei nichts Positives und nichts Förderliches, denn der Täter stellt sein gesamtes Handeln in den Dienst der Vernichtung.

Ausnahmslos alles wird negativ beeinflusst, auch der Unternehmenserfolg. Die Angreifer schädigen nicht nur den Betroffenen, sondern das gesamte betriebliche Umfeld, und vergiften das Klima in sämtlichen Abteilungen.

Mobbing hat immer einen festen, zerstörerischen Begleiter: das Misstrauen.

Zu Beginn werden die Konzentrationsfähigkeit, die Gesundheit und Leistungsbereitschaft des Opfers massiv und ohne jeglichen Grund geschädigt und erheblich vermindert. Das ist auch kein Wunder, denn plötzlich und ohne jede Vorahnung oder Schuld wird man gezielt angegriffen und wiederholt diffamiert.

Es betrifft zu Beginn zumindest zwei Personen, das Opfer und den Täter. Der eine, weil er es will, der andere, weil er sich zum Schutz seiner Existenz verteidigen muss.

Die Gefahr, dass die angegriffene Person vollständig für das Unternehmen ausfällt, ist ständig präsent. Durch die anfänglichen psychischen Belastungen und die sich anschließenden körperlichen Auswirkungen werden die Betroffenen oftmals monatelang arbeitsunfähig.

Das ist dem Täter vollkommen egal, denn er verfolgt nur ein einziges Ziel, sein übergeordnetes Ziel: die Vernichtung des Betroffenen. Es hat absolute Priorität für die Angreifer und alles andere muss sich unterordnen. Dazu gehört auch der Unternehmenserfolg. Die Aggressoren nehmen alle einschneidenden Folgen in Kauf, selbst wenn es den Untergang der Firma bedeuten würde, denn sie kennen keine Grenzen.

Dass nur zwei Personen einbezogen bleiben, hält nicht lange an. Diese zerstörerische Entwicklung zieht wie ein ins Meer geworfener Stein weite Kreise. Mobbing hat die Eigenschaft, sich wie ein Krebsgeschwür völlig unkontrolliert und nicht beherrschbar auszubreiten. Diese Entwicklung ist, wenn der Betroffene nicht reagiert, nicht mehr umkehrbar. Mobbing wird auf diesem Weg zum alles vernichtenden Tumor im Unternehmen, zum Selbstläufer.

Maßgeblich betrieben durch den Initiator, den Täter, der leider auch häufig Vorgesetzter ist.

Mit jedem Tag werden neue Mitarbeiter, ob sie wollen oder nicht, in dieses Intrigenspiel hineingezogen und von ihrer eigentlichen Tätigkeit abgehalten. Nicht aus Gründen, die dem Unternehmenserfolg dienen, sondern gespeist durch den ausufernden Vernichtungswillen des Angreifers. Wir sprachen über die Helfer der Kategorien A-C, die der Täter mühevoll und zeitintensiv anwerben muss.

Je länger diese Entwicklung dauert, desto weniger Arbeitsleistung ist im Unternehmen vorhanden. Die Folgen für wirtschaftlichen Erfolg und Konkurrenzfähigkeit sind verheerend. Effizienz, Motivation, Kreativität und Produktivität verschwinden, ebenso Kollegialität und Leistungswillen. Diese Punkte sind essenziell für ein erfolgreiches Unternehmen, egal welcher Größe und Branche.

Das ist genau das Gegenteil dessen, was der Täter verfolgt. Die Angreifer sind auf einem Zerstörungstrip und jeder

Kollateralschaden für die Firma wird achselzuckend hingenommen.

Die Folgen entstehen durch ein tiefes Misstrauen, das der Angreifer in seinem Umfeld durch die gezielten Attacken und Intrigen erzeugt.

Waren Mitarbeiter bislang befreundet oder arbeiteten optimal im Team zusammen, wird dieses förderliche „Ökosystem" nun gestört und im Anschluss vollständig vernichtet. Die Unwahrheiten, die absichtlich gestreut werden und den Betroffenen schädigen sollen, greifen auf weitere Mitarbeiter über. Ähnlich eines lodernden Feuers, das durch vorsätzlich erzeugten Wind zusätzlich angefacht wird.

Wie beschrieben liegt das Hauptziel des Täters nicht in seiner eigentlichen Aufgabe, für die er bezahlt wird. Er kocht sein eigenes Süppchen, vorerst noch im Verborgenen.

Es ist zu vergleichen mit einem Feldherrn, der akribisch und planend seine Strategie für den Gegner ausarbeitet. Wann greife ich an, mit welchen Männern, welchen Waffen? Das Ziel ist bekannt: Ihre Vernichtung. Der genaue Weg wird zeitaufwendig organisiert. Das ist jetzt der Kern seiner beruflichen Tätigkeit.

Noch mehr Aufwand verursacht danach die eigentliche Ausführung: das Auffinden und Aufspüren von „Beweisen" gegen Sie, um Ihre Unfähigkeit an geeigneter Stelle darzustellen. Das ist sehr zeitintensiv und lenkt von dem eigenen Job ab. Effizienz und Motivation gehen vollständig verloren.

Ihr Angreifer benötigt Ausdauer und verschwendet wertvolle Zeit, für die er eigentlich bezahlt wird. Ich hatte schon erwähnt, dass Mobbing mit zwei Personen beginnt, doch die Erweiterung, die in den Augen des Täters dringend notwendig ist, folgt sehr schnell.

Für die weitere Vorgehensweise braucht er unbedingt Helfer, die wir schon in Gruppen eingeteilt haben. Dies muss er aber zuerst herausfinden, wozu ausführliche Beobachtung notwendig ist. Jeder einzelne gefundene und erfolgreich Ausgewählte muss instruiert werden.

Auch diese Helfer werden in der Folgezeit an Effektivität und Leistungskraft durch den Zeitaufwand und die Verunsicherung verlieren.

Einige lassen sich leichter anwerben, andere benötigen mehr und intensivere „Bearbeitungszeit" durch den Täter. Für manche reicht ein kleines Bonbon, ein Hinweis auf eine baldige Beförderung, wie bei der damaligen Kollegin Frau D., die gerne bereit war, in digitalisierter Form bei der Treibjagd gegen mich nachzuhelfen.

Erkennen Sie die Sinnlosigkeit dieser ganzen Veranstaltung? Alles, um ein Ziel zu verfolgen, das dem eigentlichen Unternehmensziel, dem Erfolg, vollkommen widerspricht.

Alleine in diesem Stadium ist ein riesiger Aufwand an Zeit und Energie nötig.

Es geht Energie verloren, die dem Unternehmen zur Verfügung gestellt werden müsste, doch sinnlos vergeben wird. Die Konkurrenz wird es freuen.

Unternehmen, die zu spät erkennen, dass sie ein massives Mobbingproblem haben, geraten in eine existenzbedrohende Lage, weil sich dieser Virus irgendwann verselbstständigt und unternehmensweit Misstrauen schürt.

Die Kommunikation leidet in hohem Maße.

Dass ein ordentliches, zeitnahes Kommunizieren für den Unternehmenserfolg unbedingte Voraussetzung ist, muss ich nicht gesondert erwähnen. Nur für den Täter ist es zweitrangig, denn er verfolgt sein ganz privates Ziel. Sie wurden als Betroffener in diese Rolle gedrängt und hatten keine Wahl. Sie müssen in der Folgezeit sehr viel Kraft aufwenden, sich gegen seine Anfeindungen zur Wehr setzen, Ihre Notizen beginnen und sehr vorsichtig sein. Das sind alles Aufgaben, die Sie von Ihrem eigentlichen Job ablenken.

Sie kämpfen um Ihren Arbeitsplatz, um Ihre Existenz, und haben sich das nicht freiwillig ausgesucht. Es bleibt Ihnen keine Wahl, außer Sie geben Ihren Job auf und verlassen die Firma. Niemals wären Sie auf den Gedanken gekommen, dass Sie einmal in diese Lage kommen. Genau wie bei mir damals, reicht hierzu die Vorstellungskraft nicht aus. Zu absurd sind diese Gedanken für normal denkende Menschen.

Es sieht demnach wesentlich dramatischer auf der Opferseite aus. Sie werden schließlich vollkommen unvorbereitet und plötzlich in diesen Sumpf aus Intrigen, Manipulation, Verrat und Neid geworfen.

Ohne jegliches Verschulden sind Sie in diesem Spiel, das Sie von Ihrer eigentlichen Arbeit ablenkt.

Sicher haben Sie bei Ihnen selbst eine Veränderung gespürt. Sie sind weniger konzentriert, schneller müde und ausgelaugt, wenn Sie abends nach Hause kommen. Das sind die logischen Folgen, die Sie nicht verhindern können. Tausend Gedanken schwirren in Ihrem Kopf, egal bei welcher Gelegenheit, ob auf dem Heimweg, zu Hause, im Betrieb oder in Ihrer Freizeit.

Es bedarf einiger Zeit, um überhaupt zu realisieren, dass Sie durch den Täter angegriffen werden, und haben keine Ahnung, warum überhaupt. Bereits in dieser Zeit sind Sie von Ihrer Arbeit abgelenkt, ob Sie wollen oder nicht. Es ist nicht zu verhindern. Es ist verständlich, dass Sie auf Ihre Fragen die richtigen Antworten finden möchten und auch müssen, denn nichts ist verwirrender und unbefriedigender als Fragen, die sich ständig wiederholen.

Mit zunehmender Dauer wird der Druck wachsen, seelisch und körperlich, mit massiven Auswirkungen auf Ihre Berufstätigkeit. In Folge schwindet auch die Arbeitsleistung. Deswegen ist es sehr wichtig, dass man sehr schnell dagegen vorgeht, bevor Ihre Kräfte zu sehr nachlassen. Bedenken Sie, das sind nur mögliche Folgen. Es bedeutet nicht, dass Sie einen aussichtslosen Kampf führen. Ich denke, das haben Sie bereits verstanden. Doch um eine gezielte Taktik zu verfolgen, müssen die Hintergründe genau analysiert und die Konsequenzen des Mobbings verstanden werden.

Wenn der seelische Druck dazu führt, dass auch Ihre körperliche Belastungsfähigkeit schwindet, besteht ganz real die Gefahr, dauerhaft zu erkranken. Ihr Arbeitgeber verliert dadurch einen wertvollen Mitarbeiter, weil Sie im Normalfall sehr leistungsfähig sind.

Ausgelöst durch sinnlose Attacken eines charakterlosen Täters. Es handelt sich hier nicht um ein Phänomen, das durch Zufall auftritt und von selbst wieder verschwindet. Es wurde bewusst mit voller Absicht herbeigeführt.

Zu mir sagte mein Angreifer damals in einer Situation, er werde dafür sorgen, dass ich das „nicht überleben werde, wenn er mit mir fertig ist". Raten Sie mal, was er damit gemeint hat? Aber es war Gold für meine Aufzeichnungen, pures Gold.

Ich kann nur sagen, er hat sich getäuscht. Es gab nur einen Verlierer. Das war er selbst.

Einleuchtend ist, dass diese Aussagen mir nicht vollkommen egal waren. Zwar wusste ich um meine Stärke, doch jeder hat seine Grenzen. Ich hatte diese Stärke bereits in meiner Jugend immer wieder benötigt. Doch die Situation war heute eine vollkommen andere. Diese Aussagen hatten auch auf mich kurzfristige Auswirkungen. Durch meinen Sport konnte ich das schnell wieder vergessen und habe mich zügig wieder regeneriert.

Wie gesagt beginnt das Wohlbefinden unter diesem Stress zu leiden. Es kommt die Zeit, in der es zunehmend schwieriger wird, zu Ihrem Arbeitsplatz zu gehen, weil Sie nicht wissen, was er wieder verbreitet und mit welchen Mitteln er gegen Sie vorgeht. Jeden Tag gab es eine andere negative Überraschung und die gibt es vielleicht auch bei Ihnen.

Doch selbst an Tagen, die Sie daheim verbringen, finden Sie keine Ruhe, weil Sie aufgrund Ihrer Abwesenheit wieder nicht wissen, wie Ihr Angreifer gegen Sie intrigiert und welche Pläne er umsetzt. Wir sehen jetzt, die Auswirkungen auf Sie sind gravierend und von großer Tragweite.

Ihr Arbeitgeber weiß natürlich nicht, warum Sie vielleicht immer wieder ausfallen. Doch es wird sicher in der Personalabteilung registriert. Durch die anhaltenden Anfeindungen wächst auch das Misstrauen zu Ihren Kollegen und Sie verändern sich Ihnen gegenüber. Die Kommunikation wird negativ beeinflusst. In Folge kommt es in der Abteilung, die es betrifft, zu verspäteten firmeninternen Informationen oder Arbeitsergebnissen, die versehentlich nicht oder zu spät weitergegeben werden.

Das Unternehmen wird in diesem Stadium bereits geschädigt. Zwar vollkommen schuldlos, weil Sie nicht ohne Grund abgelenkt sind, doch das weiß eben noch niemand. Fehler werden vielleicht Ihnen zugeschrieben, die im Normalbetrieb nie entstanden wären.

Die Firma hat jetzt immer mehr Mitarbeiter, die in diese zerstörerische Entwicklung einbezogen werden. Das interessiert den Widersacher natürlich überhaupt nicht. Die Arbeitsleistung sinkt im Team weiter, weil auch die Helfer des Täters abgelenkt sind.

Gehen wir davon aus, dass in einem kleineren Betrieb von zwanzig Mitarbeitern zwei Mitarbeiter, der Täter und sein Opfer, abgelenkt sind, dann sind das bereits zehn Prozent der gesamten Belegschaft. Doch es sind alle Unternehmensgrößen und Arten betroffen. Alle haben mit erheblichen Folgen zu kämpfen, davon gibt es keine Ausnahmen.

Es kann den Mitarbeiter an der Auftragsannahme betreffen oder den Kundendienstmanager. Verantwortungsvolle Tätigkeiten mit Außen- und Kundenbezug. Schnell werden hier Termine vergessen, verwechselt oder überhaupt nicht richtig zugeteilt.

Es kommt zu Beschwerden, die Kunden verlieren das Vertrauen in diese Firma. Es ist nicht übertrieben, wenn ich schreibe, dass Mobbing eine Firma in den Ruin treiben kann.

Jetzt beginnt die Entwicklung, weite Kreise zu ziehen. In Form von weiteren Kollegen, die durch den Täter involviert werden. Auch deren Aufmerksamkeit, der Tätigkeit selbst gegenüber, schwindet, denn die sind jetzt zusätzlich mit Aufgaben des Täters konfrontiert, die sie ablenken werden. Zwar stehen sie nicht unter dem enormen psychischen Druck wie der Betroffene, doch ihre Zeit, die eigentlich für die Company zur Verfügung stehen muss, wird eingeschränkt.

Diese Mitarbeiter verschwenden jetzt Teile ihres Tages damit, an den Gegner zu berichten. Der benötigt schließlich ständig Munition, ist süchtig nach neuen Angriffen.

Nehmen wir ein mittelständisches Unternehmen, das ein Produkt entwickelt und auf dem internationalen Markt bestehen muss. In der entscheidenden Phase vor der Einführung oder in der maßgeblichen Vertriebsabteilung ist ein Mobbingtäter am Werk und treibt sein zerstörerisches Werk voran. Termine werden vielleicht vertauscht oder eine vollständige Präsentation verpasst. Die Folge ist, dass die Wettbewerbsfähigkeit sinkt, weil die Effektivität leidet und das Vertrauen der Kunden schwindet. Das kann grenzenlose, nicht absehbare Schäden bedeuten.

Sie sehen, welche Zerstörungskraft hier wirkt und das gesamte Projekt, das sehr viel Aufwand und Kapital gekostet hat, steht auf dem Spiel.

Eine Haupterscheinung des Mobbings ist immer die eingeschränkte Produktivität aller Beteiligten. Je mehr das sind, desto schädlicher für den gesamten Unternehmenserfolg und letztendlich Unternehmensfortbestand. Mobbing untergräbt massiv den gesamten Firmen- und Mitarbeiterzusammenhalt.

Jeder einzelne Mitarbeiter wird in seinen Aussagen und seinem Verhalten vorsichtiger. Sie werden feststellen, dass Sie jetzt viel länger über etwas nachdenken, was Sie irgendeinem Teammitglied sagen. Einige Dinge, über die Sie vorher mit Kollegen gesprochen haben, werden Sie vollständig weglassen.

Sie wählen Ihre Worte mit Bedacht. Die Folge ist, dass die gesamte Kommunikation eingeschränkt wird, bis sie irgendwann zum Erliegen kommt. Dass dies schädigende Auswirkung auf die gesamte Firma hat, ist eine Tatsache. Der Grund ist einfach. Niemand von der Belegschaft weiß, wer mit wem „verstrickt" ist. Das größte Kapital eines jeden Unternehmens sind die Mitarbeiter. Jeder einzelne und ein funktionierendes Team sind unverzichtbar.

Deren Arbeitsleistung, Einstellung, Hingabe, Effizienz, Leistungsbereitschaft, Kollegialität, reibungslose Kommunikation, Fachwissen und vieles mehr ist selbstverständlich von den Rahmenbedingungen abhängig und wir sind davon beeinflusst. Im Umfeld des Mobbings wird es ausschließlich negativ beeinflusst.

Diese Punkte sind die Garanten für ein erfolgreiches Unternehmen. Hinzu kommen das Miteinander und ein kollegiales

Team. Deswegen gibt es auch Teambuildingmaßnahmen. Das führt zum Erfolg und ist das Rezept, das Firmen vorantreibt. Dies alles ist dem Täter aber egal, ihn interessiert das nicht. Er hat seinen eigenen Plan, der alles Positive vernichtet.

Ideen und Erfolg können in einem Klima von Missgunst, Angst und Streit nicht entstehen. Es benötigt Luft zum Atmen, ein positives, förderliches Umfeld, um als Unternehmen erfolgreich zu sein.

Auf diesem Boden wachsen Firmen. Eine Firma, in der Teile der Belegschaft aus Gründen des Misstrauens nicht mehr miteinander kommunizieren, wird untergehen, früher oder später. Dessen bin ich mir sicher.

Wie lange denken Sie, kann eine Company dieses Klima ertragen? Wie viele Mitarbeiter in diesem sinnlosen Feldzug verlieren und wie viel Wissensverlust wird hingenommen? Natürlich werden wertvolle Mitarbeiter gehen, wenn diese Entwicklung dauerhaft ist. In Zeiten des Fachkräftemangels ist das selbstzerstörerisch.

Kollegen aus unterschiedlichen Unternehmen tauschen sich auch über soziale Medien über ihre Arbeitgeber aus. Firmen werden auf Plattformen ausführlich in verschiedensten Kategorien bewertet. Eine Firma, die von Mobbing betroffen ist, wird früher oder später keine neuen Mitarbeiter mehr finden, weder ausgelernte Absolventen von Hochschulen noch Auszubildende. Kein Bewerber wird sich in einer Firma vorstellen, die für Mobbing bekannt ist. Kein Mitarbeiter wird, wenn er die Chance auf einen guten Wechsel hat, in dieser Firma bleiben.

Niemand setzt sich auf Dauer einem toxischen Betriebsklima aus. Know-how geht verloren und kehrt nicht zurück.

Das alles wird zum Untergang eines florierenden Unternehmens führen, ausgelöst durch einen Aggressor im eigenen Team. Es liegt auf der Hand, ist vollkommen klar, dass dieser zerstörerische Unruhestifter so schnell wie möglich beim Vorstand oder der Geschäftsführung als Mobbingtäter geoutet und überführt werden muss. Zum Schutz von Ihnen, als Betroffenen, doch auch, um den Fortbestand des gesamten Unternehmens zu sichern.

Sie sehen, worauf ich hinaus möchte. Der Stein, der in das Wasser geworfen wurde, hat mittlerweile eine Flutwelle ausgelöst und zieht immer weiter Kreise.

Mobbing verbreitet sich wie ein Virus, ein Krebsgeschwür, unkontrolliert, nur durch sich selbst gesteuert. Die Täter sind schädlich wie Viren und ebenso nutzlos für das Unternehmen.

Je länger der Täter seine Kreise zieht, desto mehr Mitarbeiterpotenzial wird davon betroffen werden und die Company dauerhaft geschädigt.

Die Vorstellung, dass dieses Phänomen nicht nur einen einzelnen Betrieb betrifft, sondern Hunderte jeder Größe und Branche, ist beängstigend.

Es verdeutlicht, wie groß das Zerstörungspotenzial in unserem Land durch diese Täter, die in jeder Firma möglich sind, ist. Addieren wir die verloren gegangene Kreativität, Produktivität, das Know-how, die verlorene Arbeitszeit und durch Mobbing verursachte Krankheitstage, wird schnell klar, dass volkswirtschaftlicher Schaden in Milliardenhöhe entsteht. Das können sich weder Unternehmen noch der Staat leisten.

Ich denke, es ist klar geworden, dass sich keine Industrienation leisten kann, diese Umstände tatenlos hinzunehmen und nichts zu unternehmen. Noch nicht alle Vorstandsvorsitzenden, Familienunternehmen, Geschäftsführer, Behördenleiter und Aufsichtsräte haben registriert, dass es auch ihr eigenes Unternehmen treffen und letztendlich vernichten kann.

Sie haben jetzt die Chance, wenn Ihnen Ihr Arbeitsplatz und Unternehmen wichtig sind, im eigenen Interesse mit Ihrer gesammelten Faktensammlung couragiert an die Unternehmensspitze zu gehen.

Fassen Sie diesen Mut, zeigen Sie Ihrem Angreifer selbstbewusst die Grenzen auf. Die Unternehmensleitung wird es Ihnen sehr danken. Denn noch weiß dort niemand von dieser Zerstörungskraft im eigenen Unternehmen.

Keine Angst vor „großen Tieren"

In den häufigsten Fällen kommt es in Unternehmen zu Mobbingattacken, ohne dass die Unternehmensleitung, der Vorstand, Firmenchef oder Geschäftsführer etwas davon mitbekommt.

Es sind meist die mit wenig Macht, wenig Fähigkeiten und noch weniger Selbstvertrauen ausgestatteten unteren Führungsebenen. Teamleiter, Abteilungsleiter oder Ähnliches. Doch es kann natürlich auch ein Kollege sein. Viele derer kennen ihre eignen Schwächen und sind oftmals frustriert und überfordert. Das werden sie aber niemals zugeben oder sich selbst eingestehen.

Hinzu kommt ein toxischer Charakter, den wir bereits ausführlich besprochen haben. Aus der Tatsache, dass es meist auch privat unzufriedene Menschen sind, lässt sich ableiten, dass kein glücklicher, ausgeglichener Mensch auf diese vernichtenden Ideen und Pläne kommt. Sie sitzen wahrscheinlich daheim beim Abendessen mit Bier und fettbelegtem Wurstbrot, stolz berichtend, wie sie wieder einen Kollegen heute traktiert haben.

Diese Menschen suchen in der Arbeit nach einem Ventil, an dem sie ihren aufgestauten Frust auslassen können. Das sind oftmals

Mitarbeiter, die sie aus irgendwelchen, sehr häufig persönlichen Gründen hassen. Das kann Ihre gesamte Erscheinung sein, der Kleidungsstil, das Auftreten oder das Selbstbewusstsein.

Es ist möglich, dass sich die Täter einen Menschen suchen, den sie kaum kennen.

Ich denke, es waren in meinem eigenen Fall meine italienischen Krawatten und Anzüge, die ausschlaggebend waren. Mein Täter sah mich im Vergleich zu seinen schlecht sitzenden Hemden, zu langen Hosen und noch unpassenderen Sakkos, und das Feindbild war perfekt. Dass ich die Kleidung in Fabrikverkäufen der italienischen Herkunftsstädte sehr günstig bekam und das auch gut tragen konnte, interessierte ihn nicht. Seine Hassfigur war geboren und meine Zerstörung sein Ziel.

Es ist ein vernichtendes Spiel im Verborgenen, da der Täter von Natur aus ein sehr mutloser, niederträchtiger Mensch ist.

Diese Verborgenheit ist durch den Täter auch beabsichtigt. Er will vermeiden, dass die Unternehmensleitung etwas davon erfährt, da ihm das große Probleme bringen wird. Kein Unternehmenslenker will Mobbing in einer seiner Abteilungen. Der Angreifer kann sich denken, dass diejenigen, die für den unternehmerischen Erfolg verantwortlich sind, etwas gegen sein krankhaftes Treiben einzuwenden haben. Deswegen will er im Dunkeln bleiben.

Meist sind anfangs nur zwei Personen einbezogen, der Täter und sein Opfer. Mit der Zeit werden immer mehr Mitarbeiter betroffen. Mobbing hat, wie beschrieben, katastrophale Auswirkungen für den Betroffenen persönlich, jedoch auch für das gesamte Unternehmen.

Unfrieden, Unsicherheit, Missgunst, Neid, Angst und Leistungsabfall treffen die Firma mit voller Wucht.

Das sind nicht die Pfeiler, auf denen Wachstum und Entwicklung aufbauen kann. Es ist das Gegenteil. Konstruktives und innovatives Arbeiten ist in diesem Umfeld nicht mehr möglich.

Das weiß auch jeder maßgeblich Verantwortliche und die mit Personalwesen beschäftigten Vorstände noch sehr viel besser. Firmen, die mit Mobbing in Verbindung gebracht werden, finden, wie bereits angesprochen, keine Mitarbeiter. Es ist ein toxisches Umfeld, das der Täter beabsichtigt herbeiführt. Jedes Unternehmen wird in hohem Maße geschwächt.

Dem entgegenzuwirken, kann jedoch nur dann geschehen, wenn die Verantwortlichen davon erfahren und in Folge schnell handeln können.

Diese negativen Auswirkungen sind nicht im Sinne des Vorstands, der gegenüber seinen Aktionären Rechenschaft ablegen muss. Es liegt demnach im ureigensten Interesse der Unternehmenschefs, diese Anstifter schnellstmöglich wegen betriebsschädigenden Verhaltens zu finden und zu entlassen. Gründe zur Entlassung für diese destruktiven Menschen liefern sie selbst genug.

Bewusst inszeniert Ihr Gegner Vorgänge, die jedem Unternehmen unermesslichen Schaden zufügen können. In Zeiten eines wirtschaftlich schwieriger werdenden Umfelds und Fachkräftemangels ist das für die Firma noch vernichtender.

Der Aggressor stellt seine eigenen kleinen Ziele über alles andere, einschließlich des gesamten Unternehmens.

Es ist ein umfassend destruktiver Prozess. Jeder Unternehmer sollte im eigenen Sinn sehr feine Antennen ausbilden, um Entwicklungen in seinem Unternehmen, die derart vernichtend sind, zu erkennen oder schnellstmöglich zu beenden. Den Täter frühzeitig zu entlarven, muss oberstes Ziel sein, für alle.

Bemerkt er das nicht, wird sehr viel Schaden entstehen. Es werden Ressourcen, sowohl Personal als auch technische, sinnlos eingesetzt, die anderweitig fehlen. Die Krankheitsfälle steigen und die Unternehmensleistung sinkt.

Der Chirurg entfernt ein Krebsgeschwür und exakt das Gleiche, wie eine Krebszelle, stellen Mobbingtäter für das Unternehmen dar. Werden sie nicht entfernt, entstehen Metastasen und durchdringen mehr und mehr das gesamte Unternehmensgefüge.

Sie werden jetzt sicherlich denken, wie soll ich „kleines Licht" als unbedeutender Angestellter an den Vorstand meines Unternehmens herantreten? Die Gedanken habe ich mir damals auch gemacht. Genau die gleichen. Sind wir ehrlich. Der oberste Entscheidungsträger wird weder unseren Namen kennen, noch wissen, an welcher Stelle wir überhaupt beschäftigt sind. Wir sind ihm vollkommen fremd.

Wenn Sie in ein Haus einziehen, in dem acht weitere Parteien wohnen, kennen Sie anfangs auch niemanden. Wie ändern Sie das, wenn Sie Ihren Nachbarn kennenlernen möchten?

Richtig, Sie klingeln an den Türen oder warten, bis Sie den Mitbewohnern irgendwann im Flur begegnen.

Da Sie Mobbing schnell beenden wollen, funktioniert das mit dem Vorstand und dem zufälligen Treffen am Flur nicht. Demnach bleibt nur die andere Alternative. Sie müssen dort „anklopfen", sonst wird er Sie niemals sehen und auch nicht vom Mobbing in seiner Firma erfahren.

Es muss Ihnen eines sehr deutlich sein. In jedem Unternehmen sind diejenigen, die die gesamte Verantwortung tragen, am meisten daran interessiert, Entwicklungen wie Mobbing erst gar nicht entstehen zu lassen. Es ist deren größtes Interesse. Dem Vorstand ist es nicht egal, was sich gerade im Unternehmen für ein Gewitter „zusammenzieht" und die wichtigsten Ziele gefährdet.

Das ist die unausweichliche Konsequenz, wenn ein Mobbingtäter sein krankes Spiel spielt. Der größte Schaden ist noch im Anfangsstadium abzuwenden, doch da haben Sie vielleicht noch zu wenig Nachweise, um an oberster Stelle alles Unheil zu belegen.

Je weiter die unheilvolle Entwicklung fortschreitet, desto intensiver wird die Zerstörungskraft für alle, auch für den gesamten Betrieb. Ähnlich eines Hurrikans, der sich gerade über dem warmen Meer bildet und dort seine Energie sammelt. An dieser Stelle hat er diese Kraft noch nicht, doch schon bald erlangt er immense Stärke und nimmt ungeahnte Ausmaße an.

Unternehmenschefs kennen die Grundlagen jeder erfolgreichen Firma. Sie wissen jedoch auch, dass Mobbing diese Grundlagen in hohem Maße bedroht.

Die Konsequenzen treffen somit nicht nur viele Mitarbeiter, sondern das Ganze, für das sie verantwortlich sind. Zwischenzeitlich sind diese Folgen schon erkannt worden und in vielen Firmen wurden bereits Anti-Mobbing-Beauftragte installiert. Ob das immer die richtigen Personen sind, kann ich nicht sagen, denn sie sind letztendlich auch meistens Theoretiker. Doch zumindest gibt es diese Stellen.

Sie haben die Aufgabe, Streitigkeiten unter Mitarbeitern zu verhindern, zu vermitteln und Eskalationen zu moderieren. Ich bin jedoch überzeugt, dass Ihr oberster Chef die richtige Ansprechperson ist. Auch wenn sich die Mitarbeiter der Mobbingstelle oder der Betriebsrat in Ihrer Firma Mühe geben, sie haben einen großen Nachteil. Der ist entscheidend.

Sie haben keine Entscheidungsbefugnis, sofort eine Entlassung wegen betriebsschädigenden Verhaltens anzuordnen.

Die darunterliegende Hierarchie wird den Täter anhören, versuchen zu schlichten und die Angelegenheit irgendwie zu lösen, doch nicht mit aller Konsequenz. Sie haben dazu nicht die Entscheidungsgewalt. Die dortigen Mitarbeiter werden lediglich an das Gewissen des Angreifers appellieren.

Doch das wird nicht gelingen, weil … richtig, der kein Gewissen hat. Das ist uns schon lange klar und wir dürfen deshalb diesen schwerwiegenden Fehler nicht machen.

Sie werden auf diesem Wege wenig erreichen und haben Ihr gesamtes Pulver verschossen. Sie hatten nur einen einzigen Versuch und der ist damit gescheitert. Sie haben alle Trümpfe aus der Hand gegeben und nichts erreicht. Der Gegner wird dadurch stärker. Das Spiel geht von vorne los und diesmal haben Sie keine Möglichkeiten, eine Sammlung anzulegen, weil Ihr Angreifer Ihre Vorgehensweise kennt und daraus lernen wird. Es war somit alles umsonst.

Ich habe mich damals bewusst nicht an den Betriebsrat oder den Mobbingbeauftragten gewandt, weil genau das passiert wäre.

Es war die richtige Entscheidung.

Das muss jedoch zum richtigen Zeitpunkt erfolgen. Erst wenn Sie Ihre persönliche Sammlung komplett haben und durch konkrete Fakten nachweisen können, wie zerstörerisch für alle der Täter in der Firma agiert, ist der Zeitpunkt gekommen, zum obersten Boss zu gehen.

Denken Sie immer daran: Sie haben nur einen einzigen Versuch und der muss perfekt sein.

Als hätten Sie Ihren Auftritt bei Olympia und nur ein einziges Rennen, den Hundertmetersprint. Sie müssen auf die Sekunde perfekt vorbereitet sein. Sorgen Sie dafür, dass alle Fakten für den Chef vollkommen verständlich sind. Daten müssen aus sich heraus schlüssig und nachvollziehbar sein. Gehen Sie davon aus, dass er bis zu diesem Zeitpunkt, an dem er Ihre Aufzeichnungen sieht, noch niemals von Ihnen oder Ihrem Problem gehört hat.

Aus Ihren Worten und Zahlen, Beschreibungen und detaillierten Vorgängen muss ohne Zweifel die große Zerstörungskraft, die der Täter für das gesamte Unternehmen darstellt, auf einen Blick herauszulesen sein.

Der Vorstand ist darauf angewiesen, dass er minutiös nachvollziehen kann, welche Untaten der Täter gegen jedes Unternehmensziel „vollbringt". Er muss sofort erkennen, welche Gefahr Ihr Angreifer für sein Unternehmen darstellt. Denken Sie niemals, es interessiert den obersten Chef nicht. Doch, sehr sogar. Er ist der Einzige, der sofort und ohne weitere Personen im Haus fragen zu müssen, handeln und jede Entscheidung treffen kann.

Sie sind als Betroffener in diesem Moment kein Niemand.
Sie sind sehr wichtig, für das gesamte Unternehmen!

Viele Arbeitsplätze, auch Ihr eigener, hängt von Ihrem Mut ab. Nur Sie allein können jetzt in dieser Sekunde noch größeren Schaden für alle abwenden. Ich sagte ja bereits: Das kleinste Rad kann entscheidend sein, wenn es nicht funktioniert.

Sie und Ihre Kollegen bilden das Rückgrat Ihrer Firma und des Firmenerfolgs. Gute, engagierte, qualifizierte Mitarbeiter sind der Kern jedes erfolgreichen Unternehmens. Das wissen alle Entscheider, auch wenn die Sie nicht persönlich kennen. Gerade heute, in Zeiten massiven Fachkräftemangels, kann es sich keine Firma leisten, hervorragende Mitarbeiter zu verlieren. Schon gar nicht, wenn ein Aggressor mit krankem Charakter Sie um Ihren Job bringen will, und das aus purem Zerstörungswillen.

Es muss Ihnen klar sein, dass Ihre Arbeit, die Sie leisten, sehr wichtig für den Gesamterfolg ist, auch wenn es in Ihren Augen nur eine unscheinbare Tätigkeit ist. Das ist es nicht und das wissen auch die Vorstände, die in solchen Situationen auf Sie angewiesen sind.

Nur Ihr oberster Boss, der Firmenchef oder Vorstand, hat die Macht, und vor allem das Interesse, dieses Drama zu beenden.

Egal in welcher Hierarchie Sie im Unternehmen stehen, kein Weg zum obersten Boss ist zu weit. Das muss ein Leitsatz sein, den Sie niemals vergessen. Nur wenn er erfährt, dass diese Entwicklung im Gang ist, kann er auch handeln und wird auch handeln.

Ich hätte auch etwas dagegen, dass ein Mitarbeiter, der offensichtlich verkennt, für welche Tätigkeit er bezahlt wird, versucht, mein Unternehmen durch seine zerstörerischen Spiele zu schädigen. Niemand außer Ihnen selbst kann der obersten Unternehmensleitung bessere Informationen geben, doch eben exakte Informationen.

Scheuen Sie also niemals diesen Schritt, denn Sie sind wichtig und Ihr Wissen über den Täter ebenfalls. Wenn Sie Ihre „Hausaufgaben" richtig und vollständig gemacht haben, zögern Sie nicht. Zeigen Sie Mut, denn es geht um Ihre Existenz.

Ihre und die Ziele Ihres obersten Vorgesetzten sind die gleichen: in einem erfolgreichen Unternehmen mit motivierten, kollegialen, zufriedenen und qualifizierten Kollegen zu arbeiten.

Der Aggressor handelt gegen die grundlegendsten Unternehmensziele und diese Tatsache muss der oberste Unternehmenschef erfahren.

Sie haben noch einen riesigen Vorteil, wenn Sie diesen Weg gehen. Sie überraschen den Täter vollkommen. Er wird niemals damit rechnen, dass Sie diesen Weg gehen. Der Grund ist sehr einfach. Er hält Sie für mutlos, weil Sie schon bewiesen haben, dass Sie „schwach" sind. Sie wissen, wie ich das meine, wenn Sie an das Kapitel „Die Maus" denken.

Ihre Mäusevorstellung hat den Grundstein gelegt, dass der Angreifer Sie vollkommen falsch einschätzt und jetzt unterschätzt. Er traut Ihnen diesen Schritt niemals zu, nachdem Sie in seinem Zimmer nach einem Schluck Wasser fast schon gebettelt haben. Er ist komplett auf diese Show hereingefallen und wiegt sich in Sicherheit.

Wie mein Täter damals. Auch er wiegte sich in Sicherheit, bis der Name des Vorstandsvorsitzenden auf seinem Display am Telefon erschienen ist. Ich wäre damals zu gerne dabei gewesen.

Es ist eine Horrorvorstellung für Ihren Täter, dass Sie diesen Schritt couragiert unternehmen. Da die Täter aber selbst feige und mutlos sind, nur aus dem Hinterhalt agieren, wird es eine Überraschung für ihn werden.

Beschreiben Sie genau, auf welche Art der Angreifer schädigend handelt, welchen zeitlichen Aufwand er betreibt. Kein Unternehmenschef wird es dulden, wenn seine Angestellten ihre Arbeitszeit damit verbringen, ihrem eigenen Privatvergnügen nachzugehen und dabei massiv Firmenressourcen zu verschwenden.

Beschreiben Sie, wie er weitere Mitarbeiter in sein Spiel gezogen hat. Sie können natürlich Namen nennen, wenn Sie Nachweise haben.

Haben Sie alles ordentlich zusammengetragen, rufen Sie bei der Assistenz der Unternehmensleitung an. Natürlich wird man Sie erst einmal fragen, weshalb Sie ein Gespräch wünschen oder auf andere verweisen.

Deswegen überlegen Sie sich vorher, was Sie genau sagen möchten. Andeutungen werden nicht reichen. Dann wird man Sie an die untere Leitungsebene verweisen.

Sagen Sie schlicht, dass es um massive Schädigungen des Unternehmens durch einen Vorgesetzten oder Kollegen geht und dass es bereits weite Ausmaße angenommen hat. Sie befürchten, dass es immer weitere Kreise zieht, weil die Intrigen nicht aufhören.

Lassen Sie sich nicht an Untergebene verweisen oder abwimmeln. Seien Sie bestimmt, aber nicht aufdringlich. Egal wer am Telefon ist, wird nicht die Möglichkeit haben, „Nein" zu sagen, denn es geht um eine große Gefahr für das gesamte Unternehmen.

Bleiben Sie etwas nebulös und sagen, Sie können darüber wirklich nur mit dem Unternehmenschef sprechen. Der Gesprächspartner wird eventuell die Verantwortung, eine wichtige Information, die das gesamte Unternehmen betrifft, nicht weitergeben.

Bleiben Sie sachlich und lassen Sie sich Ihre Emotionen auf den Täter nicht anmerken.

Überlegen Sie sich vorher genau, ob es jetzt der richtige Zeitpunkt ist, dieses Gespräch zu führen. Unvorbereitet und zu früh wird nur dem Täter helfen und Ihre Glaubwürdigkeit untergraben. Zudem haben Sie, wenn der einzige „Schuss" nicht ein Treffer ist, keine weitere Möglichkeit. Es geht schließlich auch um Ihre Reputation, Ihre Stellung im Unternehmen. Vielleicht wird man auch auf Sie aufmerksam und kommt zu dem Ergebnis, dass Sie, wenn Sie diese Arbeit vorlegen, für eine andere Position geeignet sind.

Das Wichtigste ist, dass Ihre Sammlung, die Sie abgeben, äußerlich einwandfrei ist. Ordentlich, keine Rechtschreibfehler, ein sauberes übersichtliches Bild. Es muss den Eindruck sofort wiedergeben, dass der Verfasser zuverlässig ist und „harte" belastbare Fakten liefert.

Sie sehen, wie in meinem Fall.

Vierundzwanzig Stunden, nachdem ich meine Faktensammlung vorgelegt hatte, war mein Täter nicht mehr an seinem Platz. Auch wenn Sie denken, „klein" zu sein, können Sie jetzt sehr große, positive Wirkung für das ganze Unternehmen erreichen. Das ist der Zeitpunkt, an dem sich Ihre Mühe endlich lohnt und zum Erfolg führt. Auf diesem Wege habe ich meine Treibjagd gegen mich beendet.

Als ich selbst meine Sammlung fertig hatte, rief ich bei der Unternehmensleitung an und bat um ein Gespräch mit dem Vorstand. Es ist klar, dass Sie damit rechnen müssen, dass sich nicht so einfach ein Termin für die finden wird.

Leider war genau zu diesem Zeitpunkt der Vorstand im mehrwöchigen Urlaub. Ich konnte und wollte den Gesprächstermin, der mir vorgeschlagen wurde, nicht so lange abwarten.

Zu groß war die Gefahr, dass in dieser Zeit noch wirklich entscheidende Ereignisse geschehen. Ich hatte irgendwie ein seltsames Bauchgefühl über den Täter. Wie genau konnte ich nicht sagen, doch konnte ich auf den Termin mit dem obersten Chef nicht warten.

Ich vereinbarte mit der Assistentin des Vorstands Folgendes: Ich fasse meine Ergebnisse zusammen und schicke den gesamten Ordner per E-Mail an die direkte Adresse des Vorstands. An keinen Vertreter, keiner Sekretärin, sondern direkt an den obersten Chef. Mit dieser Lösung konnte ich gut leben, denn ich wusste, meine Aufschlüsselung war überzeugend und vollständig. Das war für mich in Ordnung, weil ich wusste, dass er es sofort bekommen würde. Wenn ein Gespräch nötig wäre, würden wir es danach führen.

Die Vorlage, die Sie an den Vorstand herantragen, muss klar, übersichtlich in Stichpunkten, keine Märchenerzählung und kein lyrischer Roman sein.

Er wird sich Zeit nehmen, doch nicht viel. Diese wenige Zeit müssen Sie zu Hundert Prozent nutzen, denn das ist Ihre einzige Chance. Eine Wiederholung gibt es nicht.

Machen Sie sich das bewusst.

Ich hatte damals eine zwanzigseitige Stellungnahme mit allen Taten, die der Täter begangen hat, um mich zu vernichten. Aus dem Papier kam deutlich heraus, dass er sich massiv unternehmensschädigend verhielt. Er nutzte personelle und technische Ressourcen für seinen Feldzug und verfolgte nur seine persönlichen Ziele. Eben die Wahrheit, die nicht wegzudiskutieren oder umzudeuten ist. Verharmlosen Sie nichts. Kommen Sie gezielt auf den Punkt, kein Mitleid mit dem Aggressor.

Die Aktionen, die mir sehr viele schlaflose Nächte gekostet hatten, waren von einem Tag auf den anderen eingestellt. Ich war heraus aus dieser vernichtenden Rolle. Ich konnte wieder aufleben. Sie werden sich vorstellen, dass es für mich erst nicht zu glauben war, dass Herr J., der beste Freund von Herrn C., in Rente ging.

Die beiden Herren hatten ihre Grenzen erfahren. Der eine war weg, der andere ging in den Ruhestand. Die Helfer gingen leer aus, auch die Digitalisierungsbeauftragte, Frau D.

***

Es klopfte kräftig und meine Bürotür ging auf. Es kamen der CEO der Company persönlich und der Chef meines Vorgesetzten herein, Herr J.

Dabei sah man sofort, wer der tatsächliche Entscheider war. Es war eindeutig. Groß gewachsen, trainiert, Maßanzug, dazu passende stilvolle Krawatte und Schuhe, die so viel kosteten, wie ich im Monat verdiente, handgefertigt.

Dahinter stand etwas gebückt Herr J.

Ich nenne ihn gerne den Bückling. Auf dem Jubiläumsfest konnte ich ihn an mehreren Orten in Grüppchen beobachten, wie er mit Gästen zu sprechen versuchte und dabei immer einen sehr gebückten, unterwürfigen Eindruck hinterließ. Offensichtlich hatte er verstanden, dass er selbst ein wirklich kleines Licht in der Company war. Es sprach für ihn, zumindest ein einziges Mal, dass er wusste, wo sein Plätzchen war.

In meinem Zimmer stand er gebückt hinter dem CEO mit gesenktem Blick.

„Wie geht's Ihnen denn, Herr Wegner?", fragte mich der CEO. „Es war ja eine sehr bewegte Zeit, habe ich gehört", fuhr er weiter fort. „Ist jetzt wieder alles in Ordnung? Ist endlich Ruhe eingekehrt?" Ich ging auf den CEO zu, reichte ihm die Hand und begrüßte ihn mit Namen. „Ich möchte mich als erstes bei Ihnen bedanken, dass Sie ein offenes Ohr für mich hatten. Selbstverständlich, ich kann nun wieder in aller Konzentration meiner Arbeit nachgehen."

„Sie müssen sich nicht bedanken, es geht um unsere Firma, um unseren gemeinsamen Erfolg und die Zukunft. Der Wettbewerb ist sehr hart, gerade die Wettbewerber aus Fernost sind sehr innovativ. Stillstand ist Rückschritt und damit wir das meistern, brauchen wir junge sehr gut ausgebildete motivierte Kollegen wie Sie, dringend. Ich hoffe sehr, dass es Ihnen bei uns jetzt wieder gefällt, nachdem wir diese ärgerlichen Probleme ausgeräumt haben. Zum Glück habe ich davon erfahren", dabei schaute er Herrn J., der immer gebückt stand und im Hintergrund kein Wort sagte, streng an, „nicht wahr, Herr J.?"

„Ja, gewiss", flüsterte der. „Ich denke, mit unserem Team können wir mit vereinten Kräften dem Wettbewerber effektiv entgegentreten, nichts geht über eine kollegiale Zusammenarbeit, da profitieren wir alle." Herr J. hatte immer noch nichts Wesentliches gesagt. „Bitte kommen Sie zu mir, wenn irgendetwas ist, egal was es ist. Meinen

Kontakt haben Sie jetzt ja", sagte der CEO, als er mir die Hand gab und mich zuversichtlich ansah.

„Ich wünsche Ihnen frohe Weihnachten und ein paar ruhige Tage."

„Danke sehr, das wünsche ich Ihnen auch, und nochmals vielen Dank für das gelungene Jubiläumsfest. Das war beeindruckend."
    „Sie werden sehen, bei den nächsten Festen werden Sie schon einige mehr kennenlernen. Ich werde Sie ein paar Kollegen vorstellen."

Herr J. gab mir keine Hand und wollte schon die Tür für den CEO öffnen. „Herr J., bitte warten Sie", sagte ich zu diesem. Er erschrak offensichtlich, weil sein Plan, sich hinauszuschleichen, nicht funktionierte. Ich trat auf ihn zu und gab ihm die Hand. „Ihnen wünsche ich vor allem ein friedvolles Fest, das ist ja das Wichtigste, nicht wahr? Ich hörte, Sie gehen in den wohlverdienten Ruhestand." „Ja", sagte er kurz angebunden, „Ihnen auch schöne Weihnachten". Meinen Namen nannte er natürlich nicht.

Die beiden verließen mein Büro. Jetzt war klar, wer Sieger und wer Verlierer war.

***

VI. Die Folgen des Mobbings

Die Folgen des Mobbings sind vernichtend. Für alle Betroffenen und das gesamte Umfeld. Für den Täter natürlich zuerst nicht, der der Auslöser allen Übels ist. Dieser Angriff hat verhängnisvolle und erschreckende und weitreichende Auswirkungen sowohl für den Betroffenen als auch für das gesamte Unternehmen und das kollegiale Umfeld. Es wird durch einen toxischen Menschen gezielt erschaffen und mit der Dauer noch verstärkt.

Konzentrieren möchte ich auf die Beschädigungen des Betroffenen, dem Hauptleidtragenden. Diese stehen oft während der gesamten Zeit, in der die Angriffe anhalten, am Rand ihrer Kräfte. Die Gefahr, dass sich Resignation einstellt, wird mit jedem Tag größer.

Es ist natürlich abhängig von der gesamten Verfassung, in der sich der jeweilige Betroffene befindet. Doch die negativen Auswirkungen sind bei allen sehr ähnlich. Sicherlich ist der eine oder andere Mensch, der in dieser bedrängenden Ausnahmesituation ist, mehr oder weniger belastbar. Doch irgendwann wird Mobbing für alle unerträglich.

Deswegen ist es entscheidend, die Angriffe so schnell wie möglich zu beenden. Einige können sich besser verteidigen, weil sie von ihrem Naturell eher dazu neigen, zu kämpfen, als andere, die oft nur flüchten wollen.

Wie es verschiedenste Menschen gibt, gibt es auch die verschiedenen Verhalten während des Mobbings. Der eine scheut den Kampf nicht und geht gezielt darauf zu, um seine Existenz zu retten, der andere benötigt sehr viel Zeit, um die gesamte Lage überhaupt zu verstehen, und kann sie lange nicht nachvollziehen. Der eine setzt sich zur Wehr, der andere flüchtet zu einem anderen Arbeitgeber, denn nicht alle Menschen sind Kämpfer. Das muss jeder selbst für sich entscheiden, je nachdem welcher Typ Mensch man ist.

Ein Mitarbeiter hat sehr viel Selbstvertrauen, der andere weniger. Doch glauben Sie nicht, dass es einen Betroffenen gibt, der behaupten kann, die ständigen Attacken hätten keine Wirkung auf ihn.

Es spielt keine Rolle, wie ein Mitarbeiter vor dem Mobbing war, er wird danach nicht der Gleiche sein. Zu tief sind die Eindrücke, die währenddessen entstehen. Zu massiv die Schläge des Gegners, zu anstrengend der Kampf des Abwehrens.

Egal wie jemand vorher war, ob lebenslustig, extrovertiert, zurückgezogen, naiv, kritisch oder distanziert. Eines wird nach Ende des Mobbings bestimmt auch bei ihm eintreten.

Berufstätige, die einmal in der Rolle des Betroffenen waren, werden sicherlich Kollegen nicht so schnell wieder mit Unbekümmertheit oder Unbeschwertheit gegenübertreten.

Da Mobbing immer mit Intrigen, Lügen, Verrat und ausschließlich mit Negativem zusammenhängt, wird es schwer, anderen Mitarbeitern wieder zu vertrauen. Man muss es natürlich versuchen, doch es bleibt die Skepsis und Vorsicht.

Das ist ein vollkommen normaler Instinkt nach Erfahrungen, die der Körper und Geist erleben mussten.

Die objektive Einschätzung von Kollegen wird intensiver. Jeder hat nur ein Ziel: nie wieder in diese Situation zu kommen. Selbstschutz ist jetzt oberstes Gebot. Alles andere muss sich unterordnen.

Sie werden sich in Zukunft vor voreiligen Bemerkungen oder schnellen Aussagen zu bestimmten Themen zurückhalten.

Sie werden in Ihrem zukünftigen Berufsleben, das Sie natürlich trotzdem mit vollem Einsatz und Ihrem bisherigen Wesen führen, vieles nur denken und nicht sagen. Das ist eine völlig normale Reaktion und hat keine Nachteile. Sie sind einfach nur vorsichtiger geworden.

Vielleicht wundern sich einige Kollegen, die nicht in das Thema einbezogen waren, dass Sie etwas verändert sind, doch das spielt keine Rolle. Sie müssen sich gut dabei fühlen, das ist entscheidend.

Die Rückkehr zur Normalität braucht Zeit.

Ein sehr großer Vorteil ist, dass Sie einen unendlich reichen Schatz an Menschenkenntnis gewonnen haben. Während Ihres Kampfes mussten Sie in Abgründe menschlichen Verhaltens sehen. Sie haben Kollegen kennengelernt, wie sie wirklich sind. Sie können jetzt Mitarbeiter und Vorgesetzte mit vollkommen anderen, fast schon durchleuchtenden Augen sehen. Durch Ihre erworbene Beobachtungsgabe wird es Kollegen nur sehr schwer gelingen, Sie zu täuschen, denn Sie haben ein wenig die Fähigkeit entwickelt, in diesen „zu lesen" und hinter die Fassade zu blicken.

Sie haben durch Ihren Existenzkampf eine unglaubliche Beobachtungsgabe, die manchmal fast schon beängstigend ist, bekommen. Sie können jetzt hinter die Kulissen der Kollegen sehen, wie diese tatsächlich denken.

Manchmal ist das überraschend, doch auch fantastisch, als habe man eine Superkraft erhalten.

VII. Ist Vorbeugung möglich?

Wenn Sie das Buch bis hierher gelesen haben, werden Sie sich die Antwort bereits selbst geben können.

Mobbing hat seine Wurzeln nicht im Verstand. Es entspringt puren, negativen Emotionen und abgrundtiefem Hass.

Jede Rationalität hat in diesem Klima nicht die geringste Chance. Beschwörende Worte, Bitten und das Hoffen auf Verständnis sind von Beginn an auf verlorenem Posten. Der Täter hat nur ein Ziel, die Vernichtung des Betroffenen, egal ob es Leben oder den Unternehmenserfolg kostet.

Das ist eine Tatsache.

Leider können Sie als Betroffener nicht vorbeugend handeln. Wenn Sie das akzeptieren und die tiefgründige Abartigkeit des Täters erkennen, können Sie gezielt dagegen vorgehen. Haben Sie niemals mit ihm Verständnis oder sogar Mitleid. Das hat er mit Ihnen auch nicht.

Ihr Angreifer geht bis zum Äußersten, wie mein Hauptgegner, der zu mir sagte, er werde mich vernichten. Damit meinte er mein Leben, meine Existenz.

Dabei sah er mir eiskalt in die Augen.

Es ist, wie ich bereits schrieb, von Ihrem eigenen Verhalten oder Wesen vollkommen unabhängig, warum Sie der Täter aussucht. Es gibt unendlich viele Gründe, weshalb er das macht. Bei mir selbst, dessen bin ich mir sicher, war es mein Äußeres. Ich kleidete mich gern elegant, hatte Anzüge und Krawatten an. Auf diesem Weg wurde ich zum Feindbild für ihn.

Das reichte, um mich auszuwählen. Durch meine Arbeit zu überzeugen, hatte ich bei ihm nie eine Chance.

Wenn ein Täter glaubt oder sich das nur einbildet, dass Sie ihm irgendwie im Wege stehen, ihm vielleicht schaden können oder einfach ein bestimmtes Aussehen haben, das ihm nicht gefällt, sind Sie sein Opfer. Es gibt keine sachlichen Gründe, sondern es beruht alles auf negativen Emotionen, Ablehnung, Neid und Hass.

Ich verwende deutliche Worte, da es nichts zu beschönigen gibt. Sie wollen ihn besiegen, dann müssen Sie die Tatsachen kennen. Ich selbst hatte ihm keinen Anlass gegeben, mich in dieser Art zu bekämpfen. Ich war freundlich, zuvorkommend, erledigte meine Arbeit ordentlich und verstand mich mit meinen Kollegen und Vorgesetzten gut.

Das änderte sich nur wenige Wochen nach der Ankunft von Herrn C. in der Abteilung.

Selbst wenn von Ihnen keine Gefahr für den Täter ausgeht, weil Sie ihn vielleicht nicht einmal kennen, kann er Sie auswählen. Jede Sachlichkeit ist zweitrangig. Ich hatte meinen Täter gesehen und wusste, er wird mich mit allen Mitteln bekämpfen, so eiskalt und abweisend war sein Blick.

Leider behielt ich recht.

Mobbing ist eine höchst subjektive Angelegenheit des Angreifers, die keinen Platz für Logik und Sachlichkeit lässt.

Jedes Argument, und ist es noch so stichhaltig, ist wertlos.

Dagegen können Sie nichts ändern, schon gar nicht durch bestimmtes Verhalten. Denken Sie nicht, dass Sie besonders freundlich sein müssen, und alles wird gut. Das wird es leider nicht von selbst. Die Charaktere der Täter verhindern das. Sie haben sich selbst auf Vernichtung programmiert und verlieren dabei jede Menschlichkeit und Empathie.

Sie arbeiten vielleicht lange Zeit mit einem Kollegen zusammen und verstehen sich gut. Sie sprechen vielleicht sogar ein paar private Worte miteinander. Plötzlich kommt ein neuer Vorgesetzter, der Sie sympathisch findet. Sie kommen gut mit ihm aus, von der ersten Minute an. Ihr bisheriger Kollege kann, wenn er das erkennt und ihm das nicht gefällt, von einer Sekunde zur nächsten zu Ihrem erbitterten Gegner werden.

Neid ist ein Mobbingtreiber.

„Warum kommen Sie mit dem neuen Chef gut aus und mich mag er nicht?" Wenn Ihr Kollege sich diese Frage stellt und sich darin verbeißt, ohne jeglichen sachlichen Grund, werden Sie zum Opfer, von einem Tag auf den anderen. Alles, was er dann vielleicht weiß, wird er gegen Sie verwenden, wenn er die Täter-Gene hat.

Es benötigt nicht einmal negative Folgen für ihn. Es reicht aus, wenn er das in seiner Fantasie einschätzt. Meinen Tätern gefielen meine Krawatten nicht. Das war alles, um das Spiel um mein Leben zu starten.

Mobbing besteht aus überzogenen, unmoralischen, unerklärlichen und menschenverachtenden Reaktionen.

Unser Problem, da wir diese kranke Gedankenwelt nicht haben, ist, dass wir jetzt versuchen, uns einzureden, dass alles sei nicht so dramatisch. Der Täter wird sich schon wieder beruhigen und Mobbing enden. Das ist Ihre und war auch meine Wunschvorstellung. Es ist leider nur ein Wunsch, an den wir gerne glauben möchten, wie an den Weltfrieden.

Es zeigt, dass wir Menschen sind, doch haben wir noch nicht verstanden, dass wir keinem Menschen gegenüberstehen, sondern einem hassenden Täter.

Sie haben leider keine Möglichkeit, dessen Denken zu beeinflussen, denn unsere Gegner laufen auf Autopilot. Sie sind durch Argumente oder Freundlichkeit nie von ihren Zielen abzubringen. Ich hätte es gerne anders ausgedrückt, doch dies ist kein Märchenbuch, sondern eines mit einer realen Story, die Sie selbst weiterbringen und helfen soll, dieses Phänomen besser einzuordnen.

Sie können nur schnell reagieren, wenn Sie festgestellt haben, Betroffener zu sein, doch Verhindern durch Vorbeugung funktioniert aus genannten Gründen nicht. Die ersten Aktionen müssen die Verhinderung der Ausbreitung sein. Die Zeit der Vorbeugung ist längst abgelaufen, weil es die nicht gibt. Es gibt immer einen Initiator, der den Stein ins Rollen bringt, den Täter.

Solange der noch allein arbeitet, das heißt, keine Helfer der Kategorie A-C hat, ist die Chance noch am größten, einen Flächenbrand zu verhindern. Haben seine Gedanken bereits größere Kreise gezogen, das heißt, hat er sein Netz aus Intrigen und Lügen bereits gesponnen und auf andere Mitarbeiter ausgebreitet, wird es zunehmend schwerer, doch es ist nicht aussichtslos.

Ihre Gegner sind besiegbar. Seien Sie sich dieser Tatsache bewusst.

Sind Gerüchte in Umlauf, ist es schwer, diese wieder einzufangen. Viele Kollegen werden sich zu diesem Zeitpunkt bereits anders Ihnen gegenüber verhalten. Distanz und eingeschränkte Kommunikation zu Kollegen sind die häufigsten Folgen. Das hängt natürlich von der Vorgehensweise des Täters ab, die von Person zu Person unterschiedlich ist. Viele Kollegen denken und handeln nach dem Motto: „Irgendetwas wird schon dran sein." Das ist das Einfachste.

Sie dürfen nicht davon ausgehen, dass viele Kollegen, die über Sie etwas Negatives erfahren haben – der Täter verbreitet nur Negatives und Unwahres –, das objektiv beurteilen.

Das heißt, sich Gedanken darüber machen. Das ist vielen zu umständlich und kostet Energie. Viel einfacher ist es, einem Gerücht zu glauben. Die Täter sind Schauspieler. Es kommt darauf an, wie überzeugend sie sind, wenn sie diese Lügen als Wahrheit verkaufen.

Ich habe auch lange darüber nachgedacht, welche Motive der Täter hat. Dafür gibt es jedoch zu viele, es reicht von Neid über Ihr Aussehen, der Einbildung, dass Sie ihm seinen Platz in der Firma streitig machen könnten, bis zu pathologisch bedingtes krankes Verhalten. Wir wissen es nie genau. Doch eines wissen wir mit Sicherheit: Vorbeugung ist nicht möglich. Es ist nicht machbar, sich auf alle Eventualitäten vorzubereiten. Die Angriffe kommen oft aus Richtungen, die wir nie vermutet hätten. Die genauen Hintergründe kennen wir oft nicht, obwohl das Spiel schon in vollem Gange ist. Letztendlich ist das auch zweitrangig, denn es kommt jetzt nur darauf an, dass Sie sich wehren, wenn Sie Ihren Job behalten wollen.

Meist gibt es keine Gründe, sondern nur wirre Vorstellungen in den Köpfen der Angreifer.

Die kennen weder Moral noch Grenzen, sondern nur Vernichtungswillen, gespeist durch eine Quelle negativer Zerstörungsenergie. Wie schon in den vorherigen Kapiteln geschildert, hatte ich den beiden Aggressoren nie Gründe gegeben, gegen mich vorzugehen.

Zu keinem Zeitpunkt hatte ich einen der beiden kritisiert, lediglich angedeutet, dass diese Vertretungsregelung nicht zu schaffen ist. Ich wurde zum absoluten Feindbild. Es ist nie vorhersehbar, was im Kopf eines gefühllosen Individuums vor sich geht, das derart irrational handelt und seinen gesamten betrieblichen Tagesablauf darauf ausrichtet.

Ich bin sicher, dass die Gründe der Aggression auch in deren oft unbefriedigendem Privatleben liegen. Ein zufriedener, in sich ruhender Mensch mit intaktem Familienleben und sozialen Kontakten würde niemals derart aggressiv reagieren. Deren Fantasien sind unergründbar, doch dürfte eines der Hauptmotive der Neid auf das Opfer sein.

Sagen Sie sich niemals, Sie hätten das verhindern können, wenn Sie sich nur anders verhalten hätten. Denken Sie nie daran, Sie hätten das ausgelöst.

Verschwenden Sie daran keinen Gedanken, denn diese Energie benötigen Sie für den Abwehrkampf und um kluge Gedanken zu sammeln. Es gehört der Vergangenheit an, warum es begann.

Daran können Sie nichts mehr ändern. Ihr Augenmerk muss in der Folgezeit darauf liegen, dass Sie jetzt alles daransetzen, Fehler in Ihrer Arbeit zu verhindern. Sie dürfen Ihrem Gegner keine Fakten geben, mit denen er weiteres Unheil anrichten kann. Bieten Sie ihm keine Angriffsfläche.

Ich selbst habe in dieser Situation die Erfahrung gemacht, dass in dieser verwirrenden Zeit klare Gedanken schwer zu fassen sind, doch es ist unbedingte Voraussetzung für ein erfolgreiches Beenden des Mobbings.

VIII. 12 Gebote und 12 Verbote

12 Gebote

1.

Achten Sie genau auf Veränderungen in Ihrem Umfeld. Wer verhält sich anders zu Ihnen als noch vor Kurzem?

2.

Seien Sie wachsam und sensibel. Damit erkennen Sie Veränderungen am schnellsten.

3.

Arbeiten Sie so genau und gewissenhaft wie möglich.

4.

Versuchen Sie, den Unruheherd unauffällig zu finden. Wer hat das größte Interesse an Ihrem Untergang?

5.

Wählen Sie Ihre Worte jederzeit und bei allen Mitarbeitern mit Bedacht.

6.

Notieren Sie sich alles: Datum, Uhrzeit, Personen und was passiert ist.

7.

Bekennen Sie sich zu Nachlässigkeiten, die Sie gemacht haben und die nachzuweisen sind.

8.

Treiben Sie Sport und ernähren Sie sich gesund. Körperliche Fitness ist unbedingte Voraussetzung für diesen Kampf und verhindert Ihre Vereinsamung.

9.

Pünktlichkeit ist oberste Pflicht und Unpünktlichkeit zu verhindern.

10.

Finden Sie Menschen, Gruppen, medizinische Einrichtungen oder andere Möglichkeiten, wo Sie über dieses Problem sprechen können, Personen denen Sie vertrauen, auch außerhalb der Company. Doch wählen Sie genau, gerade wenn es Kollegen sind.

11.

Suchen Sie mit größter Sorgfalt nach Fehlverhalten und unternehmensschädigenden Aktionen des Täters. Notieren Sie das detailliert.

12.

Wenn Sie einen Tiefschlag erlitten haben, Aufstehen und weitermachen

12 Verbote

1.

Hass hilft nicht! Auch wenn es schwerfällt. Hass macht blind und führt zu unüberlegtem und unkontrolliertem Handeln.

2.

Emotionen bei betrieblichen Gesprächen jeder Art vermeiden. Das zeigt Schwäche, die der Täter nicht sehen darf.

3.

Nie reden, ohne vorher nachgedacht zu haben!

4.

Niemals provozieren lassen, niemals!

5.

Glauben Sie nicht, Mobbing endet von selbst.

6.

Zweifeln Sie niemals an sich selbst!

7.

Lassen Sie persönliche Notizen mit Ihren Beobachtungen niemals liegen.

8.

Vermeiden Sie in Ihrem zu Hause oder Ihrer Freizeit zu häufig an die Arbeit zu denken -auch wenn das in dieser Situation oft sehr schwer fällt-.

9.

Keine Angst vor „großen Tieren". Das sind oft Ihre einzigen Verbündeten, da es diesen um Unternehmensziele geht – dem Mobbingtäter sind diese Ziele egal, denn er hat seine eigenen.

10.

Vermeiden Sie Isolation – das führt zu Vereinsamung und die müssen Sie vermeiden.

11.

Bitte sind Sie nach dem Ende des Mobbing nicht jedem gegenüber misstrauisch, doch bleiben Sie im Unternehmen wachsam

12.

Lassen Sie negativen Gefühlen an Ihrem Arbeitsplatz niemals freien Lauf und zeigen diese nicht!

IX. Schlusswort

Ich habe alle Angriffe abgewehrt, alle meine Gegner besiegt, Mobbing erfolgreich beendet und bin gestärkt aus dieser Zeit hervorgegangen.

Eigentlich könnte ich sagen, das ist in Ordnung, ich bin zufrieden und lasse es dabei. Ich habe meinen Frieden gemacht und denke nicht weiter darüber nach.

Doch ich erinnerte mich zurück an meinen Kampf, meine Versuche, Unterstützung von verschiedenster Stelle zu bekommen.

Ich war in Buchhandlungen, recherchierte im Internet und habe Ratgeber gesehen, die nichts als graue Theorie erklärten und mir nicht helfen konnten, geschrieben von Experten, die wohl niemals in der Rolle eines Mobbingopfers waren, die niemals erleben mussten, wie es sich anfühlt, um seine eigene Existenz zu kämpfen. Jeden einzelnen Tag, jede Stunde abwehrbereit zu sein, um neuen Attacken zu begegnen.

Autoren, die oftmals keine Vorstellung von dem hatten, was den Betroffenen in dieser Zeit belastet und welche Gedanken in ihm oder ihr vorgehen.

Ich habe diese Erfahrung hautnah gemacht und durch den erfolgreichen Ausgang meines Kampfes bin ich in der Lage, jede Minute eines Betroffenen während dieser Zeit nachzuvollziehen. Ich kann mich in seine Gedanken und Gefühlswelt versetzen.

Ich kenne die Zweifel, die Gedanken, die Frustration, die ständiger Begleiter in dieser Zeit werden.

Aber ich kenne auch den unbedingten Siegeswillen, das Herz, das nicht aufhört, sich gegen diese feigen Attacken zur Wehr zu setzen. Meinen Verstand, der in Zeiten größter Gefahr am effektivsten arbeitete.

Ich kenne den Mut, der nötig ist, weil man diese Zeit überstehen und zu einem zufriedenen Berufsleben zurück will, und ich kenne die Mittel, die erforderlich sind, um die Gegner anzugreifen und zu besiegen!

Deshalb gibt es THRILLADVISE!, den weltweit ersten Thriller-Ratgeber.

Wenn ich schon ein Buch schreibe, sagte ich mir, dann in einer Art, die die Leser erstmals hautnah und live auf diese zerstörerische Reise mit allen Höhen und Tiefen aus meinem eigenen Fall mitnimmt.

Schritt für Schritt wird der Gegner enttarnt und angegriffen, immer angelehnt an den eigenen, siegreich beendeten Fall, um ein noch besseres Verständnis für dieses aufgezwungene Intrigenspiel zu bekommen.

Ich schrieb etwas vollkommen Neues, den ersten Real Life Thriller-Ratgeber.

THRILLADVISE! entreißt Ihren Angreifern ihre hässlichen Masken, hinter denen sie sich verstecken, entblößt sie und führt sie vor als das, was sie wirklich sind:

Eiskalte Individ uen, programmiert auf Vernichtung. Feige und manipulativ, intrigant, und berechnend,

Doch sie sind besiegbar. Ich gebe Sie keiner Illusion hin, dass es einfach wird.

Das wird es nicht, doch es geht schließlich um Ihre Existenz und darum, um Ihr Leben zu kämpfen.

Ich bin jeden Schritt, den Sie in diesem Buch lesen, gegangen. Ich habe gelitten, gehofft, gekämpft und ließ höllische Tage hinter mir, die mich im Rückblick für die Zukunft gestärkt haben.

Arnold Schwarzenegger stellte einmal seine wichtigsten Regeln für seine Erfolge auf.

Ganz oben steht: Trust Yourself!

Dieser Grundsatz war auch für mich während dieser Zeit sehr entscheidend. Stets an mich selbst zu glauben und dadurch die Kraft zu finden, als Sieger hervorzugehen.

Hatte ich jemals den Gedanken aufzugeben?

Nein, niemals!

Dafür sind mir mein Leben und meine Familie zu wichtig und die Gegner zu unbedeutend. Sie waren Schafe, die sich zusammengefunden haben, um mich vereint zu Fall zu bringen. Sie haben mich aus purer und grenzenloser Arroganz vollkommen unterschätzt, verloren und zahlten einen sehr hohen Preis.

Es ist egal, welche Tätigkeit Sie in Ihrem Unternehmen haben. In welcher Funktion Sie beschäftigt sind, ob Sie in einem Weltkonzern oder Mittelstandsbetrieb, Familienunternehmen, einer Behörde oder Kleinbetrieb arbeiten.

Sie sind wichtig, Ihr Leben ist wertvoll und schützenswert. Das dürfen Sie nie vergessen!

Wer soll an Sie glauben, wenn nicht Sie selbst?

Niemand hat Sie grundlos anzugreifen, zu keiner Zeit! Aber wenn es doch geschieht, haben Sie jedes Recht, sich mit allen Mitteln zu verteidigen.

Deshalb habe ich THRILLADVISE! geschrieben, um den Tätern klar zu zeigen, dass sie nicht unbesiegbar sind.

Diese Zeit ist belastend für jeden, das war sie auch für mich, ohne Zweifel. Deswegen ist es wichtig, dass Sie währenddessen nicht allein sind, dass Sie Menschen haben, die Ihnen zuhören, auch wenn sie Ihnen vielleicht nicht direkt helfen können.

Ein verständnisvoller Freund oder Freundin, eine gute Nachbarin, Ihre Familie, Sportkollegen oder Gruppen, in denen sich Menschen mit dem gleichen Problem zusammenfinden, um über ihre Sorgen und Ängste, Gefühle und Vorstellungen zu sprechen. Vielleicht auch ein Psychologe, der auf dieses Thema spezialisiert ist und Erfahrungen hat und spezialisierte Ärzte.

Bleiben Sie in dieser Zeit nicht allein!

Das ist genau, was der Täter erreichen will, Sie zu isolieren. Lassen Sie das nicht zu!

Ich selbst hatte das große Glück meine Familie um mich zu haben die mich jederzeit verstand, Kraft gab und mich sehr unterstützte.

THRILLADVISE! schildert meine eigenen Erfahrungen als ehemals Betroffener. Das Buch zeigt Wege aus dieser Rolle, doch kann es eine eventuell notwendige professionelle Hilfe, zum Beispiel durch einen Arzt nicht ersetzen.

Bitte denken Sie daran, dass es heute sehr viele professionelle Unterstützungsangebote und Institutionen gibt, die für jeden

Hilfe anbieten. Nehmen Sie fremde Hilfe an. Das ist sehr wichtig, denn Mobbing belastet jeden.

Sie brauchen in dieser Zeit unbedingt ein soziales Umfeld außerhalb Ihrer Firma.

Ich habe sehr viel Kraft aus meinem Sport gezogen und konnte mich damit regenerieren und stärken. Es gibt sehr viele Parallelen zwischen Kampfsport und dem Kampf des Mobbings.

Sie benötigen in dieser Zeit sehr viel Energie, körperliche und geistige. Ernähren Sie sich gesund, treiben Sie Sport, ob Ausdauer- oder Krafttraining im Fitnessstudio oder ob es sonstige Aktivitäten sind, die Sie körperlich fit halten.

Nur ein starker Körper hält Sie geistig flexibel, in Form, und sorgt für einen wachen Verstand.

Das ist meine persönliche Überzeugung.

Ich habe geschrieben, dass Sie teilweise in eine Rolle schlüpfen müssen, um den Angreifer zu verwirren, damit er falsche Schlüsse daraus zieht. Ja, Sie manipulieren ihn damit. Haben Sie niemals Zweifel daran, dass das nicht ehrlich oder offen ist. Sie machen sich seine eigenen Spielregeln zunutze, schlagen ihn damit mit seinen eigenen Waffen.

Vergessen Sie nie, dass er den Kampf begonnen und gewählt hat.

Sie haben zu jeder Zeit das Recht, sich zu wehren, weil Sie Ihre Existenz und Ihr Leben dadurch schützen. Daran dürfen Sie niemals zweifeln.

Es gibt bei Mobbing keine moralischen Regeln, keine moralischen Grenzen und keine Schiedsrichter.

Es gibt nur einen Gewinner und einen Verlierer und Sie wollen gewinnen!

Haben Sie Vertrauen und Mut zu sich selbst, denn Sie sind wichtig für Ihr privates Umfeld und für das Unternehmen, auch wenn Sie der Täter hiervon verdrängen will. Ihr Wille ist entscheidend.

Machen Sie sich seine Verhaltensweisen zunutze und zögern Sie niemals.

Kein Blick zurück, nur kraftvoll und mutig geradeaus, mit vollem Fokus auf Ihren Erfolg!

Wenn ich in dem Buch von „dem" Gegner oder dem Angreifer spreche, ist das aus Gründen des besseren Verständnisses und der Übersichtlichkeit. Selbstverständlich sind Täter nicht nur männlich, sondern können jeden Geschlechts sein. Hiervon ist niemand ausgeschlossen. Ebenso ist es möglich, dass das Opfer jeglichen Geschlechts sein kann. Es wurde nur wegen der Verständlichkeit bei einem Geschlecht als Form belassen.

Ich habe bewusst eine sehr deutliche, plastische Sprache gewählt, die Sie in die Lage versetzen soll, die wirklich entscheidenden Phasen des Mobbings präzise zu erkennen. Somit können Sie die Möglichkeiten, die Sie zur Beendigung haben, besser nachvollziehen.

Sehr häufig habe ich das mit einem Kampf verglichen, um Ihnen vor Augen zu halten, dass das Beenden mit einem tatsächlichen Kampf vergleichbar ist. Sie werden ohne Grund, ohne Rücksicht auf Regeln oder Moralvorstellungen angefeindet. Weil wohl die meisten noch nie in einer Situation waren, in der sie sich massiv verteidigen mussten, habe ich gezielt sehr konkrete Worte gewählt, damit Sie die Tragweite Ihres eigenen Abwehrkampfes und die erhebliche Aggression des Täters besser vor Augen haben.

Ich hoffe sehr, ich kann Ihnen mit dem weltweit ersten Thriller-Ratgeber Unterstützung in Ihrem eigenen Fight geben und wünsche Ihnen von Herzen viel Erfolg.

THRILLADVISE!

Der Autor

Reiner Karl Wegner wurde in Nürnberg geboren. Hier verbrachte er seine Jugend- und Schulzeit, darunter auch an einer Brennpunktschule. Nach dem Schulabschluss war er bei einem Marine-Kommando stationiert und absolvierte im Anschluss erfolgreich das Studium des Rechts. In diesem Bereich ist der Autor beruflich tätig. Er lebt mit seiner Familie in Süddeutschland und hält sich durch Kampfsport sowie Kraft- und Ausdauertraining fit.

Innere und äußere Stärke sowie Durchsetzungskraft haben ihre festen Wurzeln in positiven Gedanken und dem Vorausdenken sowie der regelmäßigen und intensiven körperlichen- und geistigen Gesunderhaltung.

Sei stark – Zeige Stärke!
Das ist das Motto des Autors und die Grundlage seines Erfolgs. Um seinem eigenen Existenzkampf zu überstehen und siegreich zu beenden, gab es für ihn nur eine Chance, die er mit diesem Weg erfolgreich nutzte.

kraftvoll – mitreißend – leidenschaftlich – erfolgreich – THRILLADVISE!

Der Verlag

*Wer aufhört
besser zu werden,
hat aufgehört
gut zu sein!*

Basierend auf diesem Motto ist es dem novum Verlag ein Anliegen, neue Manuskripte aufzuspüren, zu veröffentlichen und deren Autoren langfristig zu fördern. Mittlerweile gilt der 1997 gegründete und mehrfach prämierte Verlag als Spezialist für Neuautoren in Deutschland, Österreich und der Schweiz.

Für jedes neue Manuskript wird innerhalb weniger Wochen eine kostenfreie, unverbindliche Lektorats-Prüfung erstellt.

Weitere Informationen zum Verlag und seinen Büchern finden Sie im Internet unter:

www.novumverlag.com